中华民族

精神独立性研究

王晨 著

天津出版传媒集团

天津人民出版社

图书在版编目（CIP）数据

中华民族精神独立性研究 / 王晨著. -- 天津：天
津人民出版社, 2024. 7. -- ISBN 978-7-201-20657-8

Ⅰ. C955.2

中国国家版本馆CIP数据核字第2024Z8G210号

中华民族精神独立性研究
ZHONGHUA MINZU JINGSHEN DULIXING YANJIU

出　　版　天津人民出版社
出 版 人　刘锦泉
地　　址　天津市和平区西康路35号康岳大厦
邮政编码　300051
邮购电话　（022）23332469
电子信箱　reader@tjrmcbs.com

责任编辑　康悦怡
封面设计　明轩文化·李晶晶

印　　刷　天津新华印务有限公司
经　　销　新华书店
开　　本　710毫米×1000毫米　1/16
印　　张　16.25
字　　数　200千字
版次印次　2024年7月第1版　　2024年7月第1次印刷
定　　价　78.00元

序　言

　　《中华民族精神独立性研究》是王晨在其博士学位论文基础上进一步深入研究思考的结晶。作为他的博士生导师，我很高兴看到他的研究成果能顺利出版。这既是对他这几年学习研究的一个总结和提升，相信也可为当前学界关于民族精神独立性的研究添砖加瓦。

　　独立自主是中华民族精神之魂，中华民族精神独立性是习近平多次强调的重大问题；同时也是一个具有深厚理论底蕴且颇具学术难度的新课题。习近平指出："如果没有自己的精神独立性，那政治、思想、文化、制度等方面的独立性就会被釜底抽薪。"①相对中华民族精神独立性研究的重大意义，目前学界聚焦此问题的学术关注度和推出的研究成果还比较少。作为一位青年学者，王晨敢于挑战自我，选择这一有挑战性的课题开启自己的学术研究之路，其学术敏感性和学术勇气都值得赞许。

　　在中国共产党的带领下，中华民族历经百余年奋斗，从站起来、富起来到迎来强起来。这一过程中，中华民族精神独立性的发展与演进是一条贯穿中国近现代历史的重要精神线索，记录了马克思主义从初入中国的新思潮成为社会主义中国立党立国的指导思想，中国共产党从一大时五十多人

---

① 《习近平关于社会主义文化建设论述摘编》，中央文献出版社，2017年，第139页。

的星星之火成为拥有九千八百多万名①党员的世界第一大执政党,中华民族从黑暗中的上下求索到迎来伟大复兴的光明前景等历史性飞跃。

当前,我们正处于以中国式现代化全面推进强国建设、民族复兴的新时代新征程。习近平在文化传承发展座谈会上指出:"中国式现代化是赓续古老文明的现代化,而不是消灭古老文明的现代化;是从中华大地长出来的现代化,不是照搬照抄其他国家的现代化;是文明更新的结果,不是文明断裂的产物"②,并强调"在新的历史起点上继续推动文化繁荣、建设文化强国、建设中华民族现代文明……坚定文化自信,就是坚持走自己的路……立足中华民族伟大历史实践和当代实践,用中国道理总结好中国经验,把中国经验提升为中国理论,实现精神上的独立自主"③。中国式现代化是一种全新的人类文明形态,是中华民族的旧邦新命,打破了"现代化=西方化"的迷思。推进中国式现代化的历程本身就集中彰显了中华民族在精神上的独立自主,同时也要求我们继续保持精神上独立自主的高度自觉。

所谓精神上的独立性或独立自主,是指一种自立而不依附、独立而不封闭、自觉而不盲从、自新而不僵化的精神状态和特质。一个民族和国家如果失去了自己在精神上的独立性,就会在精神上依附于他者或者拘泥于传统。反映在对事物的认知、评价和实践中,就是在对事物认知上难以立足客观实际,而是简单套用既有经验或盲目迷信他人结论;就是在对事物评价上难以依据本民族一脉相承的核心价值观来评价问题,而是以他者评价尺度为准或拘泥于落后时代发展的传统价值观念;就是在实践选择中要么削足适履、维持现状而错失发展机遇,要么牺牲自身发展权沦为其他民族和国家的附庸。

---

① 据中央组织部最新党内统计数据显示,截至2022年底,中国共产党党员总数为9804.1万名。

② 习近平:《在文化传承发展座谈会上的讲话》,人民出版社,2023年,第7页。

③ 习近平:《在文化传承发展座谈会上的讲话》,第10页。

王晨在书中系统梳理并较为深入地阐释了民族精神独立性的科学内涵、历史演进和现实状况，这些研究成果和观点在目前相关研究中具有一定的突破性。这本学术新作着力对以下四个方面的问题进行了较为深入的探究：

在何种维度上来考察民族精神独立性。书中没有局限于中西比较的单一维度，从古今、中西两个方面提出一个民族的精神独立性体现在两个维度：一是在精神上继承而不依附于自身传统，二是在精神上吸收借鉴而不依附于其他国家民族。

对不同时期民族精神独立性的对比分析。书中认为在开启资本主导的世界历史之前，一个民族共同体的精神独立性面临的挑战主要来自本民族内部，即本民族精神传统中僵化过时因素的束缚；当资本主导的世界历史到来之后，一个民族共同体的精神独立性所面临的挑战就转变为内外的双重挑战，即自身传统的"精神束缚"和他者的"精神殖民"。

中国共产党维护中华民族精神独立性的历程和经验。书中认为中国共产党在带领中华民族奋斗前行的百余年中，始终注重维护和保持中华民族精神独立性，坚持以马克思主义指引中华民族精神独立性的发展方向，在马克思主义中国化时代化进程中推动民族精神独立性的成长，始终坚守文化领导权，始终将最广大人民群众作为民族精神独立性不断向前的主体力量，注重用先进思想武装人民群众，始终高度重视弘扬中华民族精神，结合党和国家的中心任务、依托现实的社会变革来实现对中华民族精神独立性的维护和保持。

新时代中华民族精神独立性的维护和弘扬。书中认为在新时代新征程中，走"老路""邪路"不仅是对未来的放弃，而且意味着精神独立性的丧失。因此要在坚持和发展中国特色社会主义的过程中保持中华民族精神独立性；要明辨各类社会思潮对中华民族精神独立性的影响；要打破"现代化=西方化"迷思，在中国特色社会主义制度的不断完善及其治理效能转化中保持中华民族精神独立性;价值观自信是筑牢民族精神独立性发展阵地的核心问题,要坚守中华民族的文化主体性,在当代中国文化的繁荣兴盛中弘扬中华民族精神独立性。

王晨近几年持续专注于中华民族精神相关问题的研究。在他的研究成果《中华民族精神独立性研究》付梓之际,以此为序,祝愿他能沿着自己倾心的学术之路坚定走下去。

冯秀军

2024年春于北京

目　录
CONTENTS

导　论

习近平强调："如果没有自己的精神独立性,那政治、思想、文化、制度等方面的独立性就会被釜底抽薪。"①如果一个民族在精神层面上就将自我进行彻底否认,侍奉其他民族和国家为主,只会跟随人后拾人牙慧,不能在精神层面上想清楚、讲清楚什么是好、什么是应该、什么是有意义,就注定走不出一条适合自身发展的新路,更遑论能够建立起领跑于世界的全新制度,也就更不可能把自己选定的道路自信坚定地走下去。

一、选题背景和意义

中华民族拥有着灿烂辉煌的文明历史,有着自信包容的精神特质,但自1840年的鸦片战争,整个民族和国家仿佛在近代的失败和痛苦中失掉了自信,中华民族的精神独立性一度沉寂。所幸,在中国共产党的带领下,中华民族在奋斗中从站起来、富起来再迎来强起来,民族精神独立性也不断成长壮大。毛泽东曾强调,人是要有一点精神的,同样,一个国家、一个民族也是要有精神的。精神上的独立和自主不仅仅是革命、建设和改革能够成功的重要因素,亦是一个民族昂首阔步不依附于他人的根本。这里讲的精神独立性并不是简单地指作为民族思想文化具体凝练得到的民族精

---

① 《习近平关于社会主义文化建设论述摘编》,第139页。

神与其他民族有所不同,而是指一个民族具有一种真正属于自己的、从自身文化土壤中生长发展出来的、作用于本民族的社会实践选择、在现实世界中与各种各样的思想文化相互激荡却仍能保有"独立性"的精神特性。

从总体上来说,中华民族在自身精神的独立性上主要面对来自两个不同层面的挑战。一方面,在历时性维度上来看,中华民族在精神上要保持独立性就不能依附于传统,也就是不能僵化;另一方面,在共时性维度上来看,中华民族在精神上要保持独立性就不能依附于西方,也就是不能被奴役。同时,必须强调的是保持民族精神独立性不等于与世隔绝,不等于走向封闭孤立,不等于对传统采取割裂的立场,不等于全盘否定自己的传统。不能简单割裂地看待保持独立性与保持开放、继承传统之间的关系,独立与开放、传统是对立统一的。完全的封闭也就没有了所谓的独立,完全地抛弃传统也就没有了所谓的独立。

本书的研究主要有四个方面的研究目的:第一,对民族精神独立性的相关基本理论进行阐释。从普遍意义层面对民族精神独立性的概念、本质、功能和评价标准等进行概括和提炼。第二,对中华民族精神独立性的历史起源、近代沉寂和演进进行梳理,对中华民族精神独立性在不同历史时期的价值和局限进行分析,为新时代中华民族精神独立性的维护和发展提供历史借鉴。第三,梳理新时代中华民族精神独立性发展的重要成就,从新时代的历史方位看中华民族精神独立性发展的新诉求,并对习近平关于民族精神独立性重要论述进行解读,分析其理论贡献和现实价值。第四,提出新时代新征程弘扬中华民族精神独立性的基本策略。

本书研究的意义主要体现在四个方面:

第一,有利于深化对"两个结合"理论内涵的理解。进一步增强对于马克思主义传入中国、中国共产党的领导对于中华民族在精神上从被动走向主动的决定性作用的理解,更为深刻地认识在五千多年中华文明深厚基础上开拓和发展中国特色社会主义,把马克思主义基本原理同中国具体实际、同中华优秀传统文化相结合是必由之路。

第二,有利于理解和阐释好习近平文化思想。习近平在多次讲话中对"民族精神独立性""实现精神上的独立自主"等问题反复强调、做出一系列重要论述,民族精神独立性相关论述是习近平文化思想的重要内容,进行相关研究和阐释为把握中华文明突出特性、坚守文化主体性等重大时代课题提供了理论基础、拓宽了研究视野。

第三,有利于深化对中国共产党创造中国式现代化道路精神密码的研究。当前学界有部分论著对于独立自主这一中国共产党创造中国式现代化道路的精神密码进行了阐释,但缺少将这一问题放置于世界历史的宏观视角下进行探讨,缺少在国家和民族的精神层面进行论证和研究。本书对世界历史中后发国家何以可能既实现现代化又保持自身独立性进行论证,回应了中华民族走向现代化道路上的传统与现代、自我与他者的现实之问,回应了科学社会主义在中国发展为中国特色社会主义的理论之问。

第四,有利于从精神独立性的维度深刻解析中华民族历经磨难而自强不息、生生不息的精神根源,剖析在中华民族伟大复兴战略全局和世界百年未有之大变局的背景下,中华民族精神独立性进一步发展的价值、机遇、挑战及其对策,从而更好担负起新的文化使命,坚守文化主体性,不断推进文化融汇创新。

二、研究综述

近年来,学界对于民族精神独立性给予了很多关注,在其被广泛使用的同时也形成了专门研究民族精神独立性的学术论文,但相关研究的论题主要集中在社会主义核心价值观、中国传统文化对于民族精神独立性支撑作用,仅有少量论文对民族精神独立性的概念或内涵进行了界定或解读,对于民族精神独立性的一些基本理论问题尚缺乏深入的学理分析,对于习近平关于中华民族精神独立性的重要论述缺少系统研究。为了深入了解

国内外学界关于中华民族精神独立性研究的现状与趋势,笔者对相关的文献进行了梳理、阅读与述评。具体情况如下:

(一)关于中华民族精神独立性的研究

目前,学界尚无对中华民族精神独立性研究的专著。在中国知网中以"民族精神独立性""精神独立自主"和"精神独立性"分别进行检索,经过分析后发现,当前已有成果总体上具有以下特点:报刊文章多而学术论文少,提及或涉及多而专门研究少,总体性研究多而深入研究少。这表明当前学界对于中华民族精神独立性相关问题具有较高的关注度,但关于中华民族精神独立性或精神独立自主的研究在体系化、学理化方面仍存在一定不足。此外,尚未发现有国外学者对于中华民族精神独立性进行直接研究的论著。

1.关于中华民族精神独立性概念的研究

当前学界已有部分论文对于精神独立性进行过直接或间接界定。向玉乔指出,中华民族精神独立性是指中华民族在精神上的独立自主性。强调中华民族作为一个独立自主的民族,能够独立自主地思考问题,能够建构和宣示独立自主的话语体系、思想理念、价值观念、理想信念和集体记忆。[①]朱培霞、代玉启在界定精神独立性时对主体进行了区分,认为根据主体不同,精神独立性可以分为个体精神独立性和社会(民族、国家)精神独立性,指出"个体的精神独立性是指个体在社会中有自己独立的不依赖于他人、外物的价值观、思维方式、道德观、信仰等内容"[②]。张胥、蔡诗敏对中华民族精神的独立性从内外两个层面进行了界定,"一个是对外而言,一个是对内而言,'独立性'之中蕴含着'连续性''稳定性',没有'独立性',也就

---

① 向玉乔:《中华民族的精神独立性》,《北京大学学报(哲学社会科学版)》,2023年第1期。

② 朱培霞、代玉启:《新时代大国新人精神独立性探析》,《云梦学刊》,2018年第5期。

没有'连续性''稳定性';'独立性'寓于'连续性''稳定性'之中,没有'连续性''稳定性'也就没有'独立性',二者统一于中华民族精神复兴的历史进程中"①。陈泽环认为民族的精神独立性即为文化独立性,"这一'精神独立性',相对于政治和制度等方面的独立性而言,可以说是通常的文化独立性;相对于思想和文化的独立性而言,可以说是其核心,即核心价值,特别是道德价值的独立性"②。

由于对中华民族精神独立性这一问题展开具体研究的学术论著有限,目前尚不足以形成关于这一概念界定的共识。就现有研究成果可以发现,有学者将概念界定在中华民族的精神独立性,也有学者将概念界定在中华民族精神的独立性,还有部分学者在展开研究时将这两者混用。在展开具体的理论研究时,缺乏对于概念的清晰界定和阐释,必然导致民族精神独立性相关理论建构的困难,容易在理论分析中出现逻辑混乱,

2.关于中华民族精神上的独立自主研究

习近平关于"实现精神上的独立自主"这一重要论断在文化传承发展座谈会上提出后,引起了学界的广泛关注,学者们围绕精神独立自主的思想内涵、重要价值与实践路径等方面对中华民族精神上的独立自主展开了相关研究。由于"实现精神上的独立自主"这一论断提出于2023年,目前学界关于这一重要论断的研究有很高热度,但因时间原因,已发表的成果在数量上仍然有限。

陈金龙、吴智楠对精神上独立自主的内涵、价值与实现路径进行了阐释,并指出"实现'精神上的独立自主'是'精神上由被动转为主动'命题的升华,是全面建设社会主义现代化国家的精神基础,是坚定历史自信、增强

---

① 张胥、蔡诗敏:《中华文化是保持中华民族精神独立性的重要支撑》,《新疆大学学报(哲学·人文社会科学版)》,2018年第4期。

② 陈泽环:《论中华民族的文化独立性——基于张岱年文化哲学的阐发》,《上海师范大学学报(哲学社会科学版)》,2018年第1期。

历史主动的题中之义,是推进马克思主义中国化时代化的内在要求"①。田旭明把精神独立自主的思想内涵阐释为坚守自身精神阵地、自主建构话语体系、自我主张价值标准、掌握精神进步主动、抵制精神殖民和霸权主义、保持精神定力和自信,并认为"在当今世界之变、时代之变、历史之变正以前所未有的方式展开的背景下,坚持'两个结合'确保指导思想独立自主、立足中国实践建构理论标准和话语体系、坚定文化自信捍卫中华民族共有精神家园、以核心价值观引领人民实现精神共同富裕、抵制文明霸权倡导文明交流互鉴,是中国共产党、中华民族和中国人民保持精神独立自主、迸发更为主动和更加自信的精神力量的必然选择"②。吴晓明在接受《文汇报》专访时强调我们要走自己的路,不仅仅是现代化的实践要走自己的路,而且相应于这一实践的"上层",即思想、理论、文化、制度等等都要走自己的路,认为"我们的学术要获得自我主张,意识到我们要实现精神上的独立自主……从文化的方面来讲,走自己的路,我认为最重要的就是哲学,因为哲学是最根本的东西,它关乎文化的主干、思想的母体、精神的核心"③。

不论从语义表达还是从学界现有研究成果可以看出,"精神上的独立自主"与"民族精神独立性"这两个重要论断虽在文字上略有区别,但两者的具体指向和所要表达的主要思想内容基本一致,都是强调中华民族在精神上独立自主的精神状态或精神特性。正因此,"精神上的独立自主"的相关研究论著也是本课题开展研究的重要参考。

3.关于独立自主是中国式现代化精神密码的研究

以中国式现代化全面推进强国建设、民族复兴伟业,是新时代新征程党和国家的中心任务,中国式现代化是中国共产党领导的社会主义现代化,

---

① 陈金龙、吴智楠:《精神上的独立自主的内涵、价值与实现路径》,《思想理论教育》,2023年第9期。

② 田旭明:《精神独立自主:思想内涵、生成逻辑与实践要求》,《马克思主义与现实》,2023年第6期。

③ 陈瑜:《以精神上的独立自主哺育新的文化生命体》,《文汇报》,2023年6月11日。

超越了资本现代化为主导的西方现代化。对于中国式现代化而言,人的现代化既是前提条件和战略基础,也是战略目标和当然表征。研究人的现代化,首要问题是人的思想观念的现代化,而精神上的独立自主是解决"实现思想观念完成何种转变"和"何以实现思想观念转变"这两个难题的关键所在。

目前,未查找到对"中华民族在精神上的独立自主"或"推进中国式现代化中的民族精神独立自主"进行具体研究的相关论著。在相关研究中,我们可以看到有部分学者提出了独立自主是中国共产党创造中国式现代化道路的精神密码这一观点,但没有展开具体的论证,也有部分学者将这一观点作为不证自明的结论使用。张三元、刘晨在分析坚持独立自主推进中国式现代化的逻辑理路时指出,"无论世事如何变幻,无论形势如何险恶,中华民族一直以独立自主的精神风貌独立于世界民族之林"[1]。彭文立、周彬指出,中国共产党以独立自主立党立国、立魂立世,在丰富和发展人类文明新形态中推进中国式现代化行稳致远,是实现中华民族伟大复兴、挺立潮头的破局之策和精神堡垒。[2]张青卫、王丹阳认为,独立自主精神贯穿于开辟中国式现代化的整个历史进程中,是中国式现代化道路走向成功的重要精神支柱。[3]

4.关于民族精神独立性支撑力量的研究

当前,学界关于民族精神独立性支撑力量的研究主要可分为以下两类:

第一类是关于以中华文化作为民族精神独立性支撑的研究。郭凤志、冯诗琪强调文化自信思想的要义是确立中华民族独立自信的民族精神,指

---

[1] 张三元、刘晨:《坚持独立自主:以道路自信奋力推进和拓展中国式现代化》,《江苏海洋大学学报(人文社会科学版)》,2023年第2期。

[2] 彭文立、周彬:《中国共产党开辟中国式现代化道路历史经验的文化基因》,《领导科学论坛》,2023年第7期。

[3] 张青卫、王丹阳:《论中国共产党创造中国式现代化的精神密码》,《思想政治教育研究》,2022年第6期。

出"文化自信思想的提出是中国成长为世界大国精神成熟的标志,是中华民族在精神独立性上的自觉诉求"①。张胥、蔡诗敏就中华文化何以能发挥其"重要支撑"作用和如何能发挥其"重要支撑"作用进行了论述,认为"要保持中华民族精神的独立性必须立足于中华优秀传统文化,坚定文化自信,增强文化自觉,实现文化自立,充分发挥中华文化的支撑作用"②。陈一收、王凯全认为:"中华优秀传统文化孕育中国人独特的价值体系和精神世界,是广大中华儿女寄寓家国情怀、向心聚力的精神家园,是中华民族赓续基因、维系团结的精神血脉,也是中华民族保持思想自主、精神自立的文化根脉。"③

第二类是以核心价值观作为民族精神独立性重要支撑的研究。陈曙光就价值观自信对保持民族精神独立性的支撑作用进行了论述,指出"最根本的是依赖于其坚守的文化之魂即核心价值观。正是核心价值观的独立与自信,构成了'我是谁'的身份密码"④。陈一收对价值观自信与民族精神独立性的逻辑关系进行了论述,指出"从其内在的深刻思想逻辑上厘析,保持国家和民族的精神独立性,要以增强价值观自信为根本前提,以培育和弘扬社会主义核心价值观为突破口和着力点,以弘扬中华优秀传统文化、承继中华民族精神命脉为基本要求"⑤。

---

① 郭凤志、冯诗琪:《文化自信思想的理论蕴涵和实践要求》,《红旗文稿》,2017年第9期。

② 张胥、蔡诗敏:《中华文化是保持中华民族精神独立性的重要支撑》,《新疆大学学报(哲学·人文社会科学版)》,2018年第4期。

③ 陈一收、王凯全:《保持民族精神独立性:弘扬优秀传统文化的战略意蕴》,《福建行政学院学报》,2019年第6期。

④ 陈曙光:《价值观自信是保持民族精神独立性的重要支撑》,《求是》,2016年第4期。

⑤ 陈一收:《论增强价值观自信与保持国家和民族的精神独立性》,《伦理学研究》,2017年第6期。

(二)关于中国共产党独立自主思想的研究

民族精神独立性由习近平提出,研究中华民族精神独立性问题,必然要考察习近平关于民族精神独立性重要论述与中国共产党独立自主思想之间的关系,但学界至今尚无将中国共产党独立自主思想与民族精神独立性相联系的论著。目前,关于中国共产党独立自主思想研究成果丰硕,考虑与本书研究的相关性,这里主要围绕毛泽东的独立自主思想和中国共产党独立自主思想发展两个方面进行文献的梳理。

1.毛泽东的独立自主思想研究

国内关于毛泽东独立自主思想的研究以《关于建国以来党的若干历史问题的决议》为分界,1981年,《关于建国以来党的若干历史问题的决议》通过之前,国内关于独立自主主要运用于思想宣传中,其相关研究仅有两篇论著,分别为胡华《关于"统一战线中独立自主原则"的几个问题》(1963)和蔡德祐《试论毛泽东同志关于抗日民族统一战线中独立自主原则的理论》(1963)。《关于建国以来党的若干历史问题的决议》通过之后,相关研究成果丰硕,涉及哲学、史学、政治、经济、军事和文化等领域,研究内容覆盖了内涵、意义、形成与发展、运用等方面。王庭科主编的《毛泽东独立自主思想的历史发展》(1995)一书中,对独立自主思想的内涵进行了阐释,系统论述了毛泽东独立自主思想形成与发展的历史过程。刘福堂从马克思主义独立自主思想的理论发展和实践运用的角度,阐释了毛泽东在中国革命实践中对独立自主思想必然性的证明。[1]刘宝三指出:"毛泽东独立自主思想贯穿于社会的政治、经济、文化等各个领域,体现在各种内外关系的处理中。"[2]李九林认为毛泽东独立自主思想的基本点在于实现中国革命胜利和

---

[1] 刘福堂:《论毛泽东同志的独立自主的思想》,《社会科学辑刊》,1985年第2期。
[2] 刘宝三:《毛泽东独立自主思想及其当代价值》,《江汉论坛》,2013年第12期。

社会主义建设要坚持独立自主、独立自主与争取外援相辩证统一，并强调"独立自主作为中华民族精神不可或缺的重要组成部分，是中国要成为自主创新型国家的必然选择，是中国面对贸易保护主义的必然选择，是全面深化改革、实现社会主义现代化的必然选择"①。

2. 中国共产党独立自主思想发展的研究

习近平在《基本国策：从自力更生到对外开放——兼论邓小平对毛泽东独立自主思想的重大发展》(1996)中指出，自力更生是毛泽东独立自主思想在社会主义经济建设上的集中体现，对外开放是邓小平建设有中国特色社会主义理论的重要内容，并进行了理论阐释，认为"邓小平对外开放理论是对毛泽东独立自主思想的重大发展"，强调在时代要求下，把握对外开放的核心问题是尽快发展自己，并在文中指出要"注意及时消除加快国际经济、教育、科学、文化、信息等交流中伴随而来的资本主义腐朽思想和生活方式的消极影响，'打开窗户呼吸新鲜空气，安上纱窗拒蚊蝇于户外'，使社会主义物质文明和精神文明得到同步、协调发展"②。习近平在这一篇文章中对于独立自主思想的解读和运用，尤其是关于对外开放在时代背景下的把握和对外开放中需要注意资本主义消极影响的论断，对于我们把握和研究习近平关于中华民族精神独立性重要论述极为重要。

当前学界对于中国共产党独立自主思想的发展有着较为全面的研究。马春玲在《中国共产党独立自主思想研究》(2019)一书中对中国共产党独立自主思想的发展进行了系统性研究。陈世润认为，"毛泽东在中国开创了独立自主并把它成功地运用于中国革命和建设的实践；邓小平坚持独立自主在社会主义现代化建设新时期做出了新的重大贡献；独立自主、自力

---

① 李久林：《毛泽东独立自主思想及其当代价值》，《思想理论教育导刊》，2019年第11期。

② 习近平：《基本国策：从自力更生到对外开放——兼论邓小平对毛泽东独立自主思想的重大发展》，《理论学习月刊》，1996年第11期。

更生无论过去、现在和将来都是我们的立足点。坚持独立自主是中国共产党人从规律层面创造的基本经验，具有重大的现实意义。"①田心铭强调，"中国共产党人的独立自主思想是在党领导人民进行革命、建设和改革的历史实践和理论探索中形成和发展起来的"，并认为，"独立自主是中国特色社会主义理论体系活的灵魂的一个基本方面，在中国化马克思主义中具有极为重要的地位，是社会主义核心价值观的重要内容。"②这在理论上将独立自主思想发展到了一个民族和国家的价值观层面之中。曹应旺在《对中国共产党走自己道路的回眸与展望》(2015)一文中指出："在毛泽东那里叫'独立自主'，在邓小平那里叫'走自己的道路'，在习近平担任国家主席的就职演讲中表述为实现中国梦必须走中国道路。"③刘信君在分析中国共产党独立自主思想和中华人民共和国建立的关系中指出："正因为中国共产党坚持了独立自主的思想原则，才取得了新民主主义革命的胜利，建立了中华人民共和国。"④王丹莉、王曙光在《新中国全球化战略70年：从独立自主到人类命运共同体》(2019)一文中将新中国成立以来参与全球化的进程分为了从1949—1979年的"独立自主与避免全球化陷阱时期"、1980—2001年的"主动参与的全球化时期"、2002年之后尤其是党的十八大之后"积极引领的全球化战略时期"，并强调"一个真正的大国的崛起，不是靠封闭，而是靠开放；不是靠排外，而是靠更加具有包容性；不是靠挤垮别的国家，而是与其他国家共赢。"⑤

① 陈世润：《邓小平对毛泽东独立自主思想的继承和发展》，《南昌大学学报(社会科学版)》，1999年第3期。
② 田心铭：《独立自主是社会主义核心价值观的重要内容》，《红旗文稿》，2012年第3期。
③ 曹应旺：《对中国共产党走自己道路的回眸与展望》，《红旗文稿》，2015年第4期。
④ 刘信君：《中国共产党独立自主思想与中华人民共和国的建立》，《吉林大学社会科学学报》，2019年第5期。
⑤ 王丹莉、王曙光：《新中国全球化战略70年：从独立自主到人类命运共同体》，《党政研究》，2019年第5期。

《中共中央关于党的百年奋斗重大成就和历史经验的决议》(以下简称"第三个历史决议")将坚持独立自主作为中国共产党百年奋斗的历史经验,并指出"独立自主是中华民族精神之魂,是我们立党立国的重要原则"①。"第三个历史决议"中对于独立自主这一历史经验的总结提出后,学界从现代化道路特点、政党自觉、新时代实践要求等不同方面进行了研究,这些研究成果既是阐释中华民族精神独立性发展历程的题中之义,也为理解和把握中国共产党对中华民族精神独立性的维护和发展提供了参考和借鉴。宋友文、王佳怡认为,"坚持独立自主是对党百年历史经验的深刻总结,中国共产党在革命、建设、改革历程中不断深化对独立自主的认识,成功走出一条社会主义现代化的中国之路。"②王炳林、曲季指出:"独立自主是中国共产党在实践中始终坚持的原则和传承的精神。"③李亚男认为一百多年来,中国共产党始终坚持独立自主的政党自觉,这种自觉性在新时代集中体现为四个层面:"统筹把握中华民族伟大复兴战略全局和世界百年未有之大变局的政治自觉;不断增强学习本领,推进马克思主义中国化、时代化的理论自觉;坚持把国家和民族发展放在自己力量基点上的行动自觉;为中国人民谋幸福、为中华民族谋复兴和为人类谋进步、为世界谋大同的使命自觉。"④李璎珞指出,独立自主作为立党立国的重要原则,在中国革命、建设和改革各个历史时期的侧重虽有所不同,但是始终起到坚定中国人民不懈奋斗决心的作用。⑤

① 《中共中央关于党的百年奋斗重大成就和历史经验的决议》,《人民日报》,2021年11月17日。

② 宋友文、王佳怡:《中国共产党坚持独立自主的三重意蕴》,《毛泽东研究》,2022年第4期。

③ 王炳林、曲季:《深刻领会独立自主的历史经验》,《江苏社会科学》,2022年第3期。

④ 李亚男:《政党自觉与坚持独立自主》,《中国特色社会主义研究》,2023年第4期。

⑤ 李璎珞:《坚持独立自主与中国式现代化道路的百年探索》,《大连海事大学学报(社会科学版)》,2022年第1期。

(三)国内外相关领域涉及民族精神独立性问题的研究

关于民族精神独立性的论著虽然较为匮乏,但我们可以在中华民族精神研究、文化民族主义与文化民族性研究、国家认同研究等方面的论著中得到借鉴,这些论著有的在不同层面上关注过民族精神独立性的问题,可以为本书的研究提供参考;有的涉及民族精神独立性研究的相关基础理论,可以为本书提供一定的理论支撑;有的则是与民族精神独立性所考察的问题域相同,但与本书的视角和理论聚焦点不同,这些研究成果对于民族精神独立性的研究具有重要的参考价值。

1.民族精神独立性在中华民族精神研究中的考察

当前学界对中华民族精神独立性的研究已有丰富的理论成果,对于古代、近代与现当代中华民族精神的理论与实践均有论著,其中古代中华民族精神的研究侧重于学理性探讨,近代中华民族精神研究侧重实效性,现当代中华民族精神研究则表现出学理研究与实践探讨并重的趋势。结合本书研究内容的需要,在这里仅对中华传统思维方式和价值观念、全球化视野中的民族精神与民族文化等内容进行文献梳理。

(1)关于中国传统思维方式、价值观念及其发展的研究

学界对于中国传统思维方式和价值观念及其发展的论著十分丰富,其中关于中国传统价值观念的研究尤为充分,这里仅挑选部分代表性的论著予以陈列,难免挂一漏万。在本书中精神可以简单理解为思维方式和价值观念,因此要展开中华民族的精神独立性研究,必然要对中国传统思维方式和价值观念的形成及其发展有一定的文献掌握和理解,对于中国传统思维方式与价值观念的民族性、历史性、时代性有一定的把握。关于中国传统思维方式和价值观念的丰富论著,对于本书的研究起着支撑性的作用,而研究的难点就在于如何立足思维方式和价值观念把中华民族精神独立性在近代以来的发展讲清楚,并总结其发展和转化的规律,如何更好地根

据实现的具体情况来把握和使用规律促进新时代中华民族精神独立性的发展。

在中国传统思维方式研究方面,张岱年在《文化与哲学》中简要提到中国传统思维方式有"长于辩证思维"和"推崇超思辨的直觉"两个特点,后来张岱年、成中英等在论文集《中国思维偏向》中对中国传统思维方式有着更为全面的论述。周春生在《直觉与东西方文化》一书中讨论了直觉与中西方文化的关系,在哲学层面上分析总结了中国文化"整体性"和"融通性"的两个特点。王南湜在《重估毛泽东辩证法中的中国传统元素——从中西思维方式比较视角考察》一文中,立足于中西方思维方式的不同,对毛泽东在马克思主义唯物辩证思维方式中国化中的贡献进行了论述[①],这一研究对于本书所要研究的中华民族精神独立性有重要的启示。

在中国传统价值观念研究方面,张岱年和方克立主编的《中国文化概论》对中国传统价值观进行了详细地梳理,并认为传统价值观是传统文化的核心所在,对于新中国的文化建设提出了宝贵的意见。张岱年和程宜山在《中国文化精神》中论述了人们当前的文化观是什么,并论述了中国传统文化的成就及不良倾向,以此提出了综合创造论的主张。陈来在《中华文明的核心价值:国学流变与传统价值观》中,对中华文明的传统核心价值进行了凝练和表达,并对其流变进行了分析,并指出"经过轴心时代以后两千年的发展,中华文明确定地形成了自己的价值偏好,举其大者有四:责任先于自由,义务先于权利,社群高于个人,和谐高于冲突"[②]。这就明确将中华传统价值观与西方的区别十分简练地表达了出来。李从军在《价值体系的历史选择》一书中运用马克思主义的基本观点,从价值体系的一般社会形

[①] 王南湜:《重估毛泽东辩证法中的中国传统元素——从中西思维方式比较视角考察》,《中国社会科学》,2010年第3期。

[②] 陈来:《中华文明的核心价值:国学流变与传统价值观》,生活·读书·新知三联书店,2015年,第3页。

态、哲学形态和历史形态等不同角度对价值体系做了系统性的探讨,并从中考察它的历史沿革内涵及发展趋势,旨在说明社会主义价值体系取代资本主义价值体系是一种历史必然。该书描绘了一幅立足人类文明发展来思考价值体系演进的历时态视角思考图式,为民族精神独立性在价值观念方面的研究和思考提供了新的思路。

(2)关于全球化视野中的民族精神、民族文化的研究

全球化视野中的民族文化和民族精神研究为民族精神独立性研究提供了大量的资料和素材,本书的研究试图立足于对这些问题在具体层面的研究,进一步深入至对于一个民族在精神层面的独立性研究,因此这一部分的文献梳理和学习对于本书的研究有着重要价值。

自20世纪80年代,随着全球化的逐渐发展,在民族和国家之间距离拉近的同时,西方文化同中国文化的冲突也再度变得激烈。为了应对文化全球化的挑战,诸多学者对全球化中民族精神、民族文化等相关问题进行了讨论和探究,如黄楠森、陈先达、丰子义、邹广文等都对这一问题给予了不同程度的关注与研究。黄楠森在《谈谈中华民族精神的同与异》一文中强调了民族精神的特殊性与普遍性,指出谈到民族精神,强调的都是民族精神的特殊性,但不能忽视它的普遍性,不然可能使我们陷入片面性,这对于弘扬我们的民族精神、克服民族历史传统中的缺点是不利的。应该坚持全面性,既抓住民族精神的异,也抓住民族精神的同。[①]丰子义在《全球化视野中的民族文化》一文中指出,面对全球化中的中西方文化交互,一是要提高文化自觉,增强自知之明和自我意识,但这并不排斥全球意识;二是要养成健康的文化心态,以理智、客观、开放、发展、平等、尊重的眼光来对待其他民族文化;三是要加强文化调试和转化,在前现代、现代和后现代的历史

---

① 黄楠森:《谈谈中华民族精神的同与异》,载北京大学邓小平理论研究中心编:《"社会发展与民族精神"学术研讨会论文集》,北京大学出版社,2006年,第8页。

向度选择中，现代化应是我们的当务之急；四是在错综复杂的全球化格局中推进文化整合，应主张以我为主，博采众长，为我所用，不能失去民族性，丧失了民族特色。[①]孙万菊对经济全球化进程中文化主权遭遇到的挑战进行分析时，对文化主权的合理性与合法性进行了论证，对文化主权与文化认同的相关问题进行了讨论，并指出面对西方文化的巨大威胁，发展中国家自然不能熟视无睹，应该通过研究，制定出一套既能积极推进本国文化建设，又能同外来文化相互作用、积极抗衡的文化维权机制，这是维护文化主权、保证民族文化顺利发展的一项极为重要的任务。[②]

国外学者对全球化视野中的民族精神研究大致可分为以下几类：第一，对全球化视域下民族文化发展的探讨，如乔纳森·弗里德曼的《文化认同与全球性过程》、戴维·赫尔德的《全球大变革：全球化时代的政治经济与文化》、约翰·汤姆林森的《全球化与文化》、特茨拉夫的《全球化压力下的世界文化》等。第二，对西方文化自身发展的矛盾及其对其他民族文化侵袭的反思和批判，如丹尼尔·贝尔的《资本主义文化矛盾》、汤林森的《文化帝国主义》、汤普森的《意识形态与现代文化》、萨义德的《东方学》、詹明信的《晚期资本主义的文化逻辑》、马修·阿诺德的《文化与无政府状态：政治与社会批评》、哈里森的《第三世界》等。第三，关于东西方文化冲突的研究，如塞缪尔·亨廷顿的《文明的冲突与世界秩序的重建》、阿瑟·赫尔曼的《文明衰落论——西方文化悲观主义的形成与演变》等。

在近现代对抗西方资本主义侵略扩张中，曾经的殖民地地区大规模爆发了民族独立运动，随后建立起各自的民族国家。但民族国家的建立并不意味着民族独立的真正实现，时至今日，非西方国家至少是广大第三世界

---

① 丰子义：《全球化视野中的民族文化》，载北京大学邓小平理论研究中心编：《"社会发展与民族精神"学术研讨会论文集》，北京大学出版社，2006年，第10页。

② 孙万菊：《经济全球化进程中的文化主权问题研究》，中共中央党校博士学位论文，2005年。

国家依然处于沃勒斯坦所称的"世界体系"的"边缘"位置,这种本质上由生产力水平所决定的"边缘"位置,也决定着广大后发国家和欠发达国家被迫地处于"依附性"地位。世界上任何一个民族和国家都不愿轻易放弃自身的民族文化,而在长期的西方文化霸权压力之下,非西方国家一方面主动或被动地寻求文化转型以更好地推进民族国家振兴的实现,一方面又倾向于借助或寻找传统文化作为建立现代民族国家的精神基础与动力资源,并以此塑造和强化民族主体意识来对抗西方文化"侵略"。在全球化加速推进和由美国所主导的霸权体系下,非西方国家学者担忧全球化的浪潮会导致民族文化丧失,并由此引发国家的文化认同危机,这种非西方国家在文化上的紧张正是很多研究者格外重视全球化中民族精神和民族文化相关问题的直接动因。但在笔者看来这些研究往往停留在民族文化的民族性与世界性、民族交往中文化侵略与自我保护等具体问题之中,很难跳出文化领域全局性地思考所处的文化困境根源何在,很难触及既使得民族和国家能利用全球化发展红利又使得自身民族文化得以延续和发展的核心问题。在这类问题的研究基础上再度追问,民族文化的保存最终是为了什么,保存了民族文化,就能实现预期了吗? 答案是否定的,囿于民族文化存续的思考无法得出具有实质意义的解答。笔者认为民族文化存续的问题是难以抛开其他领域而单独得出结论的,问题的关键在于要树立起本民族在精神层面的独立性,从而对民族经济、政治、文化等方面的独立性进行思考和追寻,真正以民族主体发出时代之声,也就如赵汀阳在《天下体系:世界制度哲学导论》中所说,"现代中国自己不思想,这是个后患无穷的问题,如果不能解决就会成为悔之莫及的事情"①。

2.民族精神独立性在文化民族主义、文化民族性研究中的考察

文化民族主义与文化民族性这两个领域的研究有很强的关联性,也有

---

① 赵汀阳:《天下体系:世界制度哲学导论》,江苏教育出版社,2005年,第7页。

着明显的区分和界限,在当今时代中这两个领域研究的问题域中都有一个不可回避的问题,那就是在全球化和现代化进程中如何保证民族文化的延续,以及在何种程度上延续、转化和发展的问题,可以说是对民族文化更深层次和更为具象的探讨。如果我们把这些问题聚焦至精神层面,就与本书所要研究的内容有很强的关联性,因此对于文化民族主义和文化民族性这两个领域研究的考察显得十分必要。

(1)关于文化民族主义的研究

文化民族主义,是指表现文化领域内的一种强调本民族共同文化认同、维护本民族文化独立性的民族主义倾向。近年来学界对中国文化民族主义的研究可以按时间主要分为近代文化民族主义与现当代文化民族主义,其中近代文化民族主义的研究成果较为丰厚,其中较为代表性的有:郑师渠《社会的转型与文化的变动:中国近代史论》《晚清国粹派文化思想研究》、龚书铎的《近代中国与文化抉择》、张谨的《略论中国20世纪前30年的文化民族主义》、杨思信的《近代中国文化民族主义研究》等论著。现当代文化民族主义的研究则相对欠缺,具有代表性的论著有:王春风的《中国文化民族主义面临的困境及出路分析》、陈旭的《文化民族主义与民族文化自觉之辨》、金惠敏的《文化民族主义不是文化自信》、康晓光的《中国归来:当代中国大陆文化民族主义运动研究》等。

文化民族主义作为近代民族主义的一个分支,先发于西方国家,国外学者对文化民族主义的研究从体系和内容上来说都较为成熟,具有代表性的论著有费希特的《对德意志民族的演讲》、艾恺的《世界范围内的反现代化思潮——论文化守成主义》、本尼迪克特·安德森的《想象的共同体:民族主义的起源与散布》、吉野耕作的《文化民族主义的社会学:现代日本自我认同意识的走向》、铃木贞美的《日本的文化民族主义》等。

文化民族主义的核心主张是以民族固有的传统文化为主体,发展民族新文化,这与本书所研究的中华民族精神独立性在思路上具有一致性。然而,文化民族主义往往有着深重的民族自恋情结,过于强调非理性的情感色彩,带有一定思想僵化或返古的消极因素。通常来说,当一个民族或国家在追求自身独立和争取统一时,文化民族主义具有强大的正向力量;而当一个民族或国家在完成前述历史任务时,往往就会形成一种拒绝变革阻碍发展的保守力量。究其根本来说,文化民族主义只强调了"我"与"他"在文化起源和特征等"类"上的区别,而忽略了社会生产力发展水平对于文化在"质"上所造成的差别,阻碍了传统文化的转化和发展。本书立足于中华民族精神独立性这一概念的建构,希望通过系统地研究之后可以实现对上述问题在理论层面上的超越。

(2)关于文化民族性的研究

当前,国内对文化民族性研究的论著不在少数,庞朴在《文化的民族性与时代性》一书中以"文化民族性"为题的文章有两篇,分别为《文化的民族性和时代性》《文化的民族性问题》。庞朴对于文化民族性意识的认识在20世纪80年代的"文化热"中形成,他以文化的民族性——固守传统文化——来抵制文化虚无主义,以文化的时代性——创新传统文化——来解决文化的"拿来主义"问题,通过文化民族性与时代性触及、讨论了文化发展中的传承与创新这一核心问题。韩震在《论民族精神的历史性与时代性》一文中对如何正确理解民族精神的历史性进行了论述,认为每个民族都有自己的特殊的历史起源,并且通过一系列事件串联起来的发展过程的叙述而成为一种共同体,通过与他者的相遇而自省,遭遇差异才能唤醒自我认同感,与他者的相遇本身也体现着历史性。[1]

国外关于文化民族性的著作也颇为丰厚,其中具有代表性的是露丝·本尼迪克特将文化人类学研究深入到文化民族性,在享有盛誉的文化人类

---

[1]　韩震:《论民族精神的历史性与时代性》,载北京大学邓小平理论研究中心编:《"社会发展与民族精神"学术研讨会论文集》,北京大学出版社,2006年,第10页。

学著作《菊与刀》中,认为日本文化是一种"耻感文化",借用"菊"(日本皇室家徽)与"刀"(武士道的象征)的隐喻来揭示日本人的矛盾性格,以此描绘出日本文化的民族性。这本书还开创了将文化(民族性)研究成果运用政治决策的先河。文化人类学的理论和成果给了我们认识一个民族文化和精神的重要手段,但由于这些文化理论或知识是建立在分散的经验基础之上,且文化人类学的研究者在进行其崇尚的田野调查时,看似客观有价值的评价标尺或定位依据,往往是自持着自身民族的优越性或所处时代和发展阶段的自满感构建出来的坐标,始终站在俯视其他民族和时代的视角来研究问题,这就导致这一流派研究成果展现的往往是一种静态、片面、落后的指责。正如本尼迪克特的"菊与刀"能一劳永逸地代表流动的日本文化吗? 正是出于文化人类学研究自身的局限性,在吸收和借鉴人类学研究成果来助力中华民族精神独立性理论基础建构时,需要始终秉持审慎批判的基本态度。

文化民族主义与文化民族性的研究共有的一个局限是其往往容易脱离民族的、具体的、历史的规定性,以对抽象的民族性的坚守来抗衡他者文化的思想主张,把民族传统或民族性作为文化价值选择的标准,根本弊端在于以民族性掩盖了时代性,忽视了社会发展对文化所带来的影响。具体分析其原因,在一些具体问题的解释、评价和指向现实时,我们首先难以区分文化民族性中有哪些是与现代化背道而驰的,同时由于身处现代化进程之中,我们很难把握哪些现代化的弊病是可以在传统中找到答案的。究其根本来说就是位于现代性文化生成中的主体,在产生对现代性的强烈不满时往往去民族的传统中寻找精神寄托,但往往找到的不是解决方案,而是社会发展的倒退,此时就会出现这样的局面:宁可有经验地面对传统的痛,也不愿意陌生地面对新事物的痛。

无论是文化民族主义的研究,还是文化民族性的研究,在现有的问题域和思路中其实都无法很好地回答传统与现代、自我与他者的复杂交织问题,因此本书将尝试立足民族共同体的事实,强调主体的精神独立性,以此来反思传统、应对他者,最终走向民族的未来。

3.民族精神独立性在国家认同研究中的考察

当前学界对于国家认同的研究可以简单区分为政治、文化和民族三个角度来展开,基于本书研究方向的考虑,这里主要关注的是基于文化角度展开的国家认同研究。

周平在《论中国的国家认同建设》一文中指出,各个民族共同构成了中华民族,它们是中华民族的重要组成部分,每一个民族对国家的认同都是通过对政治的认同、对中华民族历史和文化的认同及爱国情感所产生的,这种各个民族统一的国家认同不仅是一种价值观念的体现,也具体包含在了民族成员的思想意识中。① 詹小美、王仕民在《文化认同视域下的政治认同》中指出,由全球化所诱发的政治结构变化、政治资源流失,进而导致了政治认同式微,而文化作为民族成员共同信奉的思想观念却能一以贯之、代际相承。②

安东尼·吉登斯在《现代性与自我认同:现代晚期的自我与社会》中认为,认同是对自身历史文化的存在的认可。斯图亚特·霍尔在《文化身份与族裔散居》中从文化认同的主体出发,提出后殖民文化认同理论。曼纽尔·卡斯特在《认同的力量》中分析网络化社会所面对的国家认同是文化认同问题,认为网络文化对人们的经验系统和意义系统都带来巨大的挑战。塞缪尔·亨廷顿在《谁是美国人? 美国国民特性面临的挑战》一书中对美国国民特性进行了历史梳理和分析,认为美国两百多年的历史中,人种、民族、意识形态和文化这四个要素在不同程度上建构出美国人的特性。该书指出由托马斯·杰斐逊提出后经多人阐释的"美国信念"是美国特性的关键决

---

① 周平:《论中国的国家认同建设》,《学术探索》,2009年第6期。
② 詹小美、王仕民:《文化认同视域下的政治认同》,《中国社会科学》,2013年第9期。

定因素，"美国信念"是盎格鲁-新教文化的产物，并认为"从历史上看，千百万移民之所以被吸引到美国，正是因为有这一文化及这一文化所促成的经济机会"①。并指出美国人的特性在20世纪后期受到四个方面挑战：第一，苏联解体致使外部威胁的急剧下降；第二，多文化论和多样性理论的意识形态出现；第三，拉丁美洲和亚洲的移民在文化上的非美国化；第四，西班牙语对英语的挑战。亨廷顿又对美国特性可能出现的诸多情况进行了论述，并寄希望于盎格鲁-新教文化的重振可以重现美国的伟大。

国家认同研究与中华民族精神独立性研究两者之间的关系可以从以下两个方面来进行把握：一方面，国家认同的现实状况是考察中华民族精神独立性强弱的一个方面；另一个方面，中华民族精神独立性是相较于国家认同有更深层次的价值要求。基于这一理解，国家认同的研究成果为中华民族精神独立性研究提供了丰富资料和重要参照。

(四)关于当前中华民族精神独立性研究的述评

总体上来说，学界对于中华民族精神独立性有着较高的关注度，这一表述常见于社会主义核心价值观、文化自信等方面的研究论著之中，但专门以中华民族精神独立性为研究对象的成果较少。

1.关于中华民族精神独立性的学术研究成果虽有限，对其重要价值和部分相关问题的基本共识已经形成

综合学界现有的关于中华民族精神独立性的学术研究成果和其他领域研究中涉及该问题的相关论述来看，当前对于维护和保持中华民族精神独立性的基本立场是十分鲜明的，对于需要重视民族精神独立性问题、需要进一步弘扬中华民族精神独立性等基本观点已达成共识。现阶段，对于

---

① [美]塞缪尔·亨廷顿:《谁是美国人？美国国民特性面临的挑战》,程克雄译,新华出版社,2010年,第2页。

保持和弘扬中华民族精神独立性的主流观点是强调坚持马克思主义指导，注重价值观自信建设，加快对中国传统文化的挖掘与发展，吸收外来文化思想的精华，注重铸牢民族共同体的独立自主意识。

2. 在相关领域涉及、渗透民族精神独立性问题的理论研究较为丰富，但也相对零散

学界关于民族精神独立性相关问题的讨论散见于民族精神、文化民族主义与文化民族性、国家认同等方面的研究之中，在这些研究中有很多研究者已在不同程度意识到了民族文化、民族精神的独立性问题，但均没有将问题直接界定在民族的精神独立性上，因而没能进行深入系统的研究。虽然在相关领域涉及、渗透民族精神独立性问题的理论研究较为零散，但这些研究成果也为本书的研究提供了广阔的视野和丰富的资料，是进行中华民族精神独立性研究不可忽视的参考和借鉴。

3. 关于中华民族精神独立性的学术研究相对滞后，不足以回应现实的关切，缺乏全面的系统性研究

(1) 学界对中华民族精神独立性作为一个现实问题的关切不足

习近平在多次重要讲话中提及民族精神独立性的问题，强调"如果没有自己的精神独立性，那政治、思想、文化、制度等方面的独立性就会被釜底抽薪"，并将民族精神独立性的问题置于与"国运兴衰""文化安全"同等重要位置上来谈。可见中华民族精神独立性是当前学界需要给予关切的重大现实问题，而聚焦于这一问题的现有研究成果较少，难以回应这一现实需要，尤其需要加强的是，在新时代新征程中，进一步维护和发展中华民族精神独立性面临着哪些机遇和挑战，有哪些应对策略。

(2) 学界对相关问题的现有研究聚焦不足

当前学界在中华民族精神、文化民族主义、文化民族性、国民身份认同等方面的研究成果中，都在不同程度和不同角度涉及民族精神独立性的问题，有些将民族的精神独立性视为不证自明的先验前提，有些将民族的精

神独立性问题弱化降格处理,有些则是停留在政治、经济、文化等具体方面的独立性研究,并未能抽象至精神层面将问题论证清楚,总体上来说都缺乏对民族精神独立性的聚焦式研究。此外,从中华民族所处的历史节点来看,当前特殊历史方位和未来发展的现实需求都要求理论界对中华民族精神独立性给予充分研究。

(3)中华民族精神独立性系统研究有待全面展开

从中华民族精神独立性的研究内容上来说,诸如概念界定、内涵、特征、功能、评价标准、历史脉络、现实挑战、当代价值等问题都有待全面展开。从中华民族精神独立性的研究视角上来说,诸如中华民族精神独立性的历史变革、当代彰显与未来发展、不同民族的精神独立性比较研究、中华民族精神独立性的内在与外显等角度都有待全面深入。总之,当前学界对于中华民族精神独立性的系统研究有待全面展开。

三、研究思路和方法

(一)研究思路

本书以马克思主义关于民族、社会意识和世界历史等相关具体理论为依据。首先,明确民族精神独立性的概念,对民族精神独立性研究的相关基本理论进行阐述,为研究奠定基础和依据;其次,对中华民族精神独立性在古代时期的兴衰及其在近代的沉寂进行回顾和分析,对中国共产党领导下中华民族精神独立性的发展进行梳理;再次,从新时代的历史方位出发对弘扬中华民族精神独立性的机遇和挑战进行论述;最后,提出新时代弘扬中华民族精神独立性的对策思考。

(二)研究方法

本书的基本研究方法是历史唯物主义研究方法。历史唯物主义方法就是在整体上把精神问题放置于社会生活、社会发展的框架中加以解释，将中华民族精神独立性发展演变的历史与具体的社会变迁相结合，从认识、评价、实践等多维视角加以认识，以区别于对精神的泛化认识，可以为理解民族的精神独立性问题提供一个较为客观的视域。

文献研究法。对于文献的收集、整理和研读是开展中华民族精神独立性研究的必要环节。通过对民族精神、民族文化、国史、党史、习近平新时代中国特色社会主义思想等相关文献的积累和学习，构建民族精神独立性理论内涵，梳理中华民族精神独立性的历史进程，分析和解读新时代中华民族精神独立性的新发展。通过对现有文献材料的掌握在汲取相关研究观点的同时，进一步打开认识问题的视野，从而更加全面和深度地展开民族精神独立性研究。

历时态与共时态相结合的方法。本书对中华民族精神独立性的发展历程进行了梳理，对其在新时代的现实境遇进行了考察，通过这种历时态与共时态的分析，可以较为全面和直观地对中华民族精神独立性进行把握。在这种研究方法的指引下，本书在新时代弘扬中华民族精神独立性的对策思考部分获得了纵向的历史支撑和横向的现实依据。

四、研究创新点和难点

本书在选题、研究视角和观点上可能存在着一定创新，同时，对民族精神独立性理论建构的科学性、对史料和其他文献资料把握的准确性和对具体问题展开分析时的客观性是本书的难点。

(一)研究的创新点

1.在选题和内容上有一定创新

中华民族精神独立性是习近平在多次重要讲话中强调的重大现实问题，也是当前极具研究价值的理论问题。然而，学界对中华民族精神独立性这一问题的关切却明显不足,仅有少量的论文对其某些方面给予回应,并无对这一问题展开具体研究的专著和博士论文。在其他领域研究成果中虽有一些论著在不同程度上涉及相关的问题,但没能在精神层面上对问题予以系统回应,更没有抽象出"民族精神独立性"这一核心概念。因此,本书希望通过对中华民族精神独立性的研究,回应中华民族走向现代化道路上的传统与现代、自我与他者的现实之问,回应科学社会主义在中国发展为中国特色社会主义的普遍性与特殊性的理论之问,回应世界各民族在全球化时代如何保持自身特色的文化之问。因此,本书在选题和内容上有一定创新。

2.在研究视角上有一定创新

本书力求在对民族精神独立性进行理论建构的基础上对相关问题展开研究。比较学界对相关问题的研究成果,目前已有的论著在研究时大多停留在一个较为宽泛的概念上进行,此类研究视角有助于拓宽理论解释的范围,降低具体抽象的难度,但也同样降低了理论的解释力。本书立足民族共同体的现实基础,研究相关问题时抽象至精神层面,将核心概念界定在民族的精神独立性,建构起民族精神独立性的相关理论。因此,本书在视角上有一定创新。

3.在观点上有一定创新

第一,一个民族如何继承自身传统而又不在精神上依附于自身传统,如何吸收借鉴他者而又不在精神上依附于他者,是考察和衡量一个民族精神独立性的核心问题。它依赖于一个民族共同体以实事求是的思维方式认识问题、以一脉相承的价值观念评价问题和以独立自主的实践选择应对问题。

第二,不同历史时期一个民族共同体实现精神上的独立自主的显著不同。在资本主导的世界历史到来之前,一个民族共同体实现精神上的独立自主面临的挑战主要来自内部,即一个民族在精神上对其自身传统的依附;当资本主导的世界历史到来之后,一个民族共同体实现精神上的独立自主所面临的挑战转变为内外并重的双重挑战,即对自身传统的依附和对其他民族的依附。

第三,世界历史中后发国家既实现现代化又保持自身独立性的关键在于保持一个国家或民族精神上的独立自主。一个国家既实现现代化又保持自身独立性,其实现的必然是具有自身特色的现代化。自身特色的形成是对自身传统的改造和发展,而做到这一点,离不开一个民族自身精神上的独立自主。

第四,在中国共产党的带领下,中华民族历经百余年奋斗从站起来、富起来到迎来强起来。这一过程中,中华民族精神独立性的发展与演进是一条贯穿中国近现代历史的重要精神线索,记录了马克思主义从初入中国的新思潮成为社会主义中国立党立国的指导思想,中国共产党从一大时五十多人的星星之火成为拥有九千八百多万党员的世界第一大执政党,中华民族从黑暗中的上下求索到迎来伟大复兴的光明前景等历史性飞跃。

第五,习近平关于民族精神独立性的重要论述体现着中华民族在精神独立性上的自觉和自为,是对马克思主义独立自主思想的继承和发展,在运用范围和思想高度上对独立自主思想做出了原创性贡献,有着重要的理论意义。

(二)研究的难点

1.对民族精神独立性理论建构的科学性

民族精神独立性的理论建构是本书的理论基石,具有一定的创新性,但这也会带来一个难点,即如何保证所建构的关于民族精神独立性理论的科学性。具体来说,可能存在三个方面的问题:思想来源的全面性、理论本身的自洽性和指导现实的有效性。

2.对史料和其他文献资料把握的准确性

本书必然会涉及和使用大量中国近现代史、中共党史和中国传统典籍,笔者虽然阅读了大量相关论著,以敬畏之心对待史料和其他文献资料,尽力做好相关考证工作,但由于自身理论水平和知识结构的限制,可能仍会存在史料和其他文献资料把握的准确性不足。

3.对具体问题展开分析时的客观性

本书存在的第三个难点是如何保证对具体问题展开分析时的客观性,具体来说就是可能存在陷入就精神发展来空谈精神,可能存在囿于固有结论和思维定式,可能在谈论本民族的精神问题时被主观情感所影响。

第一章

民族精神独立性的
理论内涵

本章的部分内容已发表,参见王晨:《民族精神独立性的理论问题与现实思考》,《云南行政学院学报》,2021年第1期。

民族精神独立性是攸关国运兴衰的大问题。在聚焦于中华民族精神独立性的历史和现状进行研究之前,对于民族精神独立性的理论内涵进行分析和阐释是十分必要的。本章立足于马克思主义的立场、方法和观点对民族精神独立性的概念、内涵、本质、功能和评价标准等问题进行了探讨。

第一节　民族精神独立性的概念解析

民族精神独立性的研究首先应当对相关概念进行准确的界定和阐释,对于精神、独立、民族精神、民族精神独立性等概念的界定和解析是本课题全部研究的起点和依托。

一、精神与民族精神

"精神"概念解析。"精神"的词义解析是理解民族精神概念的关键。在中华文化中"精神"是极具分量的一个范畴,"精""神"二字连用始见于《庄子》。精神一指人的神志、心神,二指精华、要义等。在西方,英文表达为"spirit",其作为名词的含义有心灵、情绪、心境、气魄、鬼神、精华等。总体上说,中西方所使用的"精神"一词,其内涵都有广义与狭义之分。广义上的精神是指人类的意识、思维活动和心理状态等,等同于和物质相对的意识概念。狭义层面的精神是意识的一种,有精华、实质、活力的意思。精神概念的复杂多义是导致民族精神概念歧义的重要原因。

"民族"概念解析。"民族"一词,最早见于《荷马史诗》之中。在我国,虽然在先秦时代就已有文献将"民"与"族"二字连用,但并非作为名词使用。《马克思主义大辞典》中将"民族"定义为"由一定数量的人结成的人群共同体或社会共同体的一种形式。有泛指和特指之分"①。其特指即斯大林在《马克思主义与民族问题》一文中对"民族"的定义,也是当前学界较为公认的一种界定,认为"民族是人们在历史上形成的一个有共同语言、共同地域、共同经济生活以及表现在共同文化上的共同心理素质的稳定的共同体"②。其泛指则是在更广泛的意义上对"民族"的界定,除特指所包含的界定外,还包括原始民族、古代民族、近代民族和现代民族等更为宽泛界定的人的共同体。在当代中国的语境中,民族精神或中华民族精神中的"民族"二字是指中华民族共同体,因此是广义的民族概念的使用。

"民族精神"概念解析。近年来国内学者们从不同角度、不同层面对民族精神的概念进行了界定。如从民族精神的构成要素和形成过程来看,认为"民族精神是特定民族文化传统的相互凝聚和整合,在民族文化心理结构中长期积淀形成的整体国民性格"③。还有的学者从民族精神的历史作用和时代价值着眼,认为"中华民族精神是中华民族在长期的历史发展进程中形成的精神风貌和价值取向的集中体现,是中华民族进步发展的价值导向和精神动力"④。当前,学界对民族精神的界定既有一定共识,也有一

---

① 徐光春主编:《马克思主义大辞典》,崇文书局,2018年,第209页。
② 《斯大林选集》(上卷),人民出版社,1979年,第64页。
③ 钟明善、朱正威主编:《中国传统文化要义》,西安交通大学出版社,1997年,第2页。
④ 李宗桂:《中华民族精神的历史发展和时代意义》,《中国高等教育》,2003年第10期。

定的分歧。学者们的共识主要在以下这几个方面：①强调民族精神取决于大多数的民族成员而非少数精英，②强调民族精神是一个民族共同体现实社会实践的一种反映，③强调一个民族在社会实践中对本民族精神文化的凝练和整合。同时，由于着眼角度不同，学者们对民族精神界定的分歧也是十分明显的，而这一分歧的核心问题是方法论问题，分为事实判断法和价值判断法。事实判断法即依据整个民族共同体的社会实践，对民族的精神状态、心理、思维方式、价值观念等方面进行客观概括，既包含积极的部分也包含消极的部分，属广义，是以概括民族精神现实全貌为旨归的中性界定。价值判断法即在事实判断的基础之上，以能否促进民族的生存和发展为标准，强调的是积极部分，属狭义，是以概括出有利于民族进一步发展的精神标准为旨归的一种主观界定。不论是事实判断还是价值判断，在现实实践和理论研究中都有其各自的价值。事实判断可满足对民族精神的现实状况进行客观、全面的认识和总结；价值判断则可满足对优秀传统文化的继承与发展的需要，对内增强民族自信心和凝聚力，对外可以提升民族形象。正是由于民族精神存在着广义和狭义上的不同理解和界定，决定了民族精神独立性在界定时依然存在着相应的两层内容。

二、独立与精神独立性

"独立"在现代汉语中是指单独的站立或者指关系上不依附、不隶属的状态。独立的内涵具体包括以下几种：①单独站立。如毛泽东《沁园春·长沙》中，"独立寒秋，湘江北去，橘子洲头"。②单独成立。一般用于描述某一机构脱离原单位新成立。③一个人不依赖他人，一个国家或一个民族不受别的国家或政权的控制而自主地存在。最为典型的使用就是梁启超在《少年中国说》中的"少年独立则国独立"。

"精神独立性"，即一个个体或群体在思想认识上不依赖于其他个体或群体。具体来看，精神独立性是指一个个体或群体在认识问题、评价问题和应对问题时不依赖或不依附于其他个体或群体的一种精神特性和精神状态。当"精神"作为精华、实质的狭义使用时,"精神独立性"作为一种精神特性理解;当"精神独立性"作为一种精神状态理解时,是"精神"作为意识状况的广义理解。"精神独立性"的狭义界定包含于广义界定之中。

精神独立性与人的主体性的联系与区别。在当前学界关于人的主体性研究中,有时会将独立性与主体性进行混淆使用,有时是将独立性作为主体性的一个特征来进行阐释。因此,对精神独立性与人的主体性之间的联系与区别进行阐释是十分必要的,这不仅是对当前这一问题的一种回应,更是对精神独立性概念的进一步厘清。笔者认为二者的区别与联系主要体现在客体对象的不同和逻辑关系的先后这两个方面上。一方面,两者所针对的客体对象既有联系也有区别。"人的主体性是在与客体相互作用中得到发展的人的自觉能动和创造的特性"[①],它所探讨的作用对象是包括人和物在内的一切客体,而精神独立性所探讨的是发生相互作用的个体或群体的人,这既是二者的联系也是二者的区别。另一方面,从逻辑关系上来说,主体性是精神独立性的前提,精神独立性是主体性发挥的评价指标。不论是个体还是群体,只有先对自身的主体性有了一定的认识,才有可能进一步对自身是否在精神上具有独立性有所认识。往往在巨大的现实落差面前,人即便有了自身主体性的觉醒,也未必形成精神上的独立性,甚至主动选择在精神上依附于他者。

三、民族精神独立性

本书将民族精神独立性的概念界定为一个民族共同体在思维方法、价值观念、实践选择等方面自立而不依附、独立而不封闭、自觉而不盲从、自新而不僵化的精神状态和特质。

---

① 郭湛:《人的主体性的进程》,《中国社会科学》,1987年第2期。

"民族精神独立性"是对一个民族共同体精神状态的表述,基于前文对"精神""民族精神""精神独立性"等概念的解析,我们不难发现"民族精神独立性"也必然存在着广义与狭义两种不同的界定。当前学界对民族精神独立性的两种界定也分别是从广义和狭义着手,其共同处在于都认为民族精神独立性是描述和反映一个民族共同体在精神上的状态或特性,主要分歧在于独立性所修饰的主语范畴大小的不同。一种是理解为一个民族在整体精神状况上的独立性,即民族的精神独立性,是一种广义的概念界定,认为民族精神独立性是"一个社会从精神层面上对如何认识问题、分析问题、评价问题、解决问题有自己独立的不受他者主宰与左右的思维、价值与方法"①。另一种理解为民族整体精神精华的独立性,即民族精神的独立性,是一种狭义的概念界定,认为"中华民族精神独立性是中华民族精神存在的独特性及发展的自主性"②。此外,当前学界的这两种界定都较为清晰地强调了一个民族在精神上不能依附于其他民族,但在一定程度上忽视了对于一个民族在精神上不能僵化于自身传统的重要性。

想要对独立性所修饰的主语范畴进行确定,可以回归马克思主义社会意识的层次结构中来对社会意识中的民族精神进行把握,进而对民族精神独立性进行科学的界定。在马克思主义社会意识理论中,社会意识是社会生活的精神方面,是社会存在的反映,具有复杂的层次结构。在马克思对社会生活所进行的二元划分中,社会意识是无法脱离社会存在单独存在的,"在不同的财产形式上,在社会生存条件上,耸立着由各种不同的,表现独特的情感、幻想、思想方式和人生观构成的整个上层建筑"③。但是,马克思并没有就社会意识内部的层级结构进行更为具体的论述,恩格斯在马克

---

① 辛鸣:《伟大复兴中的"精神独立性"——中华文化的"讲清楚"与"发扬好"》,《人民论坛》,2014年第16期。

② 蔡诗敏、张胥:《中华民族精神独立性与中华民族伟大复兴》,《社会主义研究》,2019年第1期。

③《马克思恩格斯文集》(第二卷),人民出版社,2009年,第498页。

思的研究基础之上对社会意识的层级结构和运行机理进行了更深一步的探讨。恩格斯以哲学为例,认为经济对上层建筑有"最终至上权力",但"这些经济影响多半又只是在它的政治等等的外衣下起作用","经济在这里并不重新创造出任何东西,但是它决定着现有思想材料的改变和进一步发展的方式,而且多半也是间接决定的,因为对哲学发生最大的直接影响的,是政治的、法律的和道德的反映"[①]。从这里我们可以看出,恩格斯将上层建筑分为两个部分,一部分为离经济基础较近的政治、法律、道德等上层建筑,另一部分为"那些更高地悬浮于空中的意识形态的领域,即宗教、哲学等等"[②]。此后,普列汉诺夫借鉴了法国哲学家丹纳关于"某一时代社会生活考察"的观点,进一步提出了"五项论",将社会生活的基本要素分为了五个层次,"(一)生产力的状况;(二)被生产力所制约的经济关系;(三)在一定的经济'基础'上生长起来的社会政治制度;(四)一部分由经济直接决定的,一部分由生长在经济上的全部社会政治制度所决定的社会中的人的心理;(五)反映这种心理特征的各种思想体系"[③]。因此,社会意识内部具有明显层次结构,不同层次之间的要素相互联系相互影响,思想体系为整个社会意识抽象凝练的最高层面(即社会意识形式)。显然,一个民族的精神状况亦是这个民族共同体的整体社会意识状况,而民族精神则属于思想体系这一最高层次的社会意识,是整体社会意识的一部分。

基于上述对于社会意识和民族精神关系的分析,我们就可以从以下两个方面来科学地把握民族精神独立性的概念界定。一方面,由于民族精神是整体社会意识的一部分,那么民族精神的独立性就内含于民族的精神独立性之中。基于这一判断,民族精神独立性的概念适宜使用更为宽广的界

---

① 《马克思恩格斯文集》(第十卷),人民出版社,2009年,第600页。
② 《马克思恩格斯文集》(第十卷),第598—599页。
③ [俄]普列汉诺夫:《普列汉诺夫哲学著作选集》(第三卷),生活·读书·新知三联书店,1962年,第195页。

定,它描述和反映一个民族共同体在认识、评价和应对问题时,既继承传统、借鉴他者,而又不在精神上依附于传统和他者。另一方面,我们可以将实然与应然两个层面来统一起来认识民族精神独立性。民族的精神独立性是作为一个民族和国家社会意识所展现的一种状态和特质,是民族精神独立性的实然层面,对于这一层面的研究可以明确当前中华民族在精神独立性上的现状、挑战和机遇。民族精神的独立性是社会意识形式中民族精神的一种特性的描述,是民族精神独立性的应然层面,对于这一层面的研究可以为保持民族精神独立性的宣传和教育提供明确的指向。只有站在实然和应然两个层面相统一的角度上来把握民族精神独立性,才能真正阐释清楚习近平所提出来的:"如果我们的人民不能坚持在我国大地上形成和发展起来的道德价值,而不加区分、盲目地成为西方道德价值的应声虫,那就真正要提出我们的国家和民族会不会失去自己的精神独立性的问题了。"①因为民族精神独立性并不是一种始终高涨的精神状态,应然与实然之间存在差距,所以如果不注意保持,一个民族和国家就会失去自身的精神独立性。同时,只有深化对这两个层面的研究,将二者联系起来、统一起来,才能真正找到保持民族精神独立性的路径选择。

第二节　民族精神独立性的内涵与本质

对于民族精神独立性内涵与本质的阐释是理论内涵部分研究的重点。基于前文对于民族精神独立性的概念界定,我们可以立足马克思主义关于社会存在与社会意识之间的辩证关系来对这一部分内容进行探究。

---

① 《习近平关于全面深化改革论述摘编》,中央文献出版社,2014年,第88页。

一、民族精神独立性的内涵

民族精神独立性通过一个民族共同体在认识问题的思维方法、评价问题的价值观念和应对问题的实践选择之中所具体展现出来。社会存在决定着社会意识,而社会意识具有相对独立性,并能动地反作用于社会意识。"不是人们的意识决定人们的存在,相反,是人们的社会存在决定人们的意识。"①在人类社会发展的进程中,社会存在处于不断的发展变化之中,那么社会意识中也会出现反映社会存在变化的"新内容",即对于社会发展的新认知。同时,由于社会意识内部各种形式之间的相互影响及各自具有的历史继承性,就决定了社会意识中必然会有着很多反映变化前社会存在的"旧内容",即对社会发展的既有认知。马克思在《关于费尔巴哈的提纲》中论述环境和教育对社会发展变化的关系中指出,"环境是由人来改变的,而教育者本人一定是受教育的。"②"环境的改变和人的活动或自我改变的一致,只能被看作是并合理地理解为革命的实践。"③这就说明我们不能孤立、割裂地看待社会意识中"新内容"与"旧内容"之间的关系,现实中的人本身必然先接受"旧内容"的教育,在此基础之上来进一步认识和评价"新内容"。在面对新旧内容冲突的整个过程中只有坚持实事求是的思维方法来认识问题,坚持一个民族共同体所形成的一脉相承的价值观念来判断问题,充分发挥人在社会实践活动中的主观能动性,最终做出独立自主的实践选择,才能完成马克思所说的"革命的实践"。

---

① 《马克思恩格斯文集》(第二卷),第591页。
② 《马克思恩格斯文集》(第一卷),人民出版社,2009年,第500页。
③ 《马克思恩格斯文集》(第一卷),第500页。

(一)实事求是的思维方法

"思维是精神独立性中最深层次的属性"①,一个民族有着怎样的思维方法决定着该民族会如何认识事物和问题。我们在认识社会意识中新旧内容的冲突时,不能简单、抽象地评判哪一种内容更为先进就进而选择哪一种,而是应当先认真考察社会存在变化的具体情况和性质,并结合社会存在的整体情况和性质,以适应和发展生产力水平为依据,实事求是地认识反映这种变化的社会意识。

所谓实事求是的思维方法,就是要在认识事物和问题时反对主观主义、形式主义、教条主义、官僚主义,打破精神上已经形成的限制,从而使得精神上保有独立性。"'实事'就是客观存在着的一切事物,'是'就是客观事物的内部联系,即规律性,'求'就是我们去研究……须不凭主观想象,不凭一时的热情,不凭死的书本,而凭客观存在的事实,详细地占有材料,在马克思列宁主义一般原理的指导下,从这些材料中引出正确的结论"②。实事求是的思维方法解决了"如何认识实际""如何立足实际发挥主观能动性来开创新局面"的重要问题,可以使我们不随波逐流、不陷入精神上的保守主义,也不激进冒失、不陷入精神上的冒险主义。"一切从实际出发,就是要从不断变化发展的客观条件和客观形势出发,不断研究新情况,解决新问题,应对新挑战;就是要克服一切骄傲自满、故步自封情绪,克服一切脱离实际、夸夸其谈的做派。"③一个民族和国家能够认识和直面新问题,克服已有认知的局限,并以此开拓出新的认知,也就是在认识问题中保持民族精神独立性价值最为重要的体现。对于新时代的中华民族来说,养成实事求是

① 辛鸣:《伟大复兴中的"精神独立性"——中华文化的"讲清楚"与"发扬好"》,《人民论坛》,2014年第16期。

② 《毛泽东选集》(第三卷),人民出版社,1991年,第801页。

③ 侯惠勤:《实事求是是创造新的历史伟业的思想保证》,《马克思主义研究》,2019年第10期。

的思维方法,应当注重以下几点:

首先,要注重坚持深入实际了解事物本来的面貌,通过复杂而琐碎的表现来把握本质,注重事物与事物之间、事物内部之间的联系,同时要告别精神上的懒惰和侥幸,"坚持实事求是不是一劳永逸的,在一个时间一个地点做到了实事求是,并不等于在另外的时间另外的地点也能做到实事求是,在一个时间一个地点坚持实事求是得出的结论、取得的经验,并不等于在变化了的另外的时间另外的地点也能够适用"①。

其次,要深刻认识把握社会主义的新的发展阶段。应当认识到,"经过新中国成立以来特别是改革开放40多年的不懈奋斗,我们已经拥有开启新征程、实现新的更高目标的雄厚物质基础"②。当前中华民族所为之奋斗的全面建设社会主义现代化国家、基本实现社会主义现代化,"既是社会主义初级阶段我国发展的要求,也是我国社会主义从初级阶段向更高阶段迈进的要求"③。因此,我们在精神上既不能脱离现实的超前,也不能落后于现实的守旧,"任何超越现实、超越阶段而急于求成的倾向都要努力避免,任何落后于实际、无视深刻变化着的客观事实而因循守旧、故步自封的观念和做法都要坚决纠正"④。

最后,既要及时承认和解决自身精神上的不足,又要勇于推进理论创新。一方面,发展的道路上不会一帆风顺,也必然不能保证已有的每一个选择的绝对正确,民族在精神上的自信和独立并不在于保持一种自己永远正确的设定,其关键在于发现自身问题、及时承认、及时调整。另一方面,更不能因为害怕可能存在的错误风险,害怕承担所谓的历史责任,就不敢

---

① 《习近平著作选读》(第一卷),人民出版社,2023年,第210页。
② 《深入学习坚决贯彻党的十九届五中全会精神 确保全面建设社会主义现代化国家开好局》,《人民日报》,2021年1月12日。
③ 《深入学习坚决贯彻党的十九届五中全会精神 确保全面建设社会主义现代化国家开好局》,《人民日报》,2021年1月12日。
④ 《习近平著作选读》(第一卷),第210页。

试错,不能依据实际需要进行相关调整,不能在新的历史条件下积极推进理论的发展。"马克思主义基本原理是普遍真理,具有永恒的思想价值,但马克思主义经典作家并没有穷尽真理,而是不断为寻求真理和发展真理开辟道路。"①同时,这两个方面是相互影响相互促进的,如果始终畏惧承认不足,就会瞻前顾后从而丧失推进理论创新的勇气。

(二)一脉相承的价值观念

一个民族的精神独立性最为根本的体现在该民族是否有一脉相承的价值观念来评价社会意识中新旧内容的冲突。"价值是精神独立性中最根本的属性,价值不同所形成的行为、所构建的世界也会有不同。"②由于社会意识的历史继承性,一个民族共同体在长期的社会历史实践过程中必然会形成独具自身特色的一脉相承的价值观念,这就正如同恩格斯所说,"我毕竟是一个德国人,我不能摈弃德国人从亚当那里延续下来的天性"③。因此,在面对社会意识新旧内容冲突时,必须尊重和延续这种一脉相承的价值观念,否则一个民族在精神上就会出现断裂,也就会缺乏保持民族精神独立性的根本动力。回顾人类社会发展的历史,我们不难发现,当一个民族共同体处于被侵略或战争的状态之中,一脉相承的价值观念是将民族中每个个体团结起来追求独立和解放的价值观内核;当一个民族共同体处于和平发展的状态之中,一脉相承的价值追求是民族中每个个体团结起来共同奋斗走向未来的精神支柱。

一脉相承的价值观念是一个民族内部成员获得自我身份确认的核心要素,也使得其自身可以获得栖息的精神家园。"我们生而为中国人,最根

---

① 《习近平著作选读》(第一卷),第211页。

② 辛鸣:《伟大复兴中的"精神独立性"——中华文化的"讲清楚"与"发扬好"》,《人民论坛》,2014年第16期。

③ 《马克思恩格斯全集》(第四十一卷),人民出版社,1982年,第76页。

本的是我们有中国人的独特精神世界，有百姓日用而不觉的价值观。"①这种价值观念不仅给予着人们对于自身身份的确认，还决定着一个民族会如何评价问题，影响着整个民族的价值评价能力和价值选择的取向。

不同的民族和国家有着各自不同的价值观念，它不仅体现着该民族独特的精神世界，而且反映着这个民族基于自身的立场对于自身利益所做出的价值主张。"脱离了中国的历史，脱离了中国的文化，脱离了中国人的精神世界，脱离了当代中国的深刻变革，是难以正确认识中国的。"②培育一脉相承的价值观念不仅仅是对一个民族自身精神传统的坚守，更是对国家利益和民族立场的捍卫，它从根本上决定一个国家、一个民族的精神追求及其对发展前途和时代潮流的把握。所以，一个民族对于自身的价值观念必须有足够的自信，不能跟随别的民族和国家人云亦云，要不断增强民族共同体的成员对这些价值观念的认同，从而尽可能地凝聚起更大的社会意志和力量，"如果一个民族、一个国家没有共同的核心价值观，莫衷一是，行无依归，那这个民族、这个国家就无法前进"③。同时，一个民族也不能轻视或仇视别人的价值观念，"自信不等于自大。能不能正视自身文化的弱点，敢不敢吸收外来文明的优长，正是判断一个国家是否有自信的表现"④。我们要认清别的国家所宣扬和推销的价值观念是否适合我们，是否能够帮助我们进步，更重要的是我们必须明白，任何一种价值观念都是具体的、历史的，不是抽象的，我们可以吸收别人的先进的有借鉴意义的价值观念，但是，我们又必须给这些价值观念赋予本民族所独有的内容阐释，赋予当前这个时代所特有的理解。

① 《习近平著作选读》(第一卷)，第241—242页。

② 习近平：《出席第三届核安全峰会并访问欧洲四国和联合国教科文组织总部、欧盟总部时的演讲》，人民出版社，2014年，第45页。

③ 《习近平著作选读》(第一卷)，第239页。

④ 陈曙光：《价值观自信是保持民族精神独立性的重要支撑》，《求是》，2016年第4期。

对于新时代新征程中的中华民族来说,培育一脉相承的价值观念就是要培育和践行社会主义核心价值观。"社会主义核心价值观是当代中国精神的集中体现,是凝聚中国力量的思想道德基础。"①社会主义核心价值观继承于中华民族的传统价值观念,在社会主义实践中不断磨砺形成,吸收和借鉴了人类社会其他文明的价值观念。任何一个民族的核心价值观念不可能完全期望于自发自在的形成和确立,更大程度上依靠国家和民族自觉地宣传和引导来实现,更为重要的是思想和精神的阵地如果自己不能主导和坚守,那么就一定会被他人所占领。正是因为在中国共产党带领下中华民族坚持了自身一脉相承的价值观念,没有让以美国为首的西方推行的所谓"普世价值"在中国社会泛滥,更没有使之成为主导中华民族精神世界的价值观念。社会主义核心价值观与抽象的"普世价值"有着本质区别和根本不同,其基本的价值取向、价值内涵和价值立场是由社会主义的本色所决定的,是中国特色社会主义内在各方面社会关系的价值表达,代表着新时代中华民族的精神追求,引领着当代中国发展进步的价值观念,具有鲜明的民族性和时代性。

(三)独立自主的实践选择

认识问题有着怎样的思维方法,评价问题有着怎样的价值观念,最终都体现在应对问题时有着怎样的实践选择。实事求是的思维方法认识问题的结果与一脉相承的价值观念判断问题的结果相结合,最终形成应对新旧内容冲突的独立自主的实践选择。人类社会的实践选择在一般意义上是一种合规律性与合目的性相统一的结果。实事求是的方法强调一个民族共同体在其精神发展上的合规律性,是这个民族不断前进发展的前提和保证,而一脉相承的价值观念则是一个民族精神发展中合目的性的必然表

---

① 《习近平著作选读》(第一卷),第538页。

现,是这个民族不断向前发展的可能和动力。只有当两者相统一起来时,一个民族共同体才能走向马克思所说的"革命的实践",但具体的现实之中,以实事求是的思维方法认识问题的结果很可能与一脉相承的价值观念存在着矛盾,而这一问题只能在现实的实践中寻求解决方法。因为人们对问题的认识通常有一个过程,无法做到一次性的彻底的科学认知,只有在实践中不断校正检验,同时,一脉相承的价值观念也不是一成不变的,而是不断发展延续的。

一个民族的发展进步过程中,总会出现这样那样的问题,问题的出现表明所处的现实条件发生了变化,应对问题时如果因循守旧或以他者为准便是不独立,不能结合实际给出自己的应对便是不自主。所谓独立自主的实践选择就是面对问题能否"以我为主",从而"化危为机",不断推动民族的发展与进步。以曾经甚嚣尘上的碳排放权问题为例,诚如2009年丁仲礼院士在接受柴静采访时所言,碳排放权对于发展中国家来说更是发展权。西方社会和舆论所大肆宣扬的"全球变暖",不过是顶着"环保"之名对欠发达国家和地区的发展进行遏制,G8(八国集团)的方案试图以16.6%的人口划走世界44%的碳排放,按照这个方案,一旦发展中国家在未来发展中有了更进一步的碳排放需求,势必要付出高额的经济代价来从发达国家手上购买碳排放权。注重环境保护、节能减排,这无疑是重要的,是人类发展所必需的,但具体如何落实在一个民族现实的实践选择之中,那只能由其具体的发展阶段和实际状况来决定。中国始终秉持可持续发展理念,坚持绿水青山就是金山银山,2020年,习近平向世界宣告,"中国将提高国家自主贡献力度,采取更加有力的政策和措施,二氧化碳排放力争于2030年前达到峰值,努力争取2060年前实现碳中和"①。因此,当我们今天再回头

---

① 习近平:《习近平在联合国成立75周年系列高级别会议上的讲话》,人民出版社,2020年,第10页。

审视当年碳排放权所引发的争议和舆论时,便能发现其中坚持"以我为主"、坚持独立自主的实践选择、民族和国家在精神上保持独立性的重要意义。

对于新时代的中华民族来说,这种独立自主的实践选择最为重要的就是对中国特色社会主义的坚持。在改革开放之初,中国共产党发出了"走自己的路、建设中国特色社会主义的伟大号召"[①]。站在中华民族伟大复兴的重要历史节点之上,立足世界百年未有之大变局之中,中华民族依然要坚持自己所开创的中国特色社会主义,并结合新的情况不断推陈出新。在新时代的伟大奋进中,始终坚持"以我为主"的中国标准,明确中华民族选择的是以人民为中心,而不是以选票为中心,是结合中国实际的选拔加选举,而不是仅仅依靠选举;在社会各项事业权衡中是以人的生命高于一切,而不是以商业利益高于一切,是坚定维护社会团结,而不是放任社会分裂不管;是坚持独具中国特色的混合经济模式,而不是新自由主义模式,是不断强化自身改革能力不断推行有利于民族长远发展的产业政策,而不是拒绝政府对未来的合理规划;是强调自由与秩序并重的价值理念,而不是自由的绝对化;是倡导合作共赢的全球化不断深化推进,而不是零和博弈的全球化。

新时代,中华民族对于自身实践选择必须独立自主的认识更加明确,但也需要注意,在面对西方舆论和思想时,不能简单地将其归结为错误或者以逆反的方式来应对问题,如在现今的网络舆论场中,很多人戏称美国的"实体清单"是光荣榜,认为美国制裁什么我们就应当大力发展什么,这种认识和应对之策固然有其合理性,但对于一个独立自主的民族来说,应当真正做到"以我为主",跳出以美国立场所设计的问题域,着重思考自身发展的实际,而不是跟着美国的节奏走,这也就是习近平所强调的,"最重要的还是做好我们自己的事情"[②]。

---

① 《习近平著作选读》(第二卷),人民出版社,2023年,第8页。
② 《习近平谈治国理政》(第三卷),外文出版社,2020年,第77页。

二、在世界历史中把握民族精神独立性的本质

民族精神独立性的本质是一个民族共同体应对社会发展变化时在精神上的扬弃，是在精神层面上面对古今内外交汇冲突时所展现的一种自立、开放、自觉、自新的精神状态和特质。

扬弃并非简单的"扬新"和"弃旧"，这里所说的"新内容"与"旧内容"的区别在于是否反映出社会存在的变化，并不意味着"新内容"一定代表着先进的新的生产力的发展要求，有些"新内容"只是略加包装和修改的"沉渣"，因此"新内容"相较于"旧内容"并非一定具有先进性。此外，即便是社会意识中的"旧内容"是代表落后生产力的要求，这些"旧内容"也并非全无可取之处，也正是因为这一点，马克思和恩格斯在《共产党宣言》中肯定资本主义的历史作用时却对资产阶级的精神文化进行了明确批判，认为资产阶级"用公开的、无耻的、直接的、露骨的剥削代替了由宗教幻想和政治幻想掩盖着的剥削"，也"抹去了一切向来受人尊崇和令人敬畏的职业的神圣光环"。①所以，民族精神独立性并不是在面对社会意识的新旧内容冲突时展现出一种具有简单偏向的精神状态，而是要结合具体的现实情况进行分析，遵循一个民族主体在长远发展中的需要，强调在继承和借鉴中坚持自主和创新，既精神上不依附于传统，也不依附于他者。

在人类社会走向世界历史之前与之后的不同时代中，一个民族共同体在精神上的这种扬弃所要面对的情况发生了明显的变化。这种变化的根本原因在于资本的力量在"历史向世界历史的转变"中的兴起和称霸。在资本主导的世界历史到来之前，一个民族共同体的精神独立性面临的挑战主要来自内部，即一个民族在精神上对其自身传统的依附；当资本主导的世界历史到来之后，一个民族共同体的精神独立性所面临的挑战转变为内

①《马克思恩格斯文集》（第二卷），第34页。

外并重的双重挑战，即对自身传统的依附和对其他民族的依附。

以资本为主导力量的世界历史开启后，一个民族或国家的社会意识展现出新的特性，即社会意识由内生性的绝对主导转向了内外共同作用，并随之开始出现了一个民族或国家对其他民族或国家的精神侵略，而这一转变在本质上是由资本的全球扩张所引起的。在《德意志意识形态》中，马克思、恩格斯揭示了人类社会走向世界历史的客观必然性，"各民族的原始封闭状态由于日益完善的生产方式、交往以及因交往而自然形成的不同民族之间的分工消灭得越是彻底，历史也就越是成为世界历史"①。世界上曾经各自孤立或互相影响较少的状态正在终结，民族国家之间地域性的隔阂正在被打破，世界作为一个整体的存在特征越来越明显。人类社会发展进入世界历史实质上"是由近代的国际贸易和工业化引发的，本质上是经济矛盾运动的产物"②。资本主义生产方式曾为人类社会带来了巨大的生产力进步，由此引起的产品激增进而导致了不断寻找产品销路的需要，这一需要驱使着资产阶级对于世界市场的开拓。在世界范围内不同国家和民族发生了与过去不同的状况，这种不同民族之间社会意识的碰撞和融合不同于以往的人口迁徙和战争征服，它更为主要的依附于资本主义生产和消费在全世界的扩张。恩格斯在《德国的革命和反革命》中论述德意志人征服欧洲东部时曾对这一问题有着具体的描述，"在边境各斯拉夫人地区，德意志人的重要性随着城市和工商业的发达而增加，而当事实表明几乎一切精神文化都必须从德国输入时，他们的重要性就更大了。继德意志商人和手工业者之后，德意志牧师、教员和学者也到斯拉夫人的土地上安家立业。"③"德意志人在波希米亚境内做出了很大的成绩，甚至在首都布拉格，这两个民族也完全势均力敌；而资本、商业、工业和精神文化则普遍掌握在德意志

---

① 《马克思恩格斯文集》（第一卷），第540—541页。
② 马俊峰：《马克思世界历史理论的方法论意义》，《中国社会科学》，2013年第6期。
③ 《马克思恩格斯文集》（第二卷），第397页。

人手里。"①

需要注意的是,并不是说在资本全球扩张之前民族精神独立性不受外部影响,只是在那一阶段,由于外部对社会经济基础影响较小,对民族精神独立性的影响也就较弱,只有对社会经济基础产生影响,民族精神独立性所受到的外部挑战才会突显出来。"在古代,各个国家、各个地区、各种文化都只以'体表'或外围在与他者进行交往或冲突,而各个实体的'体内'或内部都仍然能够保持各自的稳定性和独立性。"②由于资本的全球化扩张,一个民族或国家的经济基础受到外来资本的影响也日益加大,作为反映社会存在的社会意识也会出现新的变化,此时会出现一些"恨国主义者"或者"民族失败主义者"。这些人又可以区分为两种不同的情况:一种是其主观或出发点上并不恨国甚至是爱国,但由于其自身所处的社会经济基础是外来资本,其社会意识也就自然地反映出外资的需求,因此在社会生活的各种实践中表现出精神不独立;另一种是完全受雇于外来资本,"拿钱说话"的别有用心者,专门为外来资本在本国的利益发声。对于两者进行明确的区分十分必要,前者是一种思想领域的多元化现象,群体社会意识中不同的主体诉求是必然存在的,其应对办法是要加强精神文明工作,加强意识形态的领导权建设;而对于后者,则应当以明确的法律规范予以制裁。

对民族精神独立性所面临的挑战进行内外部的区分,其价值在于帮助世界历史进程中的我们对问题有更加全面的认识,而不是仅仅将对民族精神独立性的思考限制在精神上是否依附于其他民族或国家这一单一维度,忽视了精神上依附于传统的内部挑战。一个民族精神独立性内部挑战的核心是如何处理社会意识新旧内容冲突中的"传统"。如果"抛弃传统、丢掉根本,就等于割断了自己的精神命脉"③,就会使得一个民族缺乏团结

---

① 《马克思恩格斯文集》(第二卷),第399页。
② 赵汀阳:《天下体系:世界制度哲学导论》,第2页。
③ 《习近平谈治国理政》(第一卷),外文出版社,2018年,第164页。

一致的"根"和"魂",从而走向精神分化。如果囿于传统,不做出任何改变,就会使得一个民族陷入一成不变之中,从而走向精神僵化。民族精神独立性外部挑战的核心是对如何处理社会意识新旧内容冲突中的"外来"。如果轻视或者直接切断与其他民族的交流学习,就会使得一个民族自大自闭,从而走向精神孤化。如果崇洋媚外,片面地否定自身而夸大其他民族或国家,就会使得一个民族在精神上低人一等,人云亦云,从而走向精神奴化。

第三节　民族精神独立性的基本功能与评价标准

民族精神独立性是攸关民族生死存亡的大事。民族精神独立性作为一种社会意识的状态或特质,从根本上来说它是由社会存在所决定的,但作为一种上层建筑,民族精神独立性也必然能动地作用于社会存在,对一个民族共同体在社会实践的方方面面中产生着影响。而民族精神独立性本身亦不是毫无规定和边界的,它的形成、存在和发展遵循于个体精神寄托、民族生存与发展和人类文明进步这三个维度的标准,被这三个维度的标准所评价。

一、民族精神独立性的基本功能

功能是事物对内对外作用和影响的能力。民族精神独立性的功能,主要是指民族精神独立性在社会生活中的作用。民族精神独立性在不同时代有着不同的具体作用,但其基本功能是可以确定的。就一般性而言,民族精神独立性主要有提供立足于世界民族之林的精神支撑、实现超越发展的精神导向和维系社会团结稳定的精神纽带这三个基本功能。

(一)立足世界民族之林的精神支撑

民族精神为一个民族的生存发展提供了精神支柱,是一个民族的脊梁,独立性则是保障脊梁挺立的关键所在。"人无精神则不立,国无精神则不强。精神是一个民族赖以长久生存的灵魂,唯有精神上达到一定的高度,这个民族才能在历史的洪流中屹立不倒、奋勇向前。"①就一个民族的生存发展来说,不仅仅是其在物理意义上存续于世界之中,更为重要的是在精神上足够强大以支撑起其立足于世界民族之林。一个民族在精神上的强大与否,独立性是最为重要的向度之一,它既是一个民族在世界民族之林中伫立而不被同化的思想基础,也是一个民族在世界民族之林中茁壮成长而不被淘汰所需的精神特质。

一个丧失了精神独立性的民族,必然会被其他民族同化,最终导致这个民族的消亡。不同的民族有着各自不同的历史,也就形成了不同的价值观念,这些不同的价值观念支撑起不同民族各自灿烂的精神世界。民族精神独立性强调一个民族要保有自身一脉相承的价值观念,强调这些价值观念在该民族一代又一代人的血脉中流淌,被传承、被发展。正是依靠于这些一脉相承的价值观念支撑起民族内部每一个个体的精神世界,是一个民族在思想上独特性的体现,是这个民族在精神上不被其他民族所同化的保障。

当一个民族在面对世界上其他民族时,不仅需要保持其精神世界的独特性以求不被其他民族所同化,还需要有着强大的精神力量支撑起这个民族的成长壮大。独立性作为民族精神的一个重要特质,刺激着一个民族始终保有一种强烈的忧患意识,这种强烈的忧患意识使得这个民族居安思危,不断奋起向前,进而支撑着这个民族不断追求自身茁壮成长。

---

① 《习近平谈治国理政》(第二卷),外文出版社,2017年,第47—48页。

（二）实现超越发展的精神导向

民族精神是一面精神旗帜，对一个民族的生存发展有导向功能，它标明着这个民族的前进方向，激励着这个民族不断朝着这个方向努力。独立性这一精神特质则是强调这种导向功能要具有超越性，即其所表明的前进方向不仅仅是不断实现自身更好的发展，而且是一种在吸收自身历史传统和其他民族经验的基础上要求实现突破和超越的正向引导，同时提供一种坚定自身发展初心和方向的精神定力来纠偏。因此，一个保持自身精神独立性的民族是在开放中保持独立，而不是走向自我封闭，是追求实现博采众长后的超越发展。

在与其他民族交往的过程中，交往对象可以简单分为两类，一类是发展状况优于本民族的，一类是发展状况相近或落后于本民族的。当我们与发展状况优于本民族的对象进行交往时，如果缺乏足够的精神定力，往往会陷入一种精神依附中而不自知，最为典型的表现就是忽略自身的现实状况，一味仿照其他民族，而这至多只能实现缩短发展差距，不可能实现真正意义上的超越发展，同时这种仿照往往还会因为水土不服带来严重的后遗症。因此，我们需要精神独立性提供的方向指引和精神定力，做到不盲从不依附，依据现实状况对其他民族的成功经验进行有选择的借鉴，以实现真正意义上的超越发展。当我们与发展状况相近或落后于本民族的对象进行交往时，往往会忽视对其他民族发展经验的学习和研究，不能从中收获成功经验以滋养自身，也不能从中汲取失败教训以避免自身陷入同样困局，这无疑违背了实现超越发展的初心，因此也需要精神独立性来保持对其他民族的正确认识，提供精神定力来进行纠偏。

一个民族在其自身不断向前发展的道路上，如何认识和对待自身的传统，是一个既无法回避又至关重要的问题。保持民族精神独立性强调自身不能依附于传统，但又要明确传统是自身的根基和来源。如果局限于过往之中,就会停滞不前,如果完全与传统割裂,就会走向历史虚无,从而失去了一个民族的精神家园。应当结合实际对传统进行发展和扬弃,从中汲取养分,实现超越发展。同时,一个民族在对于自身过往的认识和理解需要站在精神独立性的高度上,才能有利于自身实现超越发展。对于世界上任何一个拥有悠久历史的民族来说,既有令人自豪的辉煌灿烂,也有令人痛苦的悲惨低谷。我们既不能沉溺于曾经的辉煌,一味地厚古薄今,刻舟求剑式地复刻曾经的成功,也不能迷失在曾经的失落中无法自拔,失去自信心,以至于"跪久了站不起来"。我们必须以一种客观的心态走出内心对过往历史的依附,正确认识历史,聚焦于现在。

(三)维系社会团结稳定的精神纽带

民族精神具有凝聚功能和整合功能,其凝聚功能是指通过提供一种共同认可的情感、规范和目标使得民族成员凝聚在一起;其整合功能是指作为一个民族的主体精神对共同体内部社会关系和思想观念的调整和修正[①]。精神独立性主要是通过突显与其他民族共同体在情感、规范和目标上的不同来强化凝聚功能和整合功能的有效性,具体来说就是通过增强民族精神的感召力来强化共同体意识,以降低国内外敌对势力煽动或策动的分裂风险和降低因不同社会利益主体之间矛盾所引起的内耗。

不同民族所认同的情感、规范和目标存在差异,而一个民族尤其是多元的复合型民族,在其内部的不同成员之间也必然存在着一定的差异,如果一个民族内部的部分群体形成了与民族共同体主体精神相异质的族群认同,一旦在遇到发展中一时难以解决的现实问题,就会面临在内外敌对势力煽动或策动下的分裂风险。对于这一问题,民族精神可以对民族共同体内所有成员的精神世界起到引领凝聚和约束整合的作用,其中民族精神独立

---

① 詹小美:《民族精神论》,中山大学出版社,2007年,第65页。

性之所以能发挥作用,主要在于它增强了民族精神的感召力。一方面,它增强了本民族的自我识别,强调不同民族之间差异性的同时,也突出了本民族内部的同一性,给人们提供了一种比较的视野,使人们认识到不同民族之间的这种差异要显著地大于民族内部的差异,从而增进对民族主体精神的认同;另一方面,民族精神独立性可以塑造命运与共的集体利益认同,通过对未来发展的信心来解决面对问题的不安和焦虑,进而筑牢民族共同体意识,以降低在国内外敌对势力煽动或策动下可能存在的分裂风险。

民族精神独立性对一个民族的发展起到了超越性的导向,可以使一个民族以一种更加宽容的情怀,服从于"小我"让位"大我"的规范,追求共同的伟大目标。同时,民族精神独立性强调实事求是地认识不同发展阶段中遇到的不同问题,应当用发展的眼光、在发展中解决问题的思路面对问题。这就使得人们对现有问题和矛盾有了更深刻的认识,进而为了集体的长远追求和共同利益,增加对现实中不同社会群体之间矛盾冲突的容忍度,从而降低社会的内耗。

二、民族精神独立性的评价标准

独立性作为一个民族共同体在精神上的一种特性,其形成、延续和发展取决于一个民族在自身精神秩序上的建构和整合中的选择,这种选择必然以一定的标准为依据。这种精神秩序上建构和整合的标准也就在事实上成为民族精神独立性的评价标准。民族精神独立性的评价标准主要体现在个体精神寄托、民族生存与发展和人类文明进步这三个维度之中。

(一)是否有助于个体获得精神的寄托

一个民族在精神上的独立性,源于民族共同体成员在面对现实社会生活种种挑战中的精神回应的积累。这种精神回应的积累不仅满足于个体自身的生存和发展需要,也有利于个体获得精神上的寄托和慰藉。在这种精神回应的保留和积累过程中,不同的民族形成了各自独具特色的民族精神。民族精神是一个民族共同体中所有个体的共有精神家园,它使得个体获得了对于自身民族身份的确认,寻找到自身情感的归宿,使得个体的行为和前行目标在群体中获得确证和指引。这一过程对于个体来说,既是其与自然、社会、他人以及自我的关系的精神构建和调整,是其生存发展的必然需要,也使得个体在精神上获得了寄托。一旦一个民族在自身精神秩序的构建和整合中失去了自身的独特性和自主性,就会使得这个民族中的个体对自身身份认同产生模糊,因找不到情感归宿、行为依据和目标指引而产生精神上的困顿和失落,从而失去了精神上的寄托。因此,当我们在对民族精神独立性进行评价时,首先就是对其是否有助于个体获得精神上的寄托进行考察。

(二)是否有利于民族的生存与发展

如果一个民族在精神上的一种特性只能满足个体获得精神上的寄托而无助于整个生存和发展,那么它必然会在群体的精神秩序建构和整合中消亡。一种精神特性能够在民族精神世界中形成并保持下去,必然要得到社会共同的或多数的认同,也就必然是一种最大程度上能够满足民族整体生存和推动民族发展的精神特性,这一特性要在具体社会实践发展中能够产生诸多有益于民族整体的精神力量。这并不是说个体精神上所获得寄托与民族的生存发展之间是必然矛盾的,而是一种在民族精神秩序建构和整合的选择中更高层次的准则。"作为群体的民族是由每一个个体组成的,每个个体的精神家园都带有其个体的独特性,但各具特点的个体精神家园,却是民族精神家园赖以形成的资源,同时也是民族精神家园的展现。"[①]

---

① 王健、金炳镐:《"一体两翼"建设中华各民族共有精神家园》,《贵州民族研究》,2020年第2期。

所以,有利于民族的生存与发展这一准则从根本上与个体获得精神寄托是相一致的。

评价民族精神独立性最为直观和核心的依据莫过于它是否有利于这个民族在其关乎自身生存和发展的实践选择中维护自身利益,即并不是为了在精神上有独特之处而追求独立性。脱离民族生存和发展的实际需要,一味地强调形式上的精神独特会导致人们走向精神上的僵化,只有符合自身实际利益需要的精神变革中所体现的独特性和自主性才是真正有意义和价值的精神特性。因此,是否有利于民族的生存与发展为我们在现实的实践过程中如何评价一个民族在精神上的独立性提供了根本的准则。

(三)是否符合人类文明进步的方向

一种精神上的特性只能有利于本民族的生存与发展而损害全人类的文明进步的话,那它必然只能是民族主义的一种极端表现,不能成为人类文明世界的一抹绚丽色彩。一种精神特性如果能够长期存在于一个民族的精神秩序构建和整合之中,它便不能违背人类文明进步的方向,这一准则划清了民族精神独立性与狭隘民族主义之间的鲜明边界,决定着民族精神独立性发展的终极指向。

符合人类文明进步的方向,其核心是指不能因自身精神独立性发展的需要而损害世界上其他民族。从民族精神独立性的实践意义上来看,如果其走入了与全人类文明共同进步的反方向,是必然不能长久的。它要么会致使这个民族逐渐脱离世界上其他民族共同发展的朋友圈,从而导致该民族被迫在精神上走向自闭,这种情况下也就使得民族精神独立性自身被解体。同时,"激发人们创新创造活力,最直接的方法莫过于走入不同文明,发现别人的优长,启发自己的思维"[1]。一旦自身的精神陷入孤化之中,也

----

[1]《习近平谈治国理政》(第三卷),第470页。

必然是不利于创新创造的实现,要么就会因严重侵害世界上其他民族和国家的利益而将自身推向战争,世界上没有任何一个民族愿意仰人鼻息,任人宰割,沦为其他民族的附庸,这也就与民族精神独立性本身的目标相违背。因此,一个民族自身精神独立性的发展绝不能走上消灭其他民族精神独立性的道路。

上述三个维度的准则决定着一种精神特性能否被民族成员所认同,能否在民族生存与发展的长远过程中形成,能否使得该民族长久光荣地立足世界民族之林。更为重要的是,它为民族精神独立性发展提供了一种标准、一种边界和一种指引。

第二章

中华民族精神独立性的
萌生与演进

　　"中华文明经历了五千多年的历史变迁,但始终一脉相承,积淀着中华民族最深层的精神追求,代表着中华民族独特的精神标识,为中华民族生生不息、发展壮大提供了丰厚滋养。"①独立性是中华民族精神的重要特质之一。古代时期的中华民族精神独立性以自立包容为其具体表征,对中国古代社会的发展进步起到了重要作用。然而,"每一个民族的文化,都是由它的精神本性所决定的,它的精神本性是由该民族的境况造成的,而它的境况归根到底是受生产力状况和它的生产关系制约的"②。在古代中国封建社会生产力和生产关系发展停滞的制约下,中华民族精神独立性也从自立包容走向了封闭僵化。鸦片战争后,"天朝上国"的幻梦破灭,中华民族走到了亡国灭种的边缘,人们在精神上处于封闭僵化和殖民者的奴役之中,中华民族的精神独立性在近代消沉至最深的谷底。而这谷底同时也意味着中华民族意识在生死存亡之际的初步唤醒,从而开启了近代以来维护中华民族精神独立性的艰辛探索。

---

　　① 《习近平著作选读》(第一卷),第230页。
　　② [俄]普列汉诺夫:《普列汉诺夫美学论文集》(第一卷),曹葆华译,人民出版社,1983年,第346页。

第一节　中华民族精神独立性的古代兴衰

中华民族精神独立性萌芽于西周的"宅兹中国"，在春秋战国时期诸子百家的争鸣中不断孕育成长，在秦汉时期的"大一统"中得以进一步发展，高涨于大唐盛世之中，最终在明清时期的闭关锁国中走向衰弱。

一、古代时期中华民族精神独立性的起源与发展

中华民族精神独立性起源于西周时期，在春秋战国时期诸子百家的争鸣中不断孕育成长，并在秦汉时期的"大一统"中得以确立。中华民族精神世界在这一时期的发展基本奠定了自身独特的思维方式和价值体系，确立了以自信独立、开放包容的精神气质为具体表征的中华民族精神独立性。

(一)"宅兹中国"：中华民族精神独立性的起源

中华民族精神独立性的起源最早可以追溯到西周，周成王时期青铜器何尊中的铭文写道，"隹(惟)珷(武)王既克大邑商，则廷告于天曰：余其宅兹中或(国)，自彇(乂)民"①。这里的"中国"二字指的是成周洛邑，同时代指天命王权的"天下"核心，为政治中心之意；"中国"也用于指称"中原"，与"四夷"相对使用，为地理中心之意。"晚周以降，'中国'一词还从地理中心，政治中心派生出文化中心的内涵。"②居"中国"是顺应天命，以达到更好治理四方民众的目的。从华夏先人的这一豪迈之语中我们可以看到，中国认

---

① 马承源：《何尊铭文初释》，《文物》，1976年第1期。
② 黄兴涛：《重塑中华：近代中国"中华民族"观念研究》，北京师范大学出版社，2017年，第10页。

同伴随着"天命"伦理的出现,居中心而又辐射四方的文明观念。可以说,"宅兹中国"是中华民族民族识别意识的源头,同时又以顺天命而治四方的独特伦理观念形塑着中华民族最初的精神世界。

当我们考察中华民族精神独立性的起源时,应当对其所处的地理环境和生产方式进行考察。一般认为,大陆大河、相对封闭的生存空间和小农经济为主导的封建生产方式共同决定着古代中华民族精神发展的根本。但当我们把目光投向中华民族精神世界发展的萌芽期之前,其实际是以黄河中下游地区为核心的中原和大群劳动力集体协作的农耕生产。①所以这一时期的文明是外向的、扩张的,所形成的精神观念亦是开放、进取和合作的,这种精神世界的特性与中国封建社会晚期那种封闭保守的思想状态有着很大的差别。

中华文明探源工程的最新成果显示,中华文明在距今三千年前,经历了王权巩固的重要时期,西周"以分封制、宗法制、礼乐制为特征的文明形态,以周天子为核心的天下共主的国家结构,进一步强化了夏商以来的中央集权制度,为秦汉统一多民族国家的形成奠定了坚实基础"②。正是在中华文明演进变化的这一重要时期,中华民族精神独立性在西周时期起源,具体来看可从如下角度分析得出原因:

其一,社会生产力的发展和分封制的推行是人们形成共同精神认同的基础。西周社会生产力的发展主要表现在农业生产的发达,生产力的进步使得西周可以拥有相较于商更大的势力范围和影响力,"凡是西周势力到达的地方,就是优越的农业到达的地方"③。周公将新征服的土地人民分封给同姓和异姓的贵族,用以巩固周朝的统治。"西周分封,将亲缘关系维持封建网络,宗统与君统相叠,血缘与政治结合,这双重结构,为中国文化传

---

① 许倬云:《西周史:增补二版》,生活·读书·新知三联书店,2012年,第46页。
② 王巍:《中华文明探源研究主要成果及启示》,《求是》,2022年第14期。
③ 翦伯赞:《中国史十五讲》,中华书局,2011年,第6页。

统留下了深刻的烙印。"①虽然夏朝就有了"家天下"的君主世袭制,但西周分封制的推行除了使人们有了更强的凝聚力,也建构了一种以"家天下"为核心的共同体意识。

其二,西周对中华民族共有精神家园建设的贡献。《中庸》载,"今天下,车同轨,书同文,行同伦"。《中庸》一般认为是孔子之孙子思所著,其年代大致为春秋末期。因此,"今天下"所描述是周朝形成统一国家之后,车轨、文字和伦理道德的统一已经在全国范围内推进和执行,但由于战国时期的分裂和混战,使得"礼崩乐坏",进而有了后世秦始皇的统一度量衡。西周时期的车、书、行具体被统一到什么地步,可能已经很难考证,但毋庸置疑的是西周时期中华文明的雏形已现,中华民族有了最初的形态,人们的精神世界也已埋下了共同体意识的种子,在"华夷之辨"中已经有了精神独立性的萌芽。

其三,西周对中华民族变通观念的塑造,形塑了中华民族在精神上拒绝僵化的传统。周灭商殷是当时社会的一场剧变,对人们长期所接受的商人"受命于天"的思想产生了根本动摇。与商相比,周人也讲"天命",但更强调的是一种变革思想。如周公与召公致辞答对时,所展现的"天不可信"(即天命不固定、不可信)、"天命不易"(天命不容易把握、难以保持)等观点。而《大雅·文王》中的名句则更加明确地反映了当时强调变异的思想,即"周虽旧邦、其命维新"。

(二)"百家争鸣":中华民族精神独立性的孕育成长

中华民族精神独立性在春秋战国的"百家争鸣"中孕育成长。这一时期,随着铁的发明和应用,提高了社会生产力,进而推动着土地所有制的变

---

① 许倬云:《我者与他者:中国历史上的内外分际》,生活·读书·新知三联书店,2010年,第12页。

化和地方经济的普遍发展,各诸侯国之间争霸和兼并不断上演。随着周天子实际影响力的不断衰弱,各诸侯国不再受王室的制约,以"三家分晋"为标志处是卿大夫挟制国君,分封制名存实亡,春秋的封建国家转化为了战国时代的列国体制。高烈度的社会变革带来了思想领域的剧烈变化,曾经的周礼无法再使得天下"行同伦"。社会的剧烈动荡变化和主导思想的缺位,给各类思想的产生创造了条件,思想领域出现了"百家争鸣"。"百家争鸣"使得中华民族的精神世界拥有了足够的丰度,为中华民族精神独立性建构了足够强大的传统精神框架。中华民族精神世界的深度和广度得到了空前大发展,民族精神独立性也在这一时期不断成长。

"百家争鸣"中民族精神独立性的孕育成长主要表现在两个方面。一方面,在思想的交流碰撞中,形成了中华民族开放兼听而取他人所长的基本态度。思想的丰富和发展,充实着中华民族的精神世界,而百家在相互争鸣的同时,也在相互比对和吸收,进而不断交融发展。这一时期诸子思想的形成与发展都有一个核心诉求,那就是游说君王。游说君王是一种学说思想被接纳又在实践中验证、发展或消亡的过程,这一过程无疑体现出那个时代开放兼听取他人所长的基本态度。另一方面,百家争鸣本身就是一次在"传统"与"现代"之间思想不断向前发展的历史时期,精神独立性在社会变革时期的充分体现。如,孔子虽然要复周礼,但主要"是以重新阐释西周秩序,界定了儒家政治文化的理念"①。更为经典的还有商鞅所述的"治世不一道,便国不法古"(《史记·商君列传》),"当时而立法,因事而制礼"(《商君书·更法》),在"百家争鸣"中,诸子明确看到了现实世界的变化,却又始终继承前人传统,在继承中开新,不断孕育着中华民族精神独立性的成长。

春秋战国时期,中华民族精神独立性得以孕育、成长的两个原因:其

---

① 许倬云:《我者与他者:中国历史上的内外分际》,第14页。

一,孔子对西周伦理的重新阐释和推广奠定了中华民族关于"我者与他者"的独特认知,促进了中华民族精神独立性的成长。孔子一生致力于重整周礼,试图将原先合理的部分进一步阐释为一套新的伦理体系。这套以"忠孝仁义"为核心的伦理体系,是一种"人人应予自修,庶几可以达到的境界"①。正是这样一套可以自修自省的伦理体系,中国人的"华"与"夷"之间,不再是"自—他"敌对的群族观念,而是以距离文明中心"远—近"而形成的天下观念。这个看似以文明开化程度为高低区分的体系,却是开放和包容的,因为在这个体系中,如果"夷"的开化程度不断变高,那么"夷"可变"华"。正是这种独特民族观念的开启,奠定了中华民族精神开放包容的独特气质。其二,教育的推广使得人们精神世界得到成长,为民族精神独立性的成长提供了基础。《论语·微子》中讲道,"大师挚适齐,亚饭干适楚,三饭缭适蔡,四饭缺适秦,鼓方叔入于河,播鼗武入于汉,少师阳、击磬襄,入于海。"随着周天子威仪不再,王室的文化官员或转移列国,或步入下层、民间,具有极为深远的影响,诸子百家多出自王官之外,还使得学术和教育从宫廷走向民间,使得有文化涵养和思想启蒙的人群得以扩大,这也构筑了中华民族精神独立性孕育、发展的基础。

(三)"秦汉大一统":中华民族精神独立性主体的基本成型

秦汉时期,相对较长时间的"大一统"基本确立了中华民族精神独立性的主体。秦国祚虽短,却奠定了中华民族经济共同体、文化共同体和政治共同体的基础。秦"消灭了封建领主制,开创了一个中央集权的封建专制主义的新的历史时代"②。从封建领主走向封建专制,其进步的关键在于农奴制的废除,就此中国的土地所有权从封建贵族的世袭所有制转向新兴地

① 许倬云:《我者与他者:中国历史上的内外分际》,第19页。
② 翦伯赞:《中国史十五讲》,第95页。

主阶级私人所有制。经济基础领域的转化也正是政治领域中央集权的专制主义国家出现的基础。秦通过废分封设郡县、统一度量衡、统一车轨文字等政治文化上的具有开创性的历史活动,对中华民族主体的形塑起到了关键性的指引和规约作用。虽然做到了对中华大地在政治、经济和文化上的统一,但由于秦过早的灭亡,从对立到融合的时间过短,原先诸国的国家意识只是仅仅被削弱了,并没有彻底消亡。战国时代的中国天下,政治上的列国体制不仅意味着每个国家都有自己的主权,也意味着他们有着来自各自国民的认同。各国的认同无疑在一定程度上削弱了中华民族的共同体意识,尤为明显的就是秦末六国之后纷纷起兵反秦。此后汉随秦制,历经两汉四百多年"大一统"之后,古代中华民族精神独立性的主体得到了基本确定。

在中华民族精神独立性的主体得以确立的同时,"胡人"开始作为"中华"的他者,成为中华民族精神独立性的外在识别对象,一直延续到鸦片战争之前,海上来的"洋人"开始成为另一个新的他者。以秦统一全国为界点,秦使"中国"具有了实质的意义,并将战国时期华夷不断融合的成果巩固了下来。虽然"中国"在疆域上的定义在后世不断扩大或变更,但秦时的"中国"始终是最为核心的地域。也正因此,从秦开始,古代中华民族精神独立性有了相对确切的民族识别意识,有了清晰的他者,并在后来的汉得以确证和延续,秦汉的"大一统"也就将古代中华民族精神独立性确立了下来。

两汉时期除了提供了一个相对较长的"大一统"时间使得中华民族内部融合进一步完成和民族意识进一步巩固之外,开拓西域和尊崇儒术两项措施也都对中华民族精神独立性的发展产生了极其深远的影响。

开拓西域不仅使得中华民族的共同体意识得到进一步的发展,而且使中华民族进一步与他者进行经济、文化交流,在一个相对开放的环境中保持着自身精神独立性。在两汉时期,对于西域的控制始终和汉朝对匈奴的作战联系在一起,在西域诸国纳入西汉王朝统治之后,"匈奴终于在资源不足与中国对抗的劣势下,逐渐萎缩,由对抗的'他者'沦为附属"①。在汉朝对匈奴的"外战"的胜利中,民族共同体意识得以增强,西域的开拓也为今天中华民族共同体的构成奠定了重要基础。更为重要的是,西域的开拓使得汉朝与当时的世界有了密切的贸易往来和文化交流,"丝绸之路"也就是由此而来。也正是两汉时期,佛教经由西域传入中国,而这一印度宗教传入时就已在西域"由自度的原始佛教转化为度人转世的大乘佛教"②,此后,中华民族在与佛教文化相互融合的过程中,不仅改变了自己,也改变了佛教。因此,西域的开辟为中华民族精神独立性在开放条件下的磨砺成长提供了条件。

尊崇儒术使儒家学说在中国思想史上取得了正统地位,确立了此后两千年中华民族精神世界的基调。自董仲舒之后,儒家从百家中的一家提升到了"一尊"的地位。这种"一尊"地位的形成难免会使儒家学说走向意识形态化,进而发展受阻。但需要明确的是独尊儒术亦使得中华民族在两汉拥有了一个相对较长的社会主导思想,在这个相对较长且稳定的历史发展阶段中,中华民族精神世界的基调被确立下来,中华民族在精神上的独特性被确立下来,中华民族一脉相承的价值观念开始形成。

二、古代时期中华民族精神独立性的高涨与衰弱

从魏晋到明清,王朝兴亡更替,但追求"大一统"的历史主线维护并进一步塑造着中华民族共同体。政治统一、民族融合和文化认同一直贯穿着中华民族的整个发展进程之中,加强了中华民族内部在思维方式和价值观念上的一致性。魏晋玄学、隋唐佛学及宋明理学从不同侧面丰富和发展了

① 许倬云:《我者与他者:中国历史上的内外分际》,第41页。
② 许倬云:《我者与他者:中国历史上的内外分际》,第42页。

中华民族精神,民族思想文化开放恢宏的气度在盛唐达到顶峰,古代时期中华民族精神独立性在盛唐高涨。宋元明清时期,封建王朝不能满足生产力发展需求的弊病开始日益加重,儒学在宋明理学之后转向了僵化停滞的经学,明清时期的闭关锁国也将中华民族的天下观念转向封闭和自欺,中华民族精神独立性在这一时期走向衰弱。

(一)"自立包容":大唐盛世中民族精神独立性的高涨

自东汉以来,虽然出现过短暂统一,但总体来说中国大地上历经了近四百年的分裂和战乱。在长期的战乱和纷争中,人民被屠杀,生产力遭到了严重破坏,中国北部地区经济文化受到了毁灭性的破坏。在朝代的频繁更替中,北方不仅出现了胡人汉化,也出现了汉人胡化,但整体上整个北方处于汉化的大趋势之中,在一定程度上各民族得以进一步融合,客观上推动了民族共同体的发展。也正是由于民众生活普遍处于动荡和困苦之中,佛教开始盛行,并占据了主流地位,思想领域总体上处于儒、释、道并存相争的情况,中华民族的精神世界得到了丰富和发展。

隋朝的统一开创了中国历史上继秦汉以后第二次"大一统"的局面,并通过加强中央集权,开凿大运河、打通丝绸之路巩固和发展了统一的多民族国家,"大一统"的观念在民众心中得到加强,中华民族共同体在经历了近四百年的战乱和分割之后再一次得到重塑。隋朝通过对三省六部制和科举制的推行,使得古代政治制度进入了一个新的阶段,展示出中华民族不僵化于古制的求新精神。隋同秦一般,国祚极短,随后应运而生的唐朝继承了隋朝的物质和制度成果,在继往开来中得以进一步完善,在中国走向历史上又一个鼎盛王朝的同时,古代时期的中华民族精神独立性也在大唐盛世中不断高涨。

从"我即天下"到"大唐秩序"不仅标识着中华民族"天下观"的发展,也反映出古代中华民族对精神独立性的认识高度。从"天可汗"的称呼也可折射出中华民族"天下观"的发展,唐太宗身兼"天可汗"与中国皇帝两个称号,这表明当时的唐人对世界的认识已从"中国即天下"转变为中国是天下诸国的盟主。文献记载中的"十四国蕃君石像",反映出盛唐时期所构建的以唐代中国为中心包括东亚和中亚、南亚部分地区的大唐秩序。在唐之前,中华民族的天下观不仅局限在"中国即天下"的认识之中,而且保持着以己之华夏文明来"王化"远之蛮夷的中心主义认识,"大唐秩序"和"天可汗"则反映出唐人对周边各国独立性的认可与尊重,这无疑是古代中华民族精神独立性高度的体现。

唐的国际化程度和思想文化的交汇发展彰显出中华民族精神独立性在盛唐时期的高涨。"在中国历史上,唐朝是一个真正意义上的'开放时代'。"[①]作为国际性大都会的长安,居住着来自世界各地的使节、质子、商客和僧侣,唐的国际化程度还在广州、泉州、扬州等主要港口有着鲜明体现。"黄巢攻打广州时,聚居于蕃坊的外商,有十余万人之多。"[②]如果说人口的复杂化体现着唐人精神世界的开放,那么以《米继芬墓志》为标志的外人在唐为官的现象则表明唐人的恢宏气度。人口的杂居不仅给中华民族的生活带来了很多变化,更带来思想文化的交流、碰撞和融会。唐代社会出现了宗教多元共存的景象,也在侧面彰显出唐人思想上的开放恢宏,除了佛教、道教之外,如景教(基督教的一支)、摩尼教等都获得了不同程度的传播。"从宫廷到乡村,从高高在上的帝王,到村舍小民,无不侵染在各种宗教的影响之下。"[③]也正是这一时期,禅宗这一中国化最为彻底的佛教宗派成为中国佛教的主流,并深刻影响了后世的宋明理学。"当玄宗以九五之尊,遍注《孝经》《老子》与《金刚经》,并提出'会三归一'的宗旨时,唐代宗教就

---

① 卜宪群总撰稿:《中国通史·隋唐五代两宋》,华夏出版社、安徽教育出版社,2016年,第255页。

② 许倬云:《我者与他者:中国历史上的内外分际》,第69页。

③ 卜宪群总撰稿:《中国通史·隋唐五代两宋》,第281页。

已经使得中国的社会思想从此不同。"①"会三归一"不仅显示出唐朝对于思想文化的包容性,更显示出其要集大成而出新的精神追求。同时,我们仍需注意的是自魏晋至唐,虽然思潮涌动,但"不管是玄学还是佛学,都没有根本动摇儒学的统治地位,统治机构仍然是在儒家思想的指导下运转,科举考试、选拔官员仍然以儒家思想为标准"②。

在开放中吸收和汲取其他文化或文明的养分,不断丰富和滋养自身精神世界,是唐人精神开放包容的体现。更为重要的是唐人在开放包容中坚持自立进取,立足自身发展需要又汲取外来精粹不断实现自身精神的新发展,这便是古代时期的中华民族精神独立性在盛唐高涨的关键所在。

(二)"封闭僵化":宋元明清时期中华民族精神独立性的衰弱

在唐以后的中国封建社会历史中,"大一统"依然是中华民族的主导思想,但宋代以后中华民族的天下观开始畸形发展,在精神上最终走向了封闭自欺。

宋代在中国的核心地区建立了一个比较安定的政权。与汉唐相比,宋只统治了核心部分,与宋同时存在的有辽(后为金、蒙)、西夏、吐蕃、大理、安南等国家。军事的孱弱令宋王朝依靠"岁币"换取和平,宋不再是天下共主,不能自命为天下秩序的核心,而只能是当时经济网络中的一环。"环视四邻,那些国家的文化资源或经济水平,还不能超过宋国,宋国无法从四邻有所采撷,再加上缅怀旧日光荣的情结,宋代文化遂走了内敛的途径。"③同时,在故国难返的南宋,民族主义开始兴起,加之元朝不平等的民族政策,中华民族共同体内部不同族群的分歧开始加重,以文化认同所构建的民族共同体开始松动。

---

① 卜宪群总撰稿:《中国通史:隋唐五代两宋》,第281页。
② 李宗桂等:《中华民族精神概论》,广东人民出版社,2007年,第62页。
③ 许倬云:《我者与他者:中国历史上的内外分际》,第77页。

明朝建国后,开始修筑长城,与秦汉以要塞壕沟相呼应而留有空隙的防御工事不同,明长城自西向东连绵不断。以前的长城既是边防,也是相接沟通的地方,而明清的长城则成为内外隔绝的界限,这种区别反映出当时人们在观念上走向封闭。随着郑和下西洋的结束,中华民族随后开始了漫长的闭关锁国政策,在这种政策之下,中华民族不仅仅长期处于精神世界的自闭之中,而且由于不能正确看待世界的发展,亦失去了实事求是的精神,沉醉于"天朝上国"的自欺之中。

宋元明清时期数次改革的失败和儒学保守僵化的走向,显示出这一时期中华民族精神世界活力的不足,体现着民族精神独立性的不断衰弱。当我们回望中国封建社会后半程的历史,中华民族未曾缺乏如范仲淹、王安石、张居正这样的改革者或新政推行者,但最终都以失败告终。如果从我们今天的视角来看,这些改革或新政都是不彻底的,并不能真正推动生产力的发展,而仍要明确的是,他们的改革代表着中华民族在自身前行中不断发现问题、不僵化于古的尝试。他们改革失败或新政流产的结局,也体现着中华民族精神独立性虽走向衰弱但并未消亡。宋代的知识分子在整合释道于儒,儒家各派间也相互激荡,最终由朱子集大成的理学,成为整合儒、道、佛三家思想资源的完整的体系,但这体系在成为中国古代思想史的一个巅峰的同时,也由于其完整性很难进行新的变革,这也使得中华民族在思想上走向保守,一直到王阳明心学的出现,"方打破朱学一株独秀的沉寂及由此而起的僵化"[1]。随后,在文化思想领域虽然也出现了提倡经世致用之学的黄宗羲、顾炎武、王夫之等人,但由于清朝在雍正、乾隆时期对文化思想的高压政策屡兴文字狱,学者们最终走上了整理古典文献的道路。从宋明理学到清代的考据学,中华民族在思想上由汉唐时期的开放不断内敛,最终在清代的考据中走向泥古复古,精神上陷入封闭僵化之中。

---

① 许倬云:《我者与他者:中国历史上的内外分际》,第79页。

三、古代时期中华民族精神独立性的重要价值

中华民族在漫长的历史发展中常遇变革而不失根本、长期开放而未迷失自我,其原因就在于中华民族始终保持着民族精神独立性。"以数千年大历史观之,变革和开放总体上是中国的历史常态。"[①]中华民族在变革和开放中不断向前进发,并在五千年的"历史长河中生生不息、薪火相传、顽强发展"[②],成为全世界唯一一个未曾中断并璀璨至今的文明。中华文明在五千年的历史中以自立自信、开放包容的精神状态既积极汲取传统的智慧,又保持着精神上的生机活力,既积极地借鉴其他文明的先进之处,又在与异质文化相遇时能避免丧失自身特性成为他者附庸。

近代以前,中华民族精神独立性来源于长时期的经济繁荣、政治稳定、科技先进和思想文化自信。在经济上,近代以前的中国国内生产总值长时期以绝对优势领先于世界;在政治上,强大的中央集权和深入人心的"大一统"观念有力保障了社会稳定和统一;在科技上,古代中国在农业、医药、天文、建筑等方面均代表了世界先进水平,四大发明更是为人类文明做出了重要贡献;在文化上,中华民族创造了光辉灿烂的中华文化,唐诗、宋词、元曲等光耀人类文化宝库。经济、政治、科技、文化等方面的先进和繁荣开创了古代中国"万方来朝,四夷宾服"的繁荣景象,也为古代中华民族精神独立性的孕育生成奠定了坚实的物质文化基础。在中华文明数千年的演进中,经过不断积淀和融合,最终形成了中华民族独特的价值体系和精神世界,锻造出了中华民族薪火相传的精神基因和民族特色。无论是"大一统"的国家认同,还是"华夷一体"的文化自信;无论是民贵君轻、重义轻利的价值取向,还是自强不息、厚德载物的民族精神;无论是仁者爱人、与人为善

---

① 习近平:《在庆祝改革开放40周年大会上的讲话》,人民出版社,2018年,第40页。
② 习近平:《在文艺工作座谈会上的讲话》,人民出版社,2015年,第22页。

的道德追求,还是天下为公、协和万邦的博大情怀,都深深根植在中华民族的心灵深处,潜移默化地影响着中国人的思想方式和行为方式,这种自信独立、开放包容的精神气质成为中华民族精神独立性的具体表征。

中华民族精神独立性对中国古代社会的发展进步起到了重要作用。其一,精神独立性是推动古代中国社会发展的重要精神力量。中华民族的精神独立性不断强化着这个民族自身的认可,从而激发起这个民族不断向前奋进的精神动力,凝聚起中国社会建设发展的最主要力量。其二,精神独立性是中华民族能吸收其他文明精华并不断实现超越自身的重要原因。一个民族的进步发展离不开吸收外来文明之所长和对自身传统的继承,那么如何不使自身在学习外来文明时依附于他者,如何不使自身在继承传统时泥古不化,这就依赖于民族精神独立性的保持,它可以激扬起这个民族的自信心,从而有一种精神定力支撑着这个民族走出符合时代进步而又具有自身特色的道路和历史。其三,精神独立性是中华民族维系社会团结稳定的精神纽带。国家的发展离不开社会的稳定,民族精神独立性为各民族团结一致对内发展生产、对外共御国敌提供了精神力量,也是中华民族始终保持和践行"大一统"观念的重要支撑。

中华民族的未来发展离不开对前人成果的继承,以自立自信、开放包容为特点的古代民族精神独立性无疑是当代中华民族的宝贵精神财富。"泱泱中华,历史悠久,文明博大。中华民族在几千年历史中创造和延续的中华优秀传统文化,是中华民族的根和魂。"①"从历史上的佛教东传、'伊儒会通',到近代以来的'西学东渐'、新文化运动、马克思主义和社会主义思想传入中国,再到改革开放以来全方位对外开放,中华文明始终在兼收并蓄中历久弥新。"②从总体上来看,中华文明在其漫长的发展历程中始终与

---

① 《习近平谈治国理政》(第二卷),第426页。
② 《习近平谈治国理政》(第三卷),第471页。

其他文明不断交流互鉴，最终形成了一个开放的体系。而这个开放的体系之所以可以延续中华文明，没有变成别的文明，其关键就在于中华民族"在兼收并蓄中历久弥新"，始终保持着自身的民族精神独立性。

中华民族精神独立性为世界文明发展起到了重要的推动作用。中华文明是世界文明最为重要而独特的瑰宝之一，始终在推动着世界文明的发展。"每一种文明都扎根于自己的生存土壤，凝聚着一个国家、一个民族的非凡智慧和精神追求，都有自己存在的价值。"[①]不同文明之所以能交相辉映出五彩斑斓的美丽，其原因就在于不同文明各具特色、各有价值，正是这些各具特色的不同文明共同汇聚交融形成了今天的世界文明。一旦一个国家和民族失去了自身的精神独立性，放弃了自身文明，也就不再具有交流互鉴的价值。同时，不同文明交流互鉴的动力和可能来自各自文明的开放包容。中华民族在开放包容中保持自身的精神独立性，这既不是要封闭自大走向精神孤立，更不是企图在精神上同化其他民族或国家，而是通过与其他文明交流互鉴、取长补短，保持自身旺盛的生命活力。中华民族在受益于文明交流互鉴的同时，也以开放的胸怀将自身的文明成果呈现给了世界，推动着世界文明的进步发展。

第二节　中华民族精神独立性的近代危机

在内忧外患的双重夹击之中，大清帝国走到风雨飘摇的尽头，劳动人民陷入水深火热的悲惨境地，中华民族面临亡国灭种的深重危机，中华民族精神独立性在危机四伏中消沉至最深的谷底。中华民族精神独立性的

---

① 《习近平谈治国理政》（第三卷），第468页。

近代危机主要表现在两个方面:一是精神上的封闭与僵化所造成的内生危机,二是沦为半殖民地后精神上被奴役的外源危机。

一、鸦片战争与中华民族精神独立性的沉寂

鸦片战争以前,中华民族在精神上处于自闭与自欺的状态。"在鸦片战争以前,中国和中国以外的世界几乎完全隔绝。"[①]这种隔绝并非意味着中国在当时是孤悬于世界之外的孤岛,事实上,伴随着西欧资本主义的发展,自16世纪起,就不断有欧洲海盗式的殖民者、商人、传教士、冒险家们来到中国。面对早期资本主义充满暴行和杀戮的行径,明清的统治者在16、17世纪采取了大规模的海禁政策,仅仅保留少数通商口岸以严格的规矩进行对外贸易。我们在看到闭关锁国政策落后的同时,也应当看到其在当时所起到的民族自卫作用。"问题是,在国内以维护落后的封建生产关系为任务的反动统治者,不可能把对外的自卫政策认真地贯彻下去,更不可能把这种自卫政策同争取本国的社会经济的进步发展结合起来。"[②]就这样在闭关锁国的政策之下,人们对已经由封建社会转向资本主义社会的西欧各国知之甚少,停滞在封建社会的清朝仍自诩为"天朝上国",中华民族在精神上处于自闭与自欺的状态之中。

鸦片战争后,中华民族精神独立性消沉至谷底。伴随着西方列强的武力侵略,近代中国在被迫开放的同时,签署了一份份不平等条约,中国沦为了一个半殖民地半封建国家。彼时,中国的海关被外国人控制,列强的军队驻扎在中国的国土之上,外国人可以依据自己的规则和意愿开设银行、工厂、学校、教堂。可以说那时的中国是开放了,但这一开放是以丧失一个独立国家的主权为代价的。中华民族确实可以在开放的情况下,接触到中

---

① 胡绳:《从鸦片战争到五四运动》(上册),人民出版社,1997年,第11页。
② 胡绳:《从鸦片战争到五四运动》(上册),第21页。

国以外的政治、经济、文化,这当然会对中国人的物质世界和精神世界的发展起到一定积极作用,但这是以中华民族蒙受巨大灾难为代价的。而更为悲惨的是,"从清朝政府到以后中华民国的历届政府,基本上都是靠乞怜和讨好外国帝国主义而维持自己的权力"①。他们通过出卖国人的利益来换取帝国主义的支撑。可以说,这一时期的中国不仅仅遭受着物质方面的残酷剥削,在精神上也萎靡不振痛苦异常。

以鸦片战争为标志所肇始的中华民族精神独立性的沉寂,是一场难以依靠自身已有思想资源进行化解的近代民族精神危机。之所以难以依靠中华民族自身传统的思想资源进行自我化解,其根本在于封建生产方式难以应对资本所带来的现实挑战。建筑于封建生产方式之上的封闭固化的思维方式无法正确认识当时以资本为主导的世界局势,认为只要闭关锁国,自给自足,就可以继续沉醉在自身的幻梦中,难以实事求是地对中国和世界的发展做出客观判断;同样,人们正是在这样的认识框架下,被束缚在那套维护封建精神秩序的价值观念之中,已经偏离了"一脉相承"的基本理念,与时俱进的继承发展变成了复古泥古的画地为牢;在这两者的共同作用下,中华民族也就不可能再在资本主义不断向世界扩张的历史条件下做出什么独立自主的实践选择。应当说,中国被卷入这样一个"世界历史"之中是近代资本主义发展的必然结果。但即便在一种极端痛苦和屈辱下,当时的中华民族仍被禁锢于维护封建统治的意识形态之中,中华民族在精神上处于被动之中,精神独立性陷入沉寂。

二、封闭与僵化:近代中华民族精神独立性的内生危机

17世纪下半叶至18世纪,是中国封建社会后期的鼎盛时期,同时也在走向封建社会的末世。至鸦片战争始,延续两千多年的中华辉煌从世界

---

① 胡绳:《从鸦片战争到五四运动》(上册),第18页。

之巅开始了长达百年的下行和衰落,中华民族精神独立性遭遇到前所未有的内部危机。

中华民族精神独立性的近代危机始于明清时期的闭关锁国。封建统治者在闭关自守、故步自封中沉醉于天朝迷梦,闭关锁国的政策将中国与世界相隔离,对肇始于英国、迅速推广至欧美各国的工业革命毫无知觉,落后的封建生产关系阻碍逐渐成为生产力发展的桎梏,中国封建社会开始从繁荣兴盛走向衰落末世。在经济上,长期停留于自给自足的自然经济发展阶段,被西方社会的大机器生产远远地抛在身后;在政治上,族权和政权相结合的封建宗法等级制度虽然有效维护了社会稳定,但也带来封建专制下的社会僵化、政治腐败、土地兼并等严峻问题,导致阶级矛盾日益尖锐,社会发展逐渐陷于停滞状态;在思想文化上,儒家思想成为服务于封建统治的思想正统,维护君权、父权、夫权的封建伦理纲常对人们的思想钳制和精神束缚力量强大,思想文化从活跃趋向僵化、从开放转向自闭、从自信走向自负,中华民族精神独立性面临日渐丧失活力、走向封闭僵化的内生危机。

对于中国古代封建社会来说,儒学理论的衰落是中华民族精神独立性遭遇僵化危机的直接原因。"在一定意义上讲,传统儒学的理论命运集中体现着中国传统文化的发展走向,也深刻影响着中华民族精神的演进历程。"① 自汉代以后,儒学意识形态化的趋势日益增强,特别是隋唐之后,儒学通过科举制与政治的关系更加紧密,日益成为服务封建统治、教化钳制民众的思想桎梏。思想的制度化与意识形态化发展,在政治专制统治的社会中最终难免走向封闭和僵化,因为思想只能按照政治的需求来发展,只能削自身自由发展的"足"来满足统治阶级对民众思想教化需要的"履",从而很难再适应生产力发展提出的新问题,甚至时常为了维护政治统治而压制和破坏生产力继续发展的现实条件,此时,也就更谈不上与其他思想理

---

① 冯秀军:《略论古代中华民族精神的现代转型》,《河北学刊》,2005年第5期。

论进行融合发展了。当意识形态化的儒学理论以封闭僵化的形态来控制社会时,民族文化和精神的发展走向偏执,整个中华民族在精神上处于封闭和僵化的状态之中,这也就是中华民族精神独立性所遭遇的内生危机。

对此,是否革新和如何革新是打破中华民族精神上泥古与僵化的核心问题,而腐朽落后的清政府无法对这一问题给出符合历史潮流前进方向的答案。在鸦片战争之后,中国人民的苦难日益加剧,战争的军费开支和战后的巨额赔款最终都落到了农民群众身上,此时,地主与农民之间的阶级矛盾更加尖锐化。当时的封建官僚并非看不出官、民、兵之间已经水火不容,却"把这种现象的产生说成是由于坏官员造成的",同时也承认"'好'的官员实在很难找到"。①显然,对于当时的中国来说,真正的问题绝不在于简单的官员好坏,而是腐朽的封建专制统治下不可调和的阶级矛盾。这种矛盾不仅是封建统治阶级自身无法解决的,而且他们也拒绝实事求是地认识自身经济、政治、文化所存在的问题,因此也就断绝了革新的可能。

三、殖民与奴化:近代中华民族精神独立性的外源危机

在封建的中国日渐僵化没落之际,以英国为代表的西方国家却在资产阶级革命和工业革命的双重加持之下,资本主义经济从萌生到壮大获得迅猛发展,对外扩张成为资本增殖的必然选择,人类社会开始进入由资本主义主导的世界历史,"过去那种地方的和民族的自给自足和闭关自守状态,被各民族的各方面的互相往来和各方面的互相依赖所代替了"②。西方殖民主义势力伴随资本扩张走向世界,日渐衰落的古老中国在内忧外患中成为西方殖民势力围剿狂欢的乐园。西方殖民主义势力来到中国这个古老的东方大国,只是为其资本逐利本性所驱使而努力按照自己的面貌为自己

---

① 胡绳:《从鸦片战争到五四运动》(上册),第91页。
② 《马克思恩格斯文集》(第二卷),第35页。

创造出一个世界,绝非为了仁慈的目的来帮助中国发展成为独立的资本主义社会,而是要将中国纳入资本主义的世界体系,成为自己在经济上、政治上、文化上的附庸,让这块土地成为供其剥削掠夺的基地,让这块土地上的人民成为供养自己的"工蜂",这才是其最真实而卑劣的目的。为此,军事侵略、经济掠夺、政治控制、文化侵蚀等成为扼杀、抑制和侵蚀中华民族精神独立性的联合工具。鸦片战争就是集军事和经济入侵于一体的"联合武器"。鸦片战争强行将中国国门打开,战争惨败致使中国割地赔款、主权尽丧,沦为半殖民地半封建社会,"天朝上国"的幻梦灰飞烟灭,中华民族长期以来在精神上的自信自足被现实摔得粉碎。与此同时,西方列强用毒品掠夺中国人民的血汗,白银大量外流导致中国经济的"大失血",吸食鸦片导致国民身体和精神的双重"大退化",鸦烟流毒成为中国三千年未有之祸害。

与军事和经济入侵相伴随的还有另一种形式的侵略,即来自文化殖民的精神奴化。来华传教办学是其实施文化殖民与精神入侵的重要工具。教会学校作为西方殖民扩张的产物,传教士的教育活动与西方列强的殖民活动紧密配合,通过传播西学奴化中国人民,带有相当强烈的殖民色彩。美国传教士明恩傅曾宣称:"英语国家的人民所从事的传教事业,所带给他们的效果必定是和平地征服世界——不是政治上的支配,而是在商业和制造业,在文学、科学、哲学、艺术、教化、道德、宗教上的支配,并在未来的世代里将在一切生活的领域里取回效益,其发展将比目前估计更为远大。"[1]1890年中华教育会成立,潘慎文在会上宣称:"用各种方法掌握中国的教育改革运动,使它能符合纯基督教的利益。"[2]不难看出,传教士在中国开办学校很大程度上都是为了传播宗教和奴化中国人民,使得中华民族在精神

---

[1] 顾长声:《传教士与近代中国》,上海人民出版社,1981年,第133页。
[2] 段义权:《1840—1899年:传教士对中国近代教育的影响》,《山西高等学校社会科学学报》,1994年第4期。

上放弃自身的独立性,服从于西方。这种以隐性和柔性方式推进的文化植入和宗教侵蚀,是一种从根本上对中华民族精神独立性的蚕食和消解,其最终目的无非在于造成一个民族在精神上和实践中对他者的服从和依附。这种民族精神独立性的丧失,对于精神殖民者来讲,意味着不战而屈人之兵的利益攫取,对于被殖民民族而言,只能意味着民族独立自主生存与发展权利的丧失。

如何认识世界和如何对待其他文明是打破中华民族精神上自闭与被奴化的核心问题。鸦片战争后,一部分封建官僚和地主阶级知识分子从战败的惨痛中惊醒,开始认识到需要认真了解这些来自西方的陌生者,林则徐、魏源等人便是其中代表,提出了"师夷长技以制夷"的具有进步意义的口号。但对于整个清王朝的封建统治阶级来说,鸦片战争只是突发事件,他们并没有认真思考过如何应对外国资本主义侵略者的问题。而"在战争结束后,一种使他们感到可以苟安下去的想法在他们中占着上风"①。

随着西方侵略者一次次的入侵,一次次的屈辱之后,中国人民生活在半殖民地半封建的社会秩序之下,在精神上来到了一个极为灰暗和矛盾的时期。矛盾在于这一时期中华民族在精神上既是开放也是封闭的,这时的中国虽然门户洞开,但在实际的经济文化方面却不是真正的开放。其原因在于当时中国的贫穷,绝大多数的人民食不果腹,衣不蔽体,没有一个成熟充足的国内市场。因此,对于当时占中国人口大多数的农民阶级来说,他们在精神上依然是封闭守旧的。灰暗在于思想开放的人群基本为以买办资本为首的奴化精神所禁锢。虽然当时中国大地上并未形成一个足够大的市场,但西方资本主义者对华的倾销始终在加速,这不仅进一步加剧了当时中国人民的苦难,而且滋生了一批与洋人接触、对西方有一定了解却只沉醉于自身利益的买办商人,他们是真正意义上近代中国最早具有开放

---

① 胡绳:《从鸦片战争到五四运动》(上册),第90页。

精神的人群,但他们却是万事讨好西方殖民者的奴化思想的助推者。

第三节　中华民族精神独立性的初步觉醒

在亡国灭种的生死边缘,中华民族精神独立性消沉至历史的谷底。然而,在历史长河中"触底"的同时也被"触醒",由此开启了中华民族维护自身精神独立性的艰辛探索。维护中华民族精神独立性的努力与救亡图存的奋争相伴相生。没有民族精神独立性的维护,救亡图存的使命难以实现;没有救亡图存的奋争,民族精神独立性的维护只是空谈。五四运动之前,无数仁人志士在民族自救的求索中艰难前行,这些探索虽屡屡碰壁却也昭示着中华民族精神独立性的初步觉醒。

一、救亡图存与中华民族精神独立性的初步觉醒

"中国向何处去"是近代中国救亡图存探索的核心议题,这一问题的解答与实际解决正是中华民族精神独立性能否从低谷中走出的关键。近代中国在何种程度上能摆脱封建帝制和儒家思想的束缚,就能在何种程度突破精神僵化的问题;近代中国能在何种程度上反抗西方殖民者和正视西方思想文化,就在何种程度上能解决精神自闭和被奴化的问题。

太平天国运动是一场反对清朝封建统治和西方帝国主义侵略的农民起义,反映了农民阶级民族精神独立性的朦胧觉醒。鸦片战争之后,中国人民陷入封建主义和帝国主义的双重压迫。太平天国所提出的《天朝田亩制度》和《资政新篇》虽未能实施,但从二者对封建土地所有制的否定和社会发展改革的探索中,我们可以看出当时中华民族在危局中想要打破精神僵化的诉求。太平天国的领袖们拒不承认不平等条约,严禁鸦片贸易,同

相互勾结的中外反动势力英勇斗争,拒绝做西方列强在华的代言人,这些都显示出中华民族面对侵略时顽强的抗争精神。太平天国运动动摇了清王朝封建统治的基础,有力地打击了西方帝国主义侵略者,在斗争中充分显示出中国人民顽强的反抗精神和巨大的革命力量,反映出中华民族在危急关头民族意识的初步觉醒。正如恩格斯所说:"中国的南方人在反对外国人的斗争中所表现的那种狂热本身,似乎表明他们已觉悟到旧中国遇到极大的危险;过不了多少年,我们就会亲眼看到世界上最古老的帝国的垂死挣扎,看到整个亚洲新纪元的曙光。"①

洋务运动作为一场地主阶级的自救运动,以"师夷制夷""中体西用"为指导思想,是一种以器物层面变革实现自救自强的初步觉醒。洋务运动时期,一批近代企业得以兴办,促进了民族资本主义的发展,在一定程度上改变了"重本抑末"的封建传统观念。兴建新式学堂、选派留学生、翻译自然科学书籍等举措给当时的中国带来新的知识,开阔了人们的眼界。西方的技术和器物不再被视为奇技淫巧,中华民族开始褪去"天朝上国"的盲目自信和自我封闭,精神的禁锢开始被打破。

戊戌变法是一场资产阶级的政治改良运动,也是一场具有爱国救亡意义的变法维新运动和思想启蒙运动。维新派主张用资本主义君主立宪制取代封建君主专制制度,试图通过"变法"以发展资本主义,最终实现国家独立、民主、富强的愿望,通过传播西方资产阶级的学说和思想,批判了封建君权和封建伦理,为中华民族破除精神僵化打开了一个缺口,对人们的思想进行了初步的启蒙。维新派与顽固派围绕维新与守旧、变法与反变法的激烈论战,使得变法思想深入人心,求新求变日益成为社会共识。戊戌维新之后,民主思潮在中国不断发展,思想界日趋活跃,激起了向西方寻求救国真理的热潮。

---

① 《马克思恩格斯文集》(第二卷),第628页。

辛亥革命推翻了封建主义势力的政治代表、帝国主义在中国的代理人清王朝的统治,结束了中国两千多年封建君主专制制度,从根本上动摇了束缚和桎梏中华民族精神活力的制度根基。随着中国历史上第一个资产阶级共和政府的建立和封建帝制的废除,依附于封建帝制的种种丑恶制度被次第扫除,封建思想的牢笼被冲破,皇权思想受到批判并逐渐被抛弃,民主共和观念开始深入人心,社会各界爱国精神空前高涨。辛亥革命还促进了社会习俗的除旧布新,社会习俗、社会风气、道德观念发生了极大变化,中国社会面貌为之一新。

二、中华民族精神独立性初步觉醒的积极意义

中华民族精神独立性的初步觉醒推动着中华民族每个个体在精神上的进步和发展,促使着近代中国的仁人志士对救亡图存的探索有了更加深刻的认识,鼓舞了世界上其他民族的独立解放运动,延续着中华文明“道统”的同时也对人类文明的璀璨绚丽做出了重要贡献。

(一)对中华民族个体精神成长的推动

中华民族精神独立性的初步觉醒推动着中华民族每个个体获得精神上的成长,对新的生产关系更加适应,并推动了中华民族对以“忠君”为内核的爱国主义理念的抛弃。

第一,民族精神独立性的初步觉醒对个体精神独立性的发展起到了推动作用,也助推了人们对于新的生产关系的适应。近代中国在经历一系列救亡图存的探索,以及政治、经济、文化上数千年来未有的变化之后,整个民族对于独立和解放的追求变得空前高涨,个体的思想认知在这一时代前进的浪潮中得到洗礼,每个个体都在精神上受到整个民族精神发展变化的影响,作为个体的精神独立性也开始不断发展。这种个体精神独立性表现为个人对于传统宗法伦理观念的反抗意识和对于摆脱传统农耕生活、追求

新生活的革新意识。在这一时期的革命风暴中,新的生产关系和新的社会关系逐渐构建起来,人们在精神上也发生着与之相应的一系列变化。个体精神独立性的发展顺应了这种资本主义生产方式的社会精神文化需要,助推了人们对于新生产关系的适应。

第二,民族精神独立性的初步觉醒推动着中华民族抛弃了以"忠君"为内核的传统爱国主义理念。民族精神独立性的初步觉醒使得人们对于国家危亡的认知更深入了一步,因而产生了强烈的忧患意识,推动着革新救亡这一思想认识的产生。随后在革命浪潮的一次次洗礼中,革命以救国的理念和报复在人们的心中日益强烈,中华民族逐渐抛弃了传统的"忠君爱国"理念,爱国主义精神在勃兴的同时也完成了转型。

(二)对民族救亡图存认识的加深

中华民族精神独立性的初步觉醒促使着仁人志士对救亡图存的探索有了更加深刻的认识。在五四运动前的这段救亡探索中,我们可以看到"近代文化的发展变化始终围绕着挽救民族危亡和改革中国社会这一主题而展开"①。人们经历从"器物"到"制度"层面的变革,但仍未达到人们所预期的结果,华夏大地上的苦难仍然深重。这使得当时的中国人开始对如何进行救亡图存的问题有了更深一步的思考,初步觉醒的中华民族精神独立性在这一过程中反哺着人们对于革命的认识,一方面它使人们意识到对封建主义和帝国主义要有更加坚决更加彻底的斗争意识;另一方面,它促进着人们将变革的目光从技术和制度领域更进一步推至思想文化领域。在当时中国的思想文化领域内,既有崇洋媚外、卖国求荣、自卑自弃及文化虚无主义等带有殖民地色彩的种种思想,也不乏封建卫道者顽固捍卫守旧思

---

① 中共中央党史研究室:《中国共产党历史·第1卷(1921—1949)》,中共党史出版社,2011年,第10页。

想。这些精神上的僵化、奴化与获得初步觉醒的民族精神独立性在思想上有着激烈的交锋,在这些交锋中民族的精神不断成长,诸多的改造国民性的讨论和思考在这一时期被提出,"中华民族"一词也在这一时期被建构出来,并由最初的指代汉族的"小民族"开始转向中国境内所有民族的"大民族"。这些思想交锋中的精神成长无不促使着近代中国的仁人志士对救亡图存的探索展开更深层次的思考,也因此获得了更加深刻的认识。

(三)鼓舞了世界其他民族和地区独立解放的信心

中华民族精神独立性的初步觉醒不仅震慑了以日本为首的帝国主义列强,也鼓舞和激励着亚洲乃至世界殖民地半殖民地人民追求自身独立和解放的信心。

一方面,震慑了以日本为首的帝国主义列强。中华民族追求独立的革命运动不仅沉重打击了帝国主义在华利益的代理人,还对以日本为首的帝国主义列强产生了直接的震慑。被称为日本陆军之父的山县有朋曾公开表示:"日本不希望中国有一个强有力的皇帝,日本更不希望那里有一个成功的共和国。日本所希望的是一个软弱无能的中国,一个受日本影响的弱皇帝统治下的弱中国,才是理想的中国。"[1]日本统治集团当然最不愿意看到自己的主要侵略扩张对象中国是一个具有独立精神和反抗意识的民族和国家,而民族精神独立性的初步觉醒给了他们强烈的震慑。

另一方面,中华民族追求独立的革命精神鼓舞和激励着亚洲乃至世界殖民地半殖民地人民的解放运动。中华民族追求自身独立自主的革命运动在亚洲觉醒的过程中产生了广泛的影响,其中辛亥革命作为20世纪初亚洲民族解放运动的重要组成部分,是亚洲觉醒的主要标志之一。列宁曾

---

① 沈巨光:《日本对中国辛亥革命的态度》,载中国社会科学院近代史研究所编:《国外中国近代史研究》(第2辑),中国社会科学出版社,1981年,第328页。

对具有精神觉醒意义的革命运动予以高度评价,"亚洲的觉醒和欧洲先进无产阶级夺取政权斗争的开始,标志着20世纪初所开创的全世界历史的一个新阶段。"①

此外,中华民族精神独立性的初步觉醒使得中华文明的精神"道统"得以继续传承,对于世界文明璀璨绚丽有着巨大意义。世界文明的璀璨绚丽是全世界各个不同文明之花的绽放,中华文明作为世界上最为古老且未曾中断的文明,其所内含的精神文化价值是不言而喻的,倘若没有民族精神独立性的初步觉醒,中华文明的"道统"就此中断消失,那必然是对世界文明璀璨绚丽的巨大打击。

三、中华民族精神独立性初步觉醒的历史局限

如果说近代以来中华民族精神独立性的危机来自封建专制下的精神僵化和帝国主义侵略下的精神殖民,那么,民族精神独立性的彻底觉醒必然要通过彻底的反帝反封建来实现。近代以来的历次自强自救运动虽然围绕救亡图存的主题进行了不同程度和层次的艰难探索,对中华民族精神独立性的唤醒起到了一定的推动作用,但由于在指导思想、主体力量、领导力量、社会动员等方面的历史局限,均未能完成推动民族精神独立性彻底觉醒的历史任务。

(一)缺乏先进阶级的领导和人民大众的广泛参与

民族精神独立性的广泛觉醒,既离不开先进阶级的"先知先觉先导",也离不开人民大众的普遍觉悟和广泛响应,只有在全民族集体动员的伟大斗争中才有可能锻造崭新的民族精神。由于这一时期各种救亡运动的领导力量自身存在特定的历史局限,同时亦未能充分发动和依靠广大人民群

---

① 《列宁全集》(第二十三卷),人民出版社,2017年,第161页。

众,也就决定了中华民族精神独立性觉醒群体的上限,未能提供民族精神独立性觉醒的成熟的主体条件。

从领导力量看,太平天国运动领导集团政治的封建化,及其未能真正认识到西方列强的实质而停留于盲目笼统排外;洋务运动作为统治阶级的自救运动,其发动者没有也不可能提出反帝反封建的要求;戊戌维新虽提出了改封建君主专制制度为君主立宪制度的设想,但资产阶级自身的软弱和妥协注定其难逃失败结局;辛亥革命虽然取得了巨大成功,但正如毛泽东指出:"辛亥革命只把一个皇帝赶跑,中国仍旧在帝国主义和封建主义的压迫之下,反帝反封建的革命任务并没有完成。"①究其原因,在于这场革命仍未能提出彻底的反帝反封建的革命纲领,对封建专制势力时有妥协,对帝国主义又心存幻想,体现了资产阶级革命的软弱性和妥协性局限。正如孙中山自己所总结:"曾几何时,已为情势所迫,不得已而与反革命的专制阶级谋妥协。此种妥协,实间接与帝国主义相调和,遂为革命第一次失败之根源。"②

从群众动员看,缺乏对广大人民群众的广泛动员和正确引导,既是运动失败的共同原因,也证明这些运动未能唤醒民众。太平天国运动本有千百万群众参与,却由于领导层的腐化堕落而逐渐丧失人民的拥护;洋务运动仅仅局限于封建统治阶级的内部自救,不可能相信和依靠作为其统治对象的人民大众;戊戌维新是少数资产阶级维新派发起的改良运动,尚未看到人民群众中蕴藏的伟大力量;辛亥革命的领导力量民族资产阶级,同封建势力有着千丝万缕的联系,因而不敢依靠反封建的主力军农民群众,即使曾在革命中一定程度上发动过群众,也在推翻清政府之后便抛弃了群众。脱离群众带来的后果是,一方面国民对少数先觉者的救国斗争"若观

---

① 《毛泽东选集》(第二卷),人民出版社,1991年,第564页。

② 《孙中山选集》(下),人民出版社,2011年,第610页。

对岸之火,熟识而无所容心",使运动缺乏坚实的群众基础,另一方面也难以在广泛的群众革命中完成民众的思想启蒙和精神锻造。鲁迅笔下麻木、愚昧的看客和以革命者鲜血为"药"的人血馒头,正揭示了这些运动缺乏对于群众唤醒的深层精神根源:民族精神独立性的集体觉醒,绝非少数"先知先觉"者可以"包办替代",只有在民众广泛参与的伟大斗争中才可能实现。

(二)缺乏深入而广泛的文化启蒙

中华民族精神独立性的觉醒有着不同的程度和层次,缺乏深入文化层面、触及民众心灵的思想启蒙和精神洗礼,未能清理梳通民族精神独立性觉醒的思想通道,民族精神独立性的唤醒只能算是停留于半途。

就文化启蒙而言,太平天国运动以宗教发动群众,在思想文化层面上宣扬"天父""上帝",虽然在一定意义上削弱了封建思想文化的地位,但又落入以新的精神桎梏替代旧的精神束缚的局限之中。同样,无论是洋务运动在中西兵力、物力较量中应激产生的器物层面变革的意识觉醒,还是戊戌维新进一步深入到制度改良的自觉,抑或辛亥革命对封建旧制的摧毁,虽然都在一定程度上带来了社会思想观念的转变,但终因未能直击当时中国在文化层面上的弊病,未能进行广泛、细致、深入的文化清理和思想启蒙,从而未完成民族精神独立性的彻底觉醒。其结果总是一场轰轰烈烈的运动或革命之后,民众只看到各种眼花缭乱的新制新法,但头脑中仍不过是陈腐的旧思想旧观念。正如辛亥革命割去了人们脑后的辫子,却未能剪除头脑中的封建残余。这些失败的探索启发国人:没有民众的思想启蒙和精神觉醒,"新制"下的"旧民"譬如"新瓶"装"旧酒",任何先进的制度都难以在中国大地上生根发芽。以民族精神独立性角度视之,由于缺乏对帝国主义和封建主义本质的透彻认识和彻底批判,五四运动之前的各种探索仍与帝国主义和封建主义有着割舍不断的现实依赖和思想联系,中华民族精神独立性的彻底觉醒仍未到来。

(三)缺少科学理论对运动的指导

科学理论的缺失限制了民族精神独立性觉醒的思想高度。唯有中国革命的彻底成功,才能实现华民族精神独立性的彻底觉醒。只有以先进、科学理论为指引,才能准确把握中国社会的现状和主要矛盾,正确认识中国革命的对象、任务、动力和性质,中国革命才有光明的前途。

太平天国运动在指导思想和理论层面未能真正超越封建主义,对帝国主义的反抗更多是一种笼统排外;洋务运动作为维护清王朝统治的内部自救必然不会否定封建主义,当然也不可能提出反帝反封建的要求;戊戌维新运动和辛亥革命的思想理论指导均源自科学性不足的资本主义思想理论,加之中国社会尚不具备资本主义生根发芽的现实土壤,注定资本主义的药方不能将中华民族从危机中解救出来。特别是资本主义的"先进思想"与帝国主义的侵略同样来自西方,更使得中国人陷入两难的困惑。正如毛泽东所说:"帝国主义的侵略打破了中国人学西方的迷梦。很奇怪,为什么先生老是侵略学生呢? 中国人向西方学得很少,但是行不通,理想总是不能实现。"[1]理论水平的高度决定着一个民族思维的高度,思维的高度也决定着民族精神觉醒的程度。在马克思主义来到中国之前,中国人民在自由主义、改良主义、无政府主义等各种各样的思潮中摸索徘徊,而未能找到正确认识中国问题、指引中国革命道路方向的钥匙,中华民族仍沉陷在深深的绝望、苦闷和彷徨之中。

---

① 《毛泽东选集》(第四卷),人民出版社,1991年,第1470页。

第三章

中国共产党领导下
中华民族精神独立性的
淬炼与发展

中国共产党带领中华民族在革命、建设和改革中始终"坚持从我国国情出发，探索并形成了符合中国实际的新民主主义革命道路、社会主义改造和社会主义建设道路、中国特色社会主义道路"①。在这一过程中，"无论我们吸收了什么有益的东西，最后都要本土化。十月革命的风吹进来了，但我们党最终也没有成为一个苏联式的党。冷战结束后，苏联解体、东欧剧变，我们仍然走自己路，所以我们才有今天"②。正是有着"这种独立自主的探索精神，这种坚持走自己路的坚定决心"③，中华民族才能从站起来、富起来到迎来强起来。从这一过程中，我们可以看到中华民族精神独立性的发展与演进成为一条贯穿中国近现代历史的重要精神线索，记录了马克思主义从初入中国的新思潮成为社会主义中国立党立国的指导思想，中国共产党从一时五十多人的星星之火成为拥有九千八百多万党员的世界第一大执政党，中华民族从黑暗中的上下求索到迎来伟大复兴的光明前景等历史性飞跃。

---

① 《习近平著作选读》（第一卷），第85页。
② 《习近平著作选读》（第一卷），第190页。
③ 《习近平著作选读》（第一卷），第85页。

第一节　中华民族精神独立性在新民主主义革命中锻造

在近代以来的内忧外患中,中华民族无数仁人志士不断探寻着解救民族危亡的道路。其中,只有中国共产党带领中国人民与帝国主义、封建主义和官僚资本主义进行了坚决的斗争,扭转了近代以来的悲惨命运,使得中华民族立于世界民族之林,迎来了伟大复兴的光明前景。三十年革命斗争历程,不仅仅是中华民族在经济、政治、社会上对各种沉疴痼疾的救治过程,更是自身精神世界不断发展、民族精神独立性不断锻造的过程。

一、五四运动与中国共产党成立:中华民族精神独立性的彻底觉醒

五四运动作为中国近代历史上的一次伟大变革,它如同一道闪电照亮了当时内外交困的中国,也使中华民族完成了自身精神独立性的彻底觉醒。它"以磅礴之力鼓动了中国人民和中华民族实现民族复兴的志向和信心"[1],激发了全民族的爱国主义精神,促进了中华民族精神的丰富与发展,为中国共产党成立做了思想上和干部上的准备。中国共产党成立后,中华民族在精神上由被动转为主动。中国共产党明确地以马克思主义为指导,提升了中华民族精神世界的高度,始终与群众保持着血肉联系,在解决一系列历史任务的过程中不断提升民族的整体思想和认知水平,并不断进行自我革命,始终保持着自身的高质量发展,保证了中华民族精神独立性领导核心的坚强有力。

---

① 习近平:《在纪念五四运动100周年大会上的讲话》,人民出版社,2019年,第2页。

（一）中华民族精神独立性在五四运动中的彻底觉醒

五四运动是对近代中国救亡图存问题的接续探索和回答，更是对此前数次运动的超越和升华。它既是一场彻底的反帝反封建的爱国革命运动，也是一场中华民族的思想解放运动，第一次高高举起了反帝反封建的旗帜，以彻底的反帝反封建激发和唤醒了中华民族的主体意识自觉，以思想文化的启蒙带来中华民族精神世界的质变，促进了马克思主义在中国的传播，中华民族从此在精神上由被动转入主动。

反帝反封建的爱国革命运动激发了中华民族精神独立性彻底觉醒的主体自觉。五四运动与以往的革命运动相比，最根本的区别在于它反帝反封建的彻底性。1919年1月，中国作为第一次世界大战的战胜国派出代表团参加巴黎和会，在国内民众舆论的压力下，北洋政府代表提出了维护民族利益的合理要求。当时，许多中国人，包括一些进步知识分子，对巴黎和会的本质认识不清，对帝国主义尤其是英美帝国主义还抱有幻想，相信所谓的"公理战胜强权"，甚至视美国总统威尔逊为解救中华民族危机的救星。当巴黎和会上中国外交失败的消息传来，惨痛的现实惊醒了原先对巴黎和会抱有幻想的人们，中华民族的独立与解放想要依靠侵略者来实现绝无可能。1919年5月4日，陈独秀在《每周评论》上发文写道，"巴黎的和会，各国都重在本国的权利，什么公理，什么永久和平，什么威尔逊总统十四条宣言，都成了一文不值的空话。……与世界永久和平人类真正幸福，隔得不止十万八千里，非全世界的人民都站起来直接解决不可。"[①]中国人民在救亡图存的探索中不断汲取经验教训，终于在血的事实面前认清了帝国主义联合中国买办阶级和封建阶级压榨中国人民的实质，意识到民族的独立和解放若要依靠封建阶级、资产阶级和西方列强只能是幻想，只有依

---

① 《陈独秀文集》（第一卷），人民出版社，2013年，第461页。

靠中国最广大的民众自身才是出路。至此中国新民主主义革命的大幕被拉开,中华民族的主体意识彻底觉醒。五四运动掀起了冲决封建束缚的洪流,彻底放弃了对西方帝国主义的幻想,打破了对于封建传统和帝国主义的精神依赖,唤醒了以工人阶级为主力的广大群众的广泛参与,看到了先进知识分子与工人群众相结合的斗争方向,中华民族精神独立性的主体自觉从此走向广泛和深入。

科学民主的新文化运动对中华民族精神独立性彻底觉醒的文化启蒙。新文化运动提倡民主、反对专制,提倡科学、反对迷信盲从的文化启蒙,切中了近代中华民族的精神痼疾,为中华民族精神独立性的彻底觉醒奠定了思想基础。"民主"和"科学"是新文化运动的基本口号。陈独秀在《青年杂志》的创刊号上提出:"国人而欲脱蒙昧时代,羞为浅化之民也,则急起直追,当以科学与人权并重。"①为扫清提倡科学和民主的思想障碍,新文化运动对作为封建社会正统思想代表的孔学发起猛烈批判,向两千多年来神圣不可侵犯的封建礼教进行了不妥协的冲锋和挑战。五四时期的思想文化启蒙,既是针对民国初期尊孔崇圣的思想逆反,也是对此前历次反孔活动的深化,对于中华民族的精神解放和启蒙具有重要的影响。"在那时的中国,不排孔,不打倒孔子这个精神偶像,历史就无法前进。"②新文化运动正是以传统文化的彻底清算来推动中华民族的新文化启蒙。当然,新文化运动对于孔学的批判并非对于中华传统文化的彻底否定,正如李大钊所说,"孔子于其生存时代之社会,确足为其社会之中枢,确足为其时代之圣哲"③,新文化运动对于孔学的批判,意在反对孔学对人们的思想禁锢,鼓励人们冲破封建思想的束缚而进行自觉的独立思考。应该说,正是经过这一激烈的思想启蒙与解放,才让真理的曙光得以照亮中国人民的心灵,浸染

① 《陈独秀文集》(第一卷),第95页。
② 陈旭麓:《近代中国社会的新陈代谢》,生活·读书·新知三联书店,2017年,第354页。
③ 《李大钊文集》(上),人民出版社,1984年,第263—264页。

于两千年儒学之中的中华民族精神才得以焕发新的活力。

马克思主义在中国的广泛传播开启了中华民族精神独立性彻底觉醒的理论先导。五四运动之前,新文化运动所宣扬的主要是资产阶级的民主主义和个人主义;五四运动之后,介绍、研究和宣传马克思主义成为思想文化运动的主流。随着马克思主义传入中国,中国的先进分子终于找到了指导中国革命的思想武器。经受五四运动洗礼的先进分子在接受马克思主义之后,继承五四运动的科学和民主的精神,以唯物史观为思想武器,将反封建以求得个性解放提升到争取社会解放的高度,将思想批判提升到革命实践的高度,马克思主义开始在中国的思想文化领域发挥指导作用。在中国历史上尤其是近代思想史上,这是一个伟大的转折,"自从中国人学会了马克思列宁主义以后,中国人在精神上就由被动转入主动"①,那些和中国旧的封建主义文化相比被视为"高度文化"的西方资产阶级的文化,"一遇见中国人民学会了的马克思列宁主义的新文化,即科学的宇宙观和社会革命论,就要打败仗"②。越来越多的中国先进分子成为马克思主义者,越来越多的马克思主义者学会运用马克思主义的思想武器来与各种错误思想倾向做斗争,运用马克思主义的理论武器来指导中国革命的实践,又在实践中使得更多的人掌握、信仰和追随马克思主义。从更深层次看,越来越多的先进分子的精神世界发生革命、质变和飞跃,最终树立起坚定的马克思主义信仰的过程。从此,这些先进分子实现了自身的精神改造,并带领更多的中国人民摆脱了封建主义的精神束缚和帝国主义的精神奴役,掀开了中华民族精神独立性彻底觉醒的崭新一页。

---

① 《毛泽东选集》(第四卷),第1516页。
② 《毛泽东选集》(第四卷),第1515页。

(二)中国共产党的成立:中华民族在精神上由被动转为主动

1921年7月23日,中国共产党第一次全国代表大会在上海举行,宣告中国共产党正式成立。"中国产生了共产党,这是开天辟地的大事变。"①中国共产党一经成立,就把实现共产主义作为党的最高理想,义无反顾地肩负起领导中国革命的光荣使命和实现中华民族伟大复兴的历史使命,带领中国人民走上争取民族独立、自身解放的光明道路。与以往任何一次救亡运动不同,这是一条独立自主的革命道路,它深刻改变了中华民族发展的方向和进程,深刻改变了中华民族的前途和命运,也深刻改变了中华民族的精神风貌和状态。中国共产党的成立意味着"中国人民谋求民族独立、人民解放和国家富强、人民幸福的斗争就有了主心骨,中国人民就从精神上由被动转为主动"②。这种精神上被动与主动的切换主要体现在三个方面:一是马克思主义对中华民族精神世界高度的提升;二是最广大人民群众在思想上不断被启蒙、在精神上不断被唤醒;三是维护和保持中华民族精神独立性的领导核心坚强有力。

旗帜鲜明地用马克思主义来观察和分析中国问题,是中华民族对中国革命问题认识的一次具有划时代意义的飞跃,中华民族的精神面貌焕然一新。党的一大通过的《中国共产党纲领》明确把实现共产主义作为自己的奋斗目的,这是一个政党对近代中国救亡图存探索问题的新回答,是中国共产党在马克思主义指导下立足实际、立足国情对"中国向何处去"的回答。它标志着中华民族的先进分子划清了无产阶级社会主义和资产阶级民主主义、科学社会主义和其他社会主义流派的界限,带领着中华民族站到了马克思主义的旗帜之下。它通过对革命问题的深刻认识引领着中华

---

① 《习近平著作选读》(第二卷),第477页。
② 《习近平著作选读》(第二卷),第11页。

民族在思想上、精神上的发展和进步。1922年6月发表的《中国共产党对于时局的主张》明确指出了帝国主义侵略和军阀政治是中国内忧外患的根源，中国共产党对于帝国主义、封建军阀的深刻认识显示出其在思想上摆脱了封建帝制和儒家思想的束缚，明确了对于西方资本主义者殖民侵略和文化侵略的反对，突破了精神上僵化、自闭和被奴役的问题。在中国共产党反帝反封建的政治主张下，中华民族对于革命认识有了新的发展，精神上为之一振。

中国共产党能够深入下层开展群众工作，启蒙教化了占中国人口大多数的劳苦大众，从而使中华民族的主体在精神上得到了真正的发展和进步。中国共产党早在其创建初期的活动中，就成立了中国劳动组合书记部，并在全国各地建立分部，"各分部在本地区开设工人夜校，创办工人刊物，领导罢工斗争，对工人运动的发展起了重要作用"[1]。中国共产党一成立就到底层去，到工人、农民中去，它乐于深入群众，善于了解群众，也敢于发动群众。无论是中国共产党所领导的工人运动还是农民运动，都能以代表先进的社会生产力的思想来教育和组织工人、改造农民意识，这不仅是它最终能取得胜利的关键，而且使得占中华民族人数最多的劳动人民在精神世界上有了极大的发展，打下了中华民族精神独立性发展的坚实基础。"这是中国共产党的根本，是中国的以往任何政党没有做过的。"[2]因此，中国共产党无愧于维护和保持中华民族精神独立性的领导力量。

中国共产党自创立时就十分重视自身建设，不断增强自身的先进性，保证了中华民族精神独立性领导核心的坚强有力。领导核心是否先进、是否坚强有力，对于一个民族精神独立性的发展至关重要。参加中国共产党第一次全国代表大会的代表中，有的始终坚持革命，成为党的领导人，有的

---

① 中共中央党史研究室：《中国共产党历史·第1卷（1921—1949）》，第73页。

② 金冲及：《生死关头：中国共产党的道路抉择》，生活·读书·新知三联书店，2016年，第38页。

为革命、为人民牺牲了，有的中间脱离了党组织，有的成了叛徒。此后加入党组织的，也有一些人始终没能在思想上入党，甚至蜕变腐化，但这些并不是主流。中国共产党在历史的大浪淘沙中不断注重自身建设，把党建设成为一个有共同理想信念、秉持严格纪律的先进分子的组织。"没有那么一个核心力量，什么事也做不成，也不可能带动千百万群众来实现这么一个共同理想。"①中国共产党正是有着不断自我革命的政治勇气和善于破解自身问题的能力，使得其能够在维护和保持中华民族精神独立性的历程中不断攻坚克难。

二、大革命与土地革命：中华民族精神独立性在革命道路选择中的磨砺

在大革命和土地革命时期，中华民族能否在中国共产党的带领下实事求是地对革命现状进行研判，能否客观地认识共产国际的决议和苏联经验，对这两个问题的回答不仅关系着中国共产党能否走出一条适合中国具体国情的革命道路，亦是中华民族精神独立性不断磨砺成长的关键所在。经过一系列的探索和尝试，中共中央在遵义会议后将党的指导思想转向了以毛泽东同志为代表的实事求是、独立自主的正确路线，这不仅标志着中国共产党自身的成熟，亦是中华民族精神独立性历经磨砺后成长的体现。

实事求是地对革命现状进行判断是革命成功与否的前提，同时也反映着中华民族认识问题的精神状态。1922年通过的《中国共产党第二次全国代表大会宣言》虽然明确提出了反对帝国主义，反对封建军阀的纲领，但如何进行革命的具体过程却是极为复杂的。在中国革命的早期，中国共产党人尚未能将马克思主义与中国实践进行很好的结合，对于民主革命和社会主义革命两个阶段的认识不够清楚，出现了诸如争夺革命领导权上的右

---

① 金冲及：《生死关头：中国共产党的道路抉择》，第40页。

倾错误、重视民众运动而不重视军事工作、"左"倾盲动错误、革命形势是高涨还是低潮判断的反复等具体问题。在大革命与土地革命期间，中国共产党连续出现右和"左"的错误，对党和民族造成了巨大的损失。错误之所以不断发生，其原因在于中国共产党对于革命的性质、动力、前途、形势和策略方针等问题上缺乏准确的判断。然而，"只有认清中国社会的性质，才能认清中国革命的对象、中国革命的任务、中国革命的动力、中国革命的性质、中国革命的前途和转变"[①]。而对于中国社会性质和革命性质的问题在经历反复争论和实践挫折后，终于在党的六大上得出了基本正确的回答，指出中国社会仍是半殖民地半封建社会，民主革命的任务没有完成，明确了决定革命性质的不是革命动力而是革命任务。在风云莫测的革命探索中，能够对当时中国革命有正确的判断和总结，反映出中国共产党作为中华民族的先进代表在挫折面前，勇当历史重任，善于反思总结。中国共产党人这种敢于面对失败、敢于直面现实的求实精神，正是中华民族精神独立性在革命道路探索中磨砺的真实写照。

在以革命救亡为主要任务的时代，如何正确客观地认识和对待苏联经验及共产国际的决议，正是中华民族精神独立性发展的关键所在。党的二大通过了《中国共产党加入第三国际决议案》，确认"中国共产党是共产国际的一个支部，这在当时是必要的也是必然的一种抉择"[②]。加入共产国际，接受共产国际和全联盟共产党（布尔什维克），简称联共（布）的帮助和指导，对于当时在理论水平和革命经验都较为欠缺的中国共产党人来说无疑是一个正确的选择，但这不代表着要脱离中国国情，走教条主义路线。对于这一问题中国共产党在历史上有着沉重的经验教训，如在大革命时期，当中国共产党已经对蒋介石的阴谋活动有所警惕，在1927年春的一段

[①]《毛泽东选集》（第二卷），第633页。
[②] 中共中央党史研究室：《中国共产党历史·第1卷（1921—1949）》，第82页。

时间中,"中共中央对一些地区的工农运动和反蒋斗争,采取了比较积极的态度"[1]。但就在四一二反革命政变发生的前两周,共产国际和联共(布)仍然没有对蒋介石做出正确的估计和评价,指示中共中央:"暂不进行公开作战","务必千方百计避免与上海国民军及其长官发生冲突"。[2]党的六大对于当时中国社会阶级关系的片面认识也与当时斯大林对于党的六大的指导直接相关,正是他的中国革命三阶段论中对中国社会阶级的不正确分析,使得当时的中国共产党将民族资产阶级当作了最危险的敌人。共产国际不了解中国国情,以苏联的经验而不是从中国的实际出发,用"城市中心论"来指导中国革命,使中国革命蒙受了损失。党的六大之后又接连发生的两次"左"倾错误,都反映出中国共产党未能完全正确客观地认识和对待共产国际的决议,是自身在精神上尚未具有坚定自主性的表现。客观来说,中国共产党接受共产国际和联共(布)的帮助和指导是必要的,但这不代表中国共产党要放弃自己在精神上的主动性,换言之,中国共产党自身的未来发展和中华民族的光明前景只可能在中国人民自己的身上和手中。

遵义会议后,中共中央的指导思想转向了以毛泽东同志为代表的实事求是、独立自主的正确路线,这不仅标志着中国共产党自身的成熟,亦是中华民族精神独立性历经磨砺后成长的体现。从1922年的党的二大到1935年的遵义会议,中国共产党经历了波澜壮阔的革命探索,摒弃了将马克思主义教条化、将共产国际的指示和决定神圣化的错误思想路线,最终选择了将马克思主义与中国革命实际相结合的实事求是的思想路线。两种路线在党内的优势地位于遵义会议前后发生了根本变化。这个变化"可以称

---

[1] 中共中央党史研究室:《中国共产党历史·第1卷(1921—1949)》,第197页。

[2] 联共(布)中央政治局秘密会议第93号(特字第71号)记录(1927年3月31日),中共中央党史研究室第一研究部编译:《共产国际、联共(布)与中国革命档案资料丛书》(第4卷),北京图书出版社,1998年,第167、169页。

得上中国共产党历史上的转折点"①,它不仅事关党和国家的前途命运,而且决定着中华民族精神独立性的浮与沉。虽然在遵义会议之前,"左"的错误多次在中共中央居于支配地位,但当时的中国共产党仍有一批在第一线做实际工作的领导人,他们在革命实践中不断摸索、不断思考着如何将马克思主义理论与中国实际相结合。同时,由于当时的中共中央一直留在上海,工作的重心也在城市方面,通信联系的不便也造成了对部分一线实际工作干预较少的事实。正是在这一时期,毛泽东的工作重心一直在中国的农村,他将马克思主义与具体革命工作的实践相结合,建立了井冈山革命根据地,并提出了工农武装割据的思想。大革命失败后,井冈山根据地成为由中国共产党领导工农群众建立的具有重大影响的农村革命根据地,对于正处于低潮的革命形势有着重要的意义,如毛泽东所指出的:"边界红旗子始终不倒,不但表示了共产党的力量,而且表示了统治阶级的破产,在全国政治上有重大的意义。"②以毛泽东同志为主要代表的中国共产党人正是顶着共产国际错误意见的压力,突破了它所坚持的"城市中心论"的束缚,以巨大的理论勇气和独创精神,独立自主地把马克思主义与中国革命实践相结合,才使得中国革命道路的理论与实践不断向前探索。

随着革命实践的不断探索,毛泽东也在不断将马克思主义与中国具体实践相结合,《中国社会各阶级的分析》《湖南农民运动考察报告》《星星之火,可以燎原》等一系列论著在这一时期产生,随着《反对本本主义》的发表,初步提出了"马克思主义与中国革命相结合的实事求是、群众路线、独立自主的思想"③,表明马克思主义中国化的第一个重大理论成果毛泽东思想基本内容就此产生,这一理论成果彰显出这一时期中华民族精神独立性的成长。

---

① 金冲及:《生死关头:中国共产党的道路抉择》,第138页。
② 《毛泽东选集》(第一卷),人民出版社,1991年,第81页。
③ 郑德荣、王占仁:《毛泽东思想纵横观》,人民出版社,2014年,第102页。

遵义会议后，中国共产党作为维护和发展中华民族精神独立性的领导核心更加坚强有力。习近平指出："遵义会议作为我们党历史上一次具有伟大转折意义的重要会议，在把马克思主义基本原理同中国具体实际相结合、坚持走独立自主道路、坚定正确的政治路线和政策策略、建设坚强成熟的中央领导集体等方面，留下宝贵经验和重要启示。我们要运用好遵义会议历史经验，让遵义会议精神永放光芒。"①遵义会议取消了博古、李德的最高军事指挥权，从而结束了王明"左"倾教条主义在全党的统治。在党的历史上，结束王明"左"倾教条主义同结束陈独秀右倾机会主义、瞿秋白"左"倾盲动主义和李立三"左"倾冒险主义对全党的统治有一个很大的不同点，那就是后三者都是在共产国际的干预之下完成纠正的，而前者却是中国共产党在与共产国际失去联络的情况下，由中国共产党内部坚持正确路线的同志自己纠正过来的。这表明，中国共产党已经具备独立自主地处理重大问题，决定自己的路线、方针和政策的能力。

遵义会议在当时直接解决了军事问题和组织问题，但它的意义绝不仅仅于此，中国共产党自此从教条主义的思想束缚中解放出来，开始独立自主地、大胆地灵活地采取被实践证明行之有效的决断和行动，走出了自己的道路。在革命紧急关头，中国共产党人自觉把马克思主义与中国革命实践相结合，根据客观实际情况，自己起来纠正党内错误，选择自己的领袖，同时也结束了共产国际对中国革命事务过度干预的历史，中国共产党开启了独立自主领导革命的新时期。正如毛泽东在1963年同印度尼西亚共产党代表团的谈话中说道："真正懂得独立自主是从遵义会议开始的，这次会议批判了教条主义。教条主义者说苏联一切都对，不把苏联的经验同中国的实际相结合。"②中国共产党作为中华民族的一部分，是中国人民和中华

①《习近平在贵州调研时强调：看清形势适应趋势发挥优势 善于运用辩证思维谋划发展》，《人民日报》，2015年6月19日。

②《毛泽东文集》（第八卷），人民出版社，1999年，第339页。

民族的先锋队,决定着当代中国的前途命运,领导着当代中国各项事业的发展,中国共产党对于独立自主的认识如何,决定着当代中华民族精神独立性的根本发展走向。

三、抗日战争与解放战争:中华民族精神独立性在苦难中成长

抗日战争和解放战争是近代以来中华民族站起来之前的最后黑夜,在中国共产党带领下,中国人民团结了起来,共同面对苦难。中国人民在抗日战争中战胜了日本法西斯主义侵略者,在解放战争中战胜了代表大地主大资产阶级利益的国民党反动派,两场战争的胜利意味着中华民族终于实现了民族独立和人民解放的夙愿,完成了革命的历史任务,真正解决了中华民族精神独立性在近代沉寂的根本问题。

(一)抗日战争期间中华民族精神独立性的成长

抗日战争的伟大胜利"是中华民族从近代以来陷入深重危机走向伟大复兴的历史转折点"①,中国共产党领导着中国人民在这场艰苦卓绝的战争中,"为国家生存而战、为民族复兴而战、为人类正义而战,社会动员之广泛,民族觉醒之深刻,战斗意志之顽强,必胜信念之坚定,都达到了空前的高度"②。抗日战争胜利后,中华民族不仅自身的自信心得以提振,而且在精神上超越了狭隘的爱国主义和排外主义。

抗日战争伊始,中国共产党就对战争形势做出了必定战胜侵略者的科学研判,在国家危难关头提振起民族的自信心。九一八事变、塘沽协定、何梅协定、"华北五省自治运动"等噩耗不断传来,"中华民族到了最危险的时

---

① 习近平:《在纪念中国人民抗日战争暨世界反法西斯战争胜利75周年座谈会上的讲话》,人民出版社,2020年,第2页。
② 习近平:《在纪念中国人民抗日战争暨世界反法西斯战争胜利75周年座谈会上的讲话》,人民出版社,2020年,第4页。

候",歌声唱遍中国,以一二九运动为标志的爱国救亡运动震动全国。在民族危机日益加重的时刻,中国共产党由最初的"抗日反蒋"转变为"逼蒋抗日","高举抗日民族统一战线的旗帜,坚决维护、巩固、发展统一战线,坚持独立自主、团结抗战,维护了团结抗战大局"①。七七事变爆发后,民族失败主义情绪严重。而中国共产党能在1937年日军攻占南京后发表的宣言中指出:"我国抗战目前正处在一个严重的困难关头,然而部分领土和中心城市的得失,初期战线上的部分军事的成败,均不能决定中日战争的最后命运。"②后来毛泽东专门对中日力量进行了分析比较,批评了速胜论和亡国论,认为"亡国论者看敌人如神物,看自己如草芥,速胜论者看敌人如草芥,看自己如神物,这些都是错误的"③。中华民族虽然会牺牲很大,但"先败后强,转弱为强"是中国抗战的规律,并指出"一定能够战胜侵略者,新中国的创立是必然的"④。

当抗日战争进入相持阶段时,汪精卫之流粉墨登场,此前的民族失败主义转变为民族投降主义。在这种情况下,中国共产党不仅在行动上开展游击战积极抗日,更是在思想上引领着中华民族,所发表的《八路军新四军讨汪救国通电》一文中,以中华民族坚韧的品质和乐天的精神驳斥民族投降主义的逆流。如恩格斯所说,"没有哪一次巨大的历史灾难不是以历史的进步为补偿的。"⑤"中国人民抗日战争的伟大胜利,彻底粉碎了日本军国主义殖民奴役中国的图谋,有力捍卫了国家主权和领土完整,彻底洗刷了

---

① 习近平:《在纪念中国人民抗日战争暨世界反法西斯战争胜利75周年座谈会上的讲话》,人民出版社,2020年,第6页。
② 中共中央文献研究室、中央档案馆编:《建党以来重要文献选编(1921—1949)》(第十四册),中央文献出版社,2011年,第766页。
③《毛泽东选集》(第二卷),第514—515页。
④《毛泽东文集》(第二卷),人民出版社,1993年,第91页。
⑤《马克思恩格斯文集》(第十卷),第665页。

近代以来抗击外来侵略屡战屡败的民族耻辱！"①中华民族在被侵略的苦难中更加团结，民族认同在反抗侵略的斗争中不断凝聚；中华民族不畏强暴，同心同德共赴国难，以爱国主义为核心的民族精神激励起维护民族独立和民族尊严、在历史洪流中奋勇向前的强大精神动力；近代以来面对列强屡战屡败的阴霾得以扫除，民族自信心得以提振。

抗日战争期间，中国共产党强化了中华民族自力更生的民族意识，同时又克服了狭隘的爱国主义和排外主义，实现了革命的民族主义和国际主义的结合，这是中华民族传统天下观解体后在精神世界中对他者认识的一次成长。面对日本军国主义的侵略，"人们一方面因爱国主义的热诚在胸中燃烧而易产生排外主义及复古主义倾向，另一方面因屡遭列强侵略而易产生媚外主义倾向"②。在抗战的特殊时期，如何处理好自力更生与争取外援的关系问题是当时中华民族精神独立性发展所面临的最主要问题。

一方面，中国共产党对中华民族取得抗战胜利必须自力更生有着清醒认识，并予以彻底的践行。在抗日战争前期，当时的国民政府奉行"攘外必先安内"、等待国联调停的策略，这不仅仅是对当时中华民族所面临主要矛盾的错误判断，而且是对于抗战胜利所依赖力量的错误选择。毛泽东在《论新阶段》中强调，"中国无论何时也应以自力更生为基本立脚点"③。中国共产党对于自力更生的弘扬和践行最为集中的体现是大生产运动。在日军的疯狂扫荡和国民党顽固派的封锁下，抗日根据地"曾经弄到几乎没有衣穿，没有油吃，没有纸，没有菜，战士没有鞋袜，工作人员在冬天没有被盖"④的地步。中国共产党带领人民"自己动手，丰衣足食"，投身大生产运动之中，发展了以自给为目标的农工商业，至1943年初，边区"党政军积蓄

---

① 习近平：《在纪念中国人民抗日战争暨世界反法西斯战争胜利75周年座谈会上的讲话》，人民出版社，2020年，第4页。
② 郑师渠主编：《中华民族精神研究》，北京师范大学出版社，2009年，第358页。
③ 中共中央文献研究室编：《建党以来重要文献选编(1921—1949)》(第十四册)，第633页。
④ 《毛泽东选集》(第三卷)，第892页。

资产边币五万万以上"①。中国共产党正是靠着对自力更生的深刻认识和彻底践行在那个极度困难的时期挺立起中华民族的精神脊梁。

另一方面,中国共产党坚持在独立自主的基础上,将革命的民族主义与国际主义结合起来。毛泽东在1935的《反对日本帝国主义的策略》中指出:"我们中华民族有同自己的敌人血战到底的气概,有在自力更生的基础上光复旧物的决心,有自立于世界民族之林的能力。但是这不是说我们可以不需要国际援助;不,国际援助对于现代一切国家一切民族的革命斗争都是必要的。"②这表明中国共产党早在抗日战争前期就在自力更生和争取外援的关系问题上有着清晰而正确的认识,即要争取外援但不能完全依靠外援;要与世界上其他反法西斯国家一同组成国际抗日统一战线;要为建设和维持世界和平做出贡献。这既是对中华民族抗日战争与全世界人民反法西斯战争的深刻理解,更是对如何认识和对待他者的深刻注解,反映着这一时期中华民族精神独立性的成长。

在这一时期中,中国共产党第一个历史决议诞生,1945年4月20日中国共产党第六届中央委员会扩大的第七次全体会议通过了《关于若干历史问题的决议》,这是在一定时代背景下,党对一些重大历史问题的判断和决定,展现出中国共产党人对于历史主动的把握,反映出中国共产党人具有精神独立自主的高度自觉。从《关于若干历史问题的决议》的文本中,我们可以看到独立自主是党批驳"左"倾、右倾错误路线的重要原则。《关于若干历史问题的决议》诞生于抗日战争即将胜利、夺取新民主主义革命胜利的关键时期,毛泽东对它的起草和定稿起了决定性作用。

一是对党在统一战线中独立自主认识不足的批驳,强调政党自身的独立自主问题。在统一战线中如何认识革命领导权,要明确统一战线是一种

---

① 中共中央文献研究室编:《毛泽东年谱(1893—1949)》(修定本)(中卷),中央文献出版社,2013年,第426页。

② 《毛泽东选集》(第一卷),第161页。

有原则、有条件的合作,这个原则和条件就是独立自主。二是对教条主义者僵化于既有理论成果不能独立自主的批驳,强调要立足中国革命实际来运用和发展理论。这首先是实事求是的问题,同时也是一个思想上是否保持独立自主的问题。如果在思想上陷入僵化、教条和过去的理论中不能自拔,也表明我们偏离了独立自主。三是对经验主义者自闭于狭隘经验不能独立自主的批驳,强调不能局限于已有的经验之中。陷入既有经验除了认识的误区之外,还应看到思想方法上更深层次的局限,错误的产生"不是偶然的,它有很深的社会根源。如同毛泽东同志所代表的正确路线反映了中国无产阶级先进分子的思想一样,'左'倾路线则反映了中国小资产阶级民主派的思想"[1]。这种小资产阶级在思想方法上的问题,"基本上表现为观察问题时的主观性和片面性,即不从阶级力量对比之客观的全面的情况出发,而把自己主观的愿望、感想和空谈当做实际,把片面当成全面,局部当成全体,树木当做森林"[2]。在认识上陷入局部而不见全貌,因而出现缺乏独立自主的问题,脱离实际生产过程的小资产阶级知识分子容易表现为教条主义,联系生产的小资产阶级分子容易表现为经验主义。党的历史上的第一个历史决议有很多的伟大贡献,就中国共产党对"独立自主"这一思想武器的把握和使用来说,通过整风进行刀刃向内的自我革命,开创了一种处理党内矛盾、纠正错误的正确机制,帮助党更好地从自身过往认知中独立出来、不断取得自身思想认识进步。

(二)解放战争期间中华民族精神独立性的成长

解放战争的胜利结束了中国半殖民地半封建社会的历史,解决了国家

---

[1] 中共中央文献研究室、中央档案馆编:《建党以来重要文献选编(1921—1949)》(第二十二册),中央文献出版社,2011年,第105页。

[2] 中共中央文献研究室、中央档案馆编:《建党以来重要文献选编(1921—1949)》(第二十二册),第107页。

统一、民族独立和人民解放的问题,为中华民族精神独立性的新生扫清了最后的障碍。同时,在解放战争的推进过程中,中国共产党的领导从部分走向全面、从局部走向全国,这一过程也意味着中华民族精神独立性领导核心的力量逐渐辐射全国。

解放战争的爆发有着深刻而复杂的国内外背景,就国内来说,"共产党要把抗日战争的胜利变为人民的胜利,变为民主革命的胜利。国民党要把抗日战争的胜利变为大地主大资产阶级的胜利"①。就国外来说,第二次世界大战后的世界基本格局表现为雅尔塔体系下的美苏争霸,中国极有可能变为同朝鲜一样的分裂的美苏斗争牺牲品,而这一时期,国统区已经殖民地化,美帝国主义和蒋介石勾结的办法是,"美国出钱出枪,蒋介石出人,替美国打仗杀中国人,'毁灭共产党',变中国为美国的殖民地"②。当国民党反动派悍然撕毁《双十协定》,就意味着中华民族失去了和平解决相关问题的机会,迫使中国共产党带领中国人民进行解放战争。解放战争的胜利避免了中华民族被一分为二的可能,筑牢了中华民族的共同体意识,为中华民族精神独立性的新生提供了前提;解放了殖民地化的国统区,粉碎了美帝国主义企图控制中国、干涉中国内政的图谋,杜绝了中国丧失独立性而成为美苏对抗的前线和基地的可能,为中华民族精神独立性的新生提供了基础;解放战争期间,中华民族在中国共产党的带领下充分展现出"反对专制的民主精神、力求和平的团结精神、斗争到底的革命精神以及未雨绸缪的忧患意识"③,使得中华民族在精神上得到了极大的丰富和升华。

随着解放战争的推进,中国共产党的领导由以农村为主的部分走向全面,从北方的局部走向全国,中华民族精神独立性领导核心的力量得以全面发挥。中国共产党自其诞生之日起,就在为中国最广大人民的利益而奋

---

① 陈旭麓:《近代中国社会的新陈代谢》,第384页。
② 《毛泽东选集》(第四卷),第1494页。
③ 宋志明、吴潜涛主编:《中华民族精神论纲》,中国人民大学出版社,2006年,第248页。

斗。然而在当时的社会实际情况下,由于国民党当局对革命根据地的封锁和对共产党的造谣污蔑,外加中国共产党自身早期多年关门主义的影响,一般民众很难对共产党真实情况有所了解。抗日战争后,中国共产党开始逐渐正式地出现在国内和国际视野之中。在解放战争中,中国共产党在战场上越是顺利,中国共产党就越是被更多人所了解,其主张和实践便受到越来越多人的欢迎和肯定;中国共产党越是得到更多的中国人民的支持,国民党败亡的速度就越快。这一过程中,中华民族精神独立性的领导核心开始展现出强大的力量。在中国共产党的坚强领导下,过去一盘散沙、四分五裂的中华民族和中国民众,得以重新凝聚,汇集成一股不可战胜的磅礴力量。

第二节　中华民族精神独立性在社会主义革命与建设中发展

"中华人民共和国的成立,是中国由近代衰落走向强盛的历史转折点"①,也是中华民族精神独立性获得新生的重要历史节点。在中华人民共和国成立后的头三十年里,中华民族精神独立性虽经历几多磨砺,但总体上是在不断成长的。在这一时期,中国共产党对中华民族精神独立性的维护和保持最为显著和突出的有三点:一是在抗美援朝中挺立起中华民族的脊梁,振奋了刚刚重获新生的中华民族精神独立性;二是探索出了一条具有中国特色的社会主义改造道路,使得中华民族精神独立性得到了提升;

---

① 中共中央党史研究室:《中国共产党历史·第2卷(1949—1978)》,中共党史出版社,2011年,第16页。

三是在社会主义建设中坚决反对照搬苏联经验以肃清教条主义的影响。

一、中华人民共和国成立与中华民族精神独立性的新生

从鸦片战争到中华人民共和国成立的百余年间,中国一直处于一个过渡的社会形态之中。在西方殖民者的侵略之下,中国社会处于半殖民地半封建的悲惨境地之中,中华民族原有的精神世界在这一时期破碎,民族精神独立性也遭受重创。而帝国主义的长期侵略却并不能灭亡中国,"中国在夹缝中发展资本主义又不能蜕变为资本主义"[1],在新旧矛盾的爆发和冲突之中,中华民族从政治经济到思想文化都发生着前所未有的裂变。在这一过程中,中华民族的精神世界也发生着剧变,民族的精神独立性在沉寂中觉醒,不断磨砺发展,直至中华人民共和国的建立,终于获得了新生。

中华人民共和国的成立标志着中国人民从此站了起来。"这一伟大事件,彻底改变了近代以后一百多年中国积贫积弱、受人欺凌的悲惨命运,中华民族走上了实现伟大复兴的壮阔道路。"[2]由中国共产党领导的中国特色革命道路获得了胜利,证明以毛泽东同志为主要代表的共产党人成功克服了马克思主义教条化、苏联经验神圣化的错误倾向和主张,彰显出中华民族精神独立性的巨大力量。中华人民共和国成立后,中华民族是坚强自立的,精神上之所以能一扫往日阴霾,其根源在于"中国已经比过去几百年甚至几千年经历了更重要的变化;旧面貌的中国正在迅速地消失,新的人民的中国已经确定地生长起来了"[3]。中华人民共和国不同于以往的任何一个时期,它在政治、经济、民族和外交方面赋予了中华民族一个全新的局面,也就此使得中华民族精神独立性获得新生。

---

① 陈旭麓主编:《五四后三十年》,上海人民出版社,2019年。
②《习近平著作选读》(第二卷),第273页。
③《建国以来周恩来文稿》(第三册),中央文献出版社,2008年,第353页。

首先，中华人民共和国为中华民族精神的新生提供了一个先天优良的主体。这种主体的先天优良主要体现在三个方面：一是中国人民被真正地组织了起来，力量被凝聚了起来。近代中国的老百姓常常被讥笑为"一盘散沙"，中华人民共和国通过在全国范围内成立的工会、农协、青年团等社会组织，形成了一个可以动员人民群众力量的网络，改变了过去那种散漫无组织的状态。二是改变了旧中国四分五裂的局面，实现和巩固了国家统一。中华人民共和国的成立使得华夏大地基本得到统一，这使得中华民族精神传统中"大一统"的思想观念再一次被深化，它为这个民族所带来的是一种无论有多少艰难困苦，都矢志不渝地追求祖国统一和民族独立的强大精神动力。三是中华人民共和国的民族政策保障着这一新生主体的团结。中华人民共和国塑造了一个平等团结的民族共同体，规定了反对大民族主义和狭隘民族主义的基本民族政策，禁止民族间的歧视、压迫和分裂各民族团结的行为，这一民族政策促进了民族凝聚力的提升，增进了民族共同体意识，使得中华民族精神独立性的主体在政治上杜绝了内部分裂的可能。

其次，中华人民共和国带来了政治、经济和文化上的全新变革，为中华民族精神独立性的新生提供了现实基础。中华人民共和国是工人阶级领导的、以工农联盟为基础的人民民主专政的社会主义国家，结束了占中华民族绝大多数的广大劳动人民被剥削的历史，随着人民的社会政治地位发生变化，民族的整体精神世界有着极大的提高和进步。《中国人民政治协商会议共同纲领》（以下简称《共同纲领》）规定了人民民主专政的国体和人民代表大会制度的政体，政治上人民当家作主的实现使得中华民族在精神上对于国家和民族整体的认识发生了根本变化，"天地君亲师"的封建思想真正在现实中失去了根基。《共同纲领》中指出具有社会主义性质的国营经济是整个社会经济的领导力量，同时也肯定了其他经济成分的存在和发展。这不仅是一个体现实事求是精神的经济政策，更是打造了中华民族精神独立性新生的经济基础。"中华人民共和国的文化教育为新民主主义的,即民族的、科学的、大众的文化教育。"①《共同纲领》中关于文化教育政策的导向明确阐释了中华人民共和国人民精神生活的特点和方向。正是因为前文所述的这些变革,邓小平曾强调,"只有中华人民共和国的成立,才使我们这个占世界总人口近四分之一的大国,在世界上站起来,而且站住了。"②

最后,中华人民共和国的成立让中华民族重新得到世界其他民族的尊重,使中华民族独立性的新生拥有一个相对良好的外部环境。"在旧中国,帝国主义列强不仅在政治上和经济上牢牢地支配着中国,并且在中国境内享有驻军、内河航行、海关管理、自由经营、领事裁判等种种特权。"③中华人民共和国成立后,帝国主义在中国的一切特权被收回,人民海关也得以建立,自1840年以来国家大门的钥匙终于再次回到中国人民自己的手上。毛泽东制定了"另起炉灶""打扫干净屋子再请客"和"一边倒"三条方针,这三条方针是依据中国的历史和现实及当时的国际环境所制定的,体现着中华人民共和国在外交上所掌握的战略主动权,洗刷了中华民族近代外交的屈辱,肃清了帝国主义在中国的势力和影响,彰显出中华民族的独立自主。外交政策中所展现的自立自强一扫往日被侵略、被殖民的阴霾,这既是精神上的自我尊重,也是中华民族获得其他民族尊重的基础。也正是因此,"中国在世界上的地位,是在中华人民共和国成立以后才大大提高的"④。

二、抗美援朝与中华民族精神独立性的振奋

"经过艰苦卓绝的战斗,中朝军队打败了武装到牙齿的对手,打破了美军不可战胜的神话,迫使不可一世的侵略者于一九五三年七月二十七日在

---

① 《建国以来周恩来文稿》(第一册),中央文献出版社,2008年,第365页。
② 《邓小平文选》(第二卷),人民出版社,1994年,第299页。
③ 金冲及:《生死关头:中国共产党的道路抉择》,第318页。
④ 《邓小平文选》(第二卷),第299页。

停战协定上签字。"①在这样一场立国之战中,中华民族打出了自己的民族风骨、力量、血性和智慧,用伟大胜利向世界宣告:"西方侵略者几百年来只要在东方一个海岸上架起几尊大炮就可霸占一个国家的时代是一去不复返了!"②这场伟大胜利扫除了曾经蔓延在部分中国人心中的亲美、恐美之风,让中华民族以更加挺立的身姿站在世界的东方,振奋了刚刚重获新生的中华民族精神独立性。

(一)抗美援朝初期的亲美、恐美思想及其瓦解

抗美援朝战争是正义的、必要的,是中华民族反抗外来侵略和干涉、保家卫国的壮举。在抗美援朝的前期,全国大多数人民都对美帝国主义的行径感到愤慨,并积极参与抗美援朝的相关工作,但当时国内民众对于抗美援朝的态度和认知还存在不同程度的偏差,亲美思想和恐美心理仍然在一定范围内存在。

第一,对美国实力、美军装备的忌惮,对自身实力自信不足。"抗美援朝战争,是在交战双方力量极其悬殊条件下进行的一场现代化战争。"③由于双方在军事、工业等方面存在的力量差距,使当时很多人很难认清"钢多气少"和"钢少气多"是一个彼此各有优劣的状况。其中极具代表性的就是张东荪叛国事件,时任中央人民政府委员、全国政协委员、政务院文化教育委员会委员的张东荪,串通间谍向美国输送情报,他将志愿军出兵日期连同相关财政信息一同转道香港传递给美国。恐美而至卖国,张东荪是当时部分人在精神上缺失独立性的典型表现。

第二,近代以来所形成的崇美、羡美、恐美的不良风气。回首近代的屈

---

① 《习近平著作选读》(第二卷),第356页。
② 中共中央文献研究室编:《建党以来重要文献选编》(第四册),中央文献出版社,1993年,第379页。
③ 《习近平著作选读》(第二卷),第356页。

辱历史,"美帝国主义比较其他帝国主义国家,在很长的时期内,更加注重精神侵略方面的活动,由宗教事业而推广到'慈善'事业和文化事业"①。美帝国主义十分擅长对这种精神侵略进行美化和包装,如毛泽东在《"友谊",还是侵略?》(1949)一文中所揭露的,"参加八国联军打败中国,迫出庚子赔款,又用之于'教育中国学生',从事精神侵略,也算一项'友谊'的表示",而从1844年中美两国所签订的《望厦条约》开始,"美国在这些事业上处心积虑地经营了一百零五年"。②而国民政府统治时期,这种不良思想风气不仅在思想文化领域日益深重,美国人在中国的横行霸道也使得很多中国人产生了畏惧害怕的心理。

第三,厌烦战争、渴望和平发展的急切愿望。中华民族刚刚经历过近代战火摧残,人们对于和平发展生活无比渴望。这种急切渴望和平与发展的愿望,使得人们没能正视美国侵略者已经炮轰东北边境的严峻事实,更是以一时安乐的短视替代了国家只有在安全的前提下才能实现发展的长远思考,进而产生了对美帝国主义的一些不切实际的幻想,认为"美国鬼子不会打到中国来……何必多管闲事,不要惹祸上身"③。

战场的胜利和时事宣传工作的开展瓦解了亲美、恐美等错误思想。一方面,中国人民志愿军对于美帝国主义侵略者的沉重打击是治疗亲美、恐美等错误思想的最佳良药。中国人民志愿军入朝不到三个月的时间里,通过连续三场战役将侵略者从鸭绿江赶到"三七线"附近,人们对于帝国主义这一"纸老虎"有了直接的认识,对于"钢多气少"和"钢少气多"的优劣比较有了更为直观的判断。客观地说,整个抗美援朝战争期间,战争双方的实力差距是明显的,但就是"在这样极不对称、极为艰难的情况下,中国人民

---

① 《毛泽东选集》(第四卷),第1506页。
② 《毛泽东选集》(第四卷),第1506页。
③ 中国人民志愿军政治部:《中国人民志愿军抗美援朝战争政治工作总结》,解放军出版社,1985年,第22页。

志愿军同朝鲜军民密切配合,首战两水洞、激战云山城、会战清川江、鏖战长津湖等,连续进行五次战役,此后又构筑起铜墙铁壁般的纵深防御阵地,实施多次进攻战役,粉碎'绞杀战'、抵御'细菌战'、血战上甘岭,创造了威武雄壮的战争伟业"①。在铁一样的事实面前,亲美、恐美等错误思想逐渐消散。另一方面,围绕抗美援朝所进行的时事宣传教育对人们的思想认识起到了有效的引导。1950年10月26日,《中共中央关于在全国进行时事宣传运动的指示》明确指出,"我全国人民对美帝国主义应有一致的认识和立场,坚决消灭亲美的反动思想和恐美的错误心理,普遍养成对美帝国主义的仇视、鄙视、蔑视的态度"②。当时还成立了中国人民保卫世界和平反对美国侵略委员会,主要负责和开展爱国宣传教育、动员支前和组织慰问三个方面的工作,为抗美援朝活动在全国范围内的开展提供了政治上和组织上的保证。"在时事教育、国际主义教育和革命英雄主义教育的感召下,广大人民群众和部队官兵深刻认识到抗美援朝的必要性、正义性和紧迫性,基本肃清了'亲美、崇美、恐美'的思想束缚,'仇视、鄙视、蔑视'美帝国主义的观念深入人心。"③

(二)立国之战对中华民族精神独立性的振奋

"七十年前,帝国主义侵略者将战火烧到了新中国的家门口。中国人民深知,对待侵略者,就得用他们听得懂的语言同他们对话,这就是以战止战、以武止戈,用胜利赢得和平、赢得尊重。"④这一战保障了新生政权的稳固与安全,赢得了全世界的尊重和应有的大国地位,促进了国防和现代化,

---

① 《习近平著作选读》(第二卷),第356页。
② 《中共中央文件选集(一九四九年十月——一九六六年五月)》(第四册),人民出版社,2013年,第203页。
③ 杨威、陈毅:《抗美援朝时期爱国主义教育的经验、影响与启示》,《西北工业大学学报(社会科学版)》,2020年第1期。
④ 《习近平著作选读》(第二卷),第358页。

使得全世界追求民族独立和人民解放的正义事业备受鼓舞。这一战的胜利不仅使得中华民族凝聚力和自信心得以增强，而且使得中华民族的精神独立性获得了更大的成长。

抗美援朝对中华民族精神独立性的振奋主要是战争中所展现的民族风骨、力量、血性和智慧使得中华民族共同体在这次淬炼中更加团结，对自身更加自信，对未来更加乐观。抗美援朝是中国共产党带领中华民族不断前进的漫长历史中的一个重要事件，它是中国第一次主要依靠自己力量打败了当时世界上最强大的国家——美国。"让世界知道了'现在中国人民已经组织起来了，是惹不得的'！"①"经此一战，中国人民彻底扫除了近代以来任人宰割、仰人鼻息的百年耻辱，彻底扔掉了'东亚病夫'的帽子，中国人民真正扬眉吐气了。"②抗美援朝砥砺了中华民族不畏强暴、反抗强权的民族风骨，挺立起中华民族的精神脊梁，宣告着受人欺辱的历史已经终结；汇聚了万众一心、勠力同心的民族力量，民族共同体得到进一步的凝聚和成长，"帝国主义过去敢于欺负中国的原因之一，是中国各民族不团结，但是这个时代已经永远过去了"③；锻造舍生忘死、向死而生的民族血性，是对中华民族自强不息、厚德载物基本价值取向的传承和发展；激发守正创新、奋勇向前的民族智慧，是中华民族实事求是认识战场态势、国内局势和国际形势的结果，体现着中华民族的极大智慧。

抗美援朝使中华民族精神独立性获得了更大成长。如果说抗日战争是中华民族反抗他者侵略和接受他者援助的战争，那么抗美援朝就是基于保护自身的同时对他者进行的一次援助，是对于爱国主义和国际主义更为深层的理解。这是中华民族在精神上对于爱国主义和国际主义相结合的重要提升，如何看待和认识美国侵略朝鲜，如何对待朝鲜人民，这些都是民

---

① 《习近平著作选读》（第二卷），第358页。
② 《习近平著作选读》（第二卷），第357页。
③ 《毛泽东文集》（第六卷），人民出版社，1999年，第211页。

族精神独立性对外维度成长的关键所在。更为关键的是,在抗美援朝中,中华民族进一步巩固和加强了尊重他民族主权、文化等方面的精神传统。我们今天仍然可以看到这样一个细节,在当时留下的影像资料中,中国人民志愿军渡过鸭绿江的河岸边上立着几块写着标语的牌子,其中一块上面写着"尊重朝鲜人民的风俗习惯"。毛泽东曾对人民志愿军要求道:"中国同志必须将朝鲜的事情看做自己的事情一样,教育指挥员战斗员爱护朝鲜的一山一水一草一木,不拿朝鲜人民的一针一线,如同我们在国内的看法和做法一样,这就是胜利的政治基础。"[1]

三、社会主义改造与中华民族精神独立性的提升

在中国共产党的带领下,中华民族学习苏联先进经验的同时结合中国具体实际,完成了社会主义改造的历史任务,探索出了一条具有中国特色的社会主义改造道路,消灭了几千年来的剥削制度和剥削阶级,建立了社会主义制度。在中华人民共和国如何走向社会主义的探索中,以毛泽东同志为主要代表的中国共产党人一方面向苏联学习,建立起生产资料社会主义公有制;另一方面从中国实际出发,采取适合中国情况的社会主义改造方针、政策和办法,避免苏联社会主义改造中的某些过火行为。随着社会主义改造的完成,社会主义各项制度基本建立,为我国一切进步和发展奠定了重要基础,这一独立自主的探索也使得中华民族自身的精神独立性得到提升。

中国的社会主义改造开创了具有自己特色的道路与实践,但在改造目标、改造思路、改造模式方面,仍然学习苏联,以苏联为榜样。在学习苏联的热潮中,从中央到地方,从城市到农村,从机关到学校,举国上下,到处响彻着"向苏联老大哥学习""苏联的今天就是我们的明天"之类的口号。[2]经

---

① 《毛泽东文集》(第六卷),第130页。
② 王廷科:《毛泽东独立自主思想的历史发展》,四川大学出版社,1995年,第407页。

过社会主义改造和第一个五年计划,中国在以下几个方面学习了苏联社会主义模式:第一,在所有制方面,消灭了资本主义经济和个体经济,建立了单一的社会主义公有制,而不是以公有制为主体,其他经济成分为补充;第二,在分配制度方面,基本上实行了按劳分配制度,而不是以按劳分配为主,其他分配方式为补充;第三,在经济体制方面,建立了高度集中的计划经济体制,限制了市场机制的作用,国民经济的产品分配纳入中央计划的直接控制之下,而不是通过市场来调节;第四,在社会主义工业化的道路方面优先发展重工业的指导方针。

当时,向苏联学习来进行社会主义改造并着手开始社会主义工业化的建设,初衷是为了尽快改变中国贫穷落后的面貌,在自身经济建设和经济管理欠缺经验、极度缺乏熟悉经济工作的人才之时,向已经取得丰收成果的苏联学习,这恰恰是保持自身精神上的独立和清醒的表现。在当时的客观条件下,只能是结合中国的实际需要,去学习、借鉴苏联社会主义的建设经验。1952年8月,周恩来、陈云率领中国政府代表团,带着我国"一五"计划轮廓草案赴苏联取经。毛泽东后来说:"苏联政府根据它三十多年来的伟大社会主义建设的丰富经验,对于我国五年计划任务提出了各项原则的和具体的建议。这些建议将帮助我们在中国经济建设过程中尽可能地避免许多错误和少走许多弯路。"[①]与此同时,学习苏联模式,在一定程度上也是西方国家对新中国封锁包围制裁的结果,是当时中国奉行"一边倒"对外政策的结果。中华人民共和国成立之初,不但不可能从西方国家获得援助,而且受到西方国家在外交、经济和军事等方面的封锁甚至是威胁。在两大阵营尖锐对立、冷战逐步升级的时代,意识形态的异同对于国家关系的影响重大。在当时,保持精神上的独立,认识上的实事求是,就是导向以

---

① 中共中央文献研究室编:《毛泽东年谱(1949—1976)》(第二卷),中央文献出版社,2013年,第165页。

苏联为首的社会主义阵营，以破除西方的孤立和封锁，确保国家安全，快速恢复和发展国民经济。在前述的经济和政治两个方面向苏联学习进行中国的社会主义改造过程中，中华民族并没有走向一条简单的复刻道路，而是以精神上的独立自主来进行社会主义改造，并在这一过程中促进着自身精神独立性的发展。

以实事求是的思维方式认识社会主义改造。中华人民共和国成立时，中国所建立的是一个新民主主义社会，1953年后依据党在过渡时期的总路线开始了社会主义改造，1956年的党的八大宣布了社会主义改造的完成。社会主义改造从一开始提出时，就并非一个不尊重社会事实发展而一夜宣布进入社会主义的计划，它是通过逐步过渡来实现的。对资本主义工商业的社会主义改造，中国共产党没有采用苏联那种宣布国有化、实施没收的方法，而是从民族资产阶级长期同中国共产党合作、愿意接受社会主义改造的实际出发，采取"和平赎买"的办法，创造了具有中国特色的社会主义改造道路。对社会主义改造是否基本完成，则是依据公有制经济在整个国民经济中是否处于主体地位而进行客观判断所得出。同样，"党没有明确宣布向社会主义过渡时期的结束"①，因为国家虽然进入了社会主义社会，但社会主义物质基础发展得还很不充分，"一化三改"所产生的新的生产关系与生产力之间还需要长时间的调整。中国共产党对于社会主义改造的认识和判断延续了自遵义会议所树立起的实事求是的思想路线，在借鉴苏联经验的同时并没有一味地照搬和模仿，而是立足中国实际来认识问题。以实事求是的思维方式来认识问题是党和国家各项事业顺利开展的前提，为社会主义改造中所取得的各项成就提供了基础，体现出这一时期中华民族精神独立性的成长。

社会主义改造中民族价值观念的发展。思想价值的转变首先取决于

---

① 中共中央党史研究室：《中国共产党历史·第2卷（1949—1978）》，第362页。

现实的经济基础,公有制经济不断壮大发展并取得主导地位,与之相应的社会关系随之建立,这是传统价值观念在社会主义改造中能够得到新发展的根基所在。价值观念的变化不光依靠经济基础的变革来带动,通过思想宣传来教育和引导人们,对于整个民族在价值观念上的转变是同样重要的。这一时期,中国共产党在宣传和思想教育方面从过去着重于新民主主义转向社会主义。在社会主义改造的过程中,封建的、落后的思想文化不断得到改造和清除,资本主义思想被批判和取代,社会主义精神文化成为主流。"在全国范围内,社会主义新型的社会关系及与此相适应的良好社会风气、社会道德规范正在形成。这是在旧中国不曾有过的。"[1]同时,社会主义精神文明的建设不是对过去传统的简单复制,也不是脱离传统文化的无源之水,在社会主义先进文化的影响和改造下,传统的爱国主义转变为新的爱国主义与社会主义的统一,传统的群体主义与集体主义的结合,"民为邦本"的人本思想转变为"为人民服务"的精神理念。

探索中国特色的社会主义改造道路。对于一般的社会历史演进来说,生产关系的急剧变革往往伴随着不同程度的社会生产力倒退,而在中国这样一个几亿人口的大国进行消灭私有制的深刻变革时,既能保持社会经济的平稳发展,又能得到人民群众普遍拥护,这一伟大的历史变革之所以能够发生的关键在于中国特色的社会主义改造道路。它对于个体农业、个体手工业和资本主义工商业所进行的一系列社会主义改造,是通过多种组织形式逐步进行的,这是由中国共产党所领导的具有独创性的社会变革。陈云在1956年6月召开的一届全国人大三次会议上说道:"企业的私有制向社会主义所有制的改变,这在世界上早已出现过,但是采用这样一种和平方法使全国工商界如此兴高采烈地来接受这种改变,则是史无前例的。"[2]

---

[1] 中共中央党史研究室:《中国共产党历史·第2卷(1949—1978)》,第361页。

[2] 《陈云文选》(第二卷),人民出版社,1995年,第309—310页。

四、社会主义建设时期中华民族精神独立性的曲折发展

在中国这样一个幅员辽阔、人口众多、经济发展处于落后水平的大国建设社会主义,其过程注定充满着艰辛与曲折,中华民族精神独立性也在这一过程中经历了曲折的发展。

在社会主义建设时期,中华民族精神独立性的成长体现在对照搬苏联经验的坚决反对之中。中国共产党人并没有被束缚于苏联经验之中,更没有将苏联经验奉为金科玉律。很快就发现了苏联的社会主义建设并不完全成功,苏联的成功经验也不都适合中国国情。苏联的成功经验只有与中国的具体国情相结合,与中国的历史传统相结合,才能有生命力和感召力。中国的社会主义建设,同新民主主义革命一样,必须从中国的实际出发,由中国人自己来寻找,自己来探索。就在社会主义改造基本完成时,毛泽东提出"以苏为鉴",总结自己的经验,积极探索适合中国情况的社会主义建设道路。同时,斯大林逝世后,苏联发生了一系列变化,尤其是苏共二十大对斯大林的揭露和批判过程中,暴露出了苏联社会主义中的阴暗面和社会主义建设中的一些缺点错误。在当时,破除了对斯大林的迷信,为人们独立自主地探索适合本国国情的社会主义建设道路,创造了一个相对良好宽松的国际环境。

1956年4月,毛泽东在《论十大关系》中对中国如何进行自己的社会主义建设进行了阐释,并明确指出苏联的社会主义建设过程存在缺点和错误,强调"过去我们就是鉴于他们的经验教训,少走了一些弯路,现在当然更要引以为戒"[①]。在思考如何建设社会主义的问题时,对于苏联的学习无疑是极为重要的,而更为重要的是怎样进行学习,对于苏联的经验"搬,要有分析,不要硬搬,硬搬就是不独立思考,忘记了历史上教条主义的教

[①]《毛泽东文集》(第七卷),人民出版社,1999年,第23页。

训"①。《论十大关系》事实上就是以毛泽东同志为主要代表的中国共产党人在以苏联为借鉴,总结自身经验,积极探索社会主义建设道路所取得的伟大成果,也是中国共产党人在目睹了苏联社会主义建设并不完全成功之后,从"走苏联走过的路"转变为"走自己的路",这对于中国的社会主义建设和中华民族的精神独立性成长来说都具有重大意义。毛泽东在1958年的成都会议上的讲话中强调要"坚持原则和独创精神",学习苏联和其他国家的先进经验是不可缺少的,但是不能只是模仿,要将学习与独创相结合,不能"不管人家的文章正确不正确,中国人都听,都奉行,总是苏联第一"②,这便是对中华民族在精神上不能依附于苏联的强调和要求。在毛泽东的示范和推动下,党内掀起了解放思想、实事求是、调查研究、积极探索的新风。到党的八大后,全党的探索获得了一系列重要成果,诸如党的八大关于社会主义主要矛盾的论断;陈云提出的关于经济体制的"三主体三补充"的方针;李富春提出的关于实行分级管理的计划体制的建议等。这些成果是中国共产党人开始从理论和实践上突破苏联社会主义传统模式,探索中国自己的社会主义建设道路的尝试。

1956年召开的苏共二十大是人类社会主义发展历史中的一个重要事件,它对于正在进行社会主义建设探索的中国人民产生了极大的影响。在以毛泽东同志为主要代表的中国共产党人在当时不仅有效地应对了这种精神世界的外部冲击,并且对思想上的个人崇拜问题进行了透彻地分析和解释,使得中华民族精神独立性得到了新的发展。苏共二十大上,赫鲁晓夫对于斯大林的全面否定在当时引起了人们思想上混乱和不安,究其根本是如何正确处理个人崇拜的问题。毛泽东对于这一问题进行了深刻的剖析,消解了人们思想中的疑惑,认为"个人崇拜有两种,一种是正确的崇拜,

---

① 《毛泽东文集》(第七卷),第366页。
② 《毛泽东文集》(第七卷),第368页。

如对马克思、恩格斯、列宁、斯大林正确的东西,我们必须崇拜,永远崇拜,不崇拜不得了。真理在他们手里,为什么不崇拜呢? 我们相信真理,真理是客观存在的反映。另一种是不正确的崇拜,不加分析,盲目服从,这就不对了。反个人崇拜的目的也有两种,一种是反对不正确的崇拜,一种是反对崇拜别人,要求崇拜自己"①。对于苏联和斯大林在意识形态领域中的权威性,毛泽东和中国共产党人是给予尊重的,苏联社会主义模式及其经验也是中国探索社会主义建设道路的重要参考和借鉴。从民族精神独立性的角度上来说,这一深刻认识既避免了盲目崇拜所带来的思想压制,甚至成为迷信的可能,也避免了全面否定历史任务所带来的思想虚无和以偏概全的错误思潮。对于个人精神崇拜问题的正确解决,既保证中华民族在精神上的独立性,也避免走向精神上的虚无化。

在社会主义建设中,全国上下展现出了积极进取的精神风貌,"两弹一星"精神、铁人精神、雷锋精神等时代精神的不断涌现,表明中华民族的精神状态在这一时期是十分活跃的。"献了青春献终生,献了终生献子孙",这句当时的流行语很好地反映出人们对于新中国事业蒸蒸日上的喜悦和自豪。这种积极进取的精神面貌源于人们在新中国翻身做主人之后所迸发出来的激情,新旧社会的巨大反差使得人们倍加珍惜建设自己美好家园的机会。那个年代人们对社会主义新生活的热爱,时代楷模和时代精神的不断涌现,彰显了全党和全国人民在建设社会主义、实现工业化的过程中精神上的振奋和活跃。

党的八大明确了国内主要矛盾和主要任务,提出了经济建设、政治建设等方面的方针和举措,这些成果为全党全国各族人民探索中国特色社会主义建设道路提供了导向和基础。然而,"由于当时党对于全面建设社会主义的思想准备不足,八大提出的路线和许多正确意见没有能够在实践中

---

① 《毛泽东文集》(第七卷),第369页。

坚持下去。八大以后,我们取得了社会主义建设的许多成就,同时也遭到了严重挫折"①。随着社会主义建设不断遭遇困难和挫折,以及中国共产党在探索社会主义中所犯的种种错误,中华民族精神独立性的发展也受到了消极的影响。在社会主义建设时期,中华民族精神独立性发展所经历的曲折,并不是中华民族在精神上依赖于他者,而是在精神上陷入了一种特定的既有认知,具体来说就是在认识问题上对实事求是思维方法的偏离,在评价问题中对一脉相承价值观念的曲解,最终在解决问题时对实践选择出现了偏差。

第三节　中华民族精神独立性在改革开放和社会主义现代化建设中彰显

粉碎"四人帮"之后,中国最为迫切的需要是改变"文化大革命"的极"左"路线,探索一条社会主义发展建设的新道路,而路线的改变首先需要解放和改变人们的思想。在以邓小平同志为主要代表的老一辈无产阶级革命家的支持和领导下,一场关于真理标准问题的大讨论开始展开,在这一场伟大的思想解放运动中,人们思想认识中的禁锢被打破,中华民族的精神独立性得到了重振。此后,中华民族精神独立性在中国特色社会主义道路的探索和发展中不断得到彰显,在外部世界风云变幻的考验中不断成长。

一、真理标准大讨论与中华民族精神独立性的重振

"文化大革命"的结束为中华民族精神独立性的重新振作创造了基本

---

① 《邓小平文选》(第三卷),人民出版社,1993年,第2页。

条件,但由于长期"左"的错误,揭开封印人们思想的盖子并非易事。对于这一次民族在精神上的"松绑"来说,既要彻底纠正"文化大革命"的错误,又要科学评价毛泽东及其思想的历史地位,这是一个考验执政党智慧和成熟度的重大问题。能否解决好这一问题是党和国家能否清除"左"的长期错误的关键,更是中华民族能否在精神上摆脱僵化和束缚又不至于矫枉过正陷入虚无主义的关键。

(一)突破"两个凡是"的僵化思维方式

在当时,由于"两个凡是"对人们思想的束缚,中华民族在精神上近乎处于一种僵化的状态之中。"两个凡是"是指"凡是毛主席作出的决策,我们都坚决维护,凡是毛主席的指示,我们都始终不渝地遵循"。"两个凡是"看似是在坚持毛泽东思想,实质是在固守毛泽东晚年的错误,坚持以"文化大革命"为标志的极"左"路线。"两个凡是"从本质上来说"没有从根本上认清'文化大革命'的问题,特别是没有认清'文化大革命'和毛泽东晚年错误的关系"①。

冲破"两个凡是"的思想藩篱,思想路线上的拨乱反正重振起中华民族的精神独立性。恩格斯强调:"我们的理论是发展着的理论,而不是必须背得烂熟并机械地加以重复的教条。"②任何一种思想和理论套上"凡是"无疑是一种神化而脱离实际的表现,是形而上学的唯心主义。邓小平以极大的政治勇气、敏锐的思考力和坚实的马克思主义理论功底指出:"只有解放思想,坚持实事求是,一切从实际出发,理论联系实际,我们的社会主义现代化建设才能顺利进行,我们党的马列主义、毛泽东思想的理论也才能顺利

---

① 中共中央党史研究室著,胡绳主编:《中国共产党的七十年》,中共党史出版社,1991年,第483页。

② 《马克思恩格斯文集》(第十卷),第562页。

发展。"①随着真理标准问题大讨论及解放思想、实事求是思想路线的确立，拨乱反正、平反冤假错案等一系列工作的开展，人们的思想认识从机械教条中解放出来，中华民族的精神独立性得以重振。

(二)科学准确地理解毛泽东思想

在否定"两个凡是"的错误思想之后，如何完整准确地理解毛泽东思想，科学评价毛泽东和毛泽东思想的历史地位，以避免中华民族陷入精神虚无和自我否定之中，这是当时中华民族精神独立性发展所遇到的一个不可回避的重大问题。

实事求是既是毛泽东思想的精髓，更是我们理解和把握这一伟大思想的首要认识方法。早在1977年4月邓小平尚未复出时，他就以深邃的政治眼光和非凡的理论勇气提出，"我们必须世世代代地用准确的完整的毛泽东思想来指导我们全党、全军和全国人民，把党和社会主义的事业，把国际共产主义运动的事业，胜利地推向前进。"②邓小平强调要从整个体系上去理解毛泽东思想，不能断章取义，任意肢解；要从发展了的马克思列宁主义来把握毛泽东思想；要从实事求是这一精神精髓来理解和把握毛泽东思想。如何理解和把握毛泽东思想的三点要求对于这一时期及后来的中华民族精神独立性是十分重要的，不仅正确处理了如何完整准确理解毛泽东思想的问题，而且为我们如何对待处理已有的、传统的思想和经典文本提供了典范。对于毛泽东思想的正确认识关系到如何认识党、如何认识党领导人民进行新民主主义革命、社会主义革命和建设的历史的重大问题，因此，科学准确地理解毛泽东思想也成为这一时期民族精神发展影响最为深远的历史事件之一。

---

① 《邓小平文选》(第二卷)，第143页。
② 中共中央文献研究室编：《邓小平思想年谱(1975—1997)》，中央文献出版社，1998年，第26页。

1981年6月,党的十一届六中全会通过了《关于建国以来党的若干历史问题的决议》(以下简称《决议》)。《决议》回顾了对中华人民共和国成立以来三十二年的历史,科学评价了毛泽东和毛泽东思想的历史地位,标志着中国共产党在指导思想上拨乱反正历史任务的完成。《决议》的通过表明,中国共产党带领下的中华民族既能实事求是地指出自身发展中的问题和错误,也能充分肯定自身的历史并总结成功经验;标志着中华人民共和国成立以后,中华民族既能对陷入僵化的思想状态进行自我纠正,又能避免精神虚无和自我否定。同时,《决议》在对中华人民共和国成立以前二十八年历史的回顾中,在内容与结论上基本与《关于若干历史问题的决议》一致,这也体现着中国共产党的历史自信及对于历史主动精神的把握。

独立自主是党从"文化大革命"及"左"倾错误中解脱出来的思想利器。《决议》形成于改革开放新时期,正是解放思想、拨乱反正的历史转折之中,邓小平对它的起草和定稿起了决定性作用。当时的中国正面临向何处去的历史抉择,《决议》的出台,使得全党从"文化大革命"及"左"倾思想的束缚中解脱出来,回到正确轨道,团结一致向前看。《决议》中的重要论断为我们正确评价毛泽东思想提供了根本指引,同时也为我们如何从这一阶段历史中总结、维护和发展中华民族精神独立性提供了启示。

加强对社会主义建设在理论认识上的独立自主,不能简单停滞于前一阶段任务中的经验做法。"'文化大革命'所以会发生并且持续十年之久,除了前面所分析的毛泽东同志领导上的错误这个直接原因以外,还有复杂的社会历史原因。"①一方面,社会主义运动的历史并不长,社会主义国家的历史则更短,对于社会主义社会的发展规律,还需要更进一步探索和研究;另一方面,"我们党过去长期处于战争和激烈阶级斗争的环境中,对于迅速到

---

① 中共中央文献研究室编:《十一届三中全会以来重要文献选读》(上册),人民出版社,1987年,第323页。

来的新生的社会主义社会和全国规模的社会主义建设事业,缺乏充分的思想准备和科学研究"①。没有在理论上做到独立自主,停滞于社会主义革命斗争阶段的思想认识中,没有从上一阶段中独立出来,这是党没有从中国社会主义实践某一阶段的理论认识中独立自主。从这样的两个方面出发来认识和看待毛泽东思想的历史地位,就不难发现这是以毛泽东同志为主要代表的中国共产党人带领中华民族不断探索、不断前行的历史写照。

加强在国际形势的复杂变化中保持思想认识上的独立自主,深刻理解走好自己的路的重要性。《决议》指出,"苏联领导人挑起中苏论战,并把两党之间的原则争论变为国家争端,对中国施加政治上、经济上和军事上的巨大压力,迫使我们不得不进行反对苏联大国沙文主义的正义斗争。在这种情况的影响下,我们在国内进行了反修防修运动,使阶级斗争扩大化的迷误日益深入到党内,以致党内同志间不同意见的正常争论也被当作是所谓修正主义路线的表现或所谓路线斗争的表现,使党内关系日益紧张化。"②这表明,我们做到了本国社会主义理论的发展与他国社会主义理论在思想认识上的独立,但没有做好自主,将这种思想认识斗争的边界扩大化,则是自主做得不够,对于走自己的路理解得不够深刻。

以"扬弃"的观点认识传统,既要重视传统的赓续,也要独立而不僵化于传统。这里所说的传统不仅包括一个国家或民族的历史文化,也包括既有的理论成果,要注重处理好党在整体上对待理论的独立自主,不能封闭僵化于某一个个人或者党的某一时期的理论成果。对从传统文化的部分不良影响中独立自主问题,《决议》指出,"中国是一个封建历史很长的国家,我们党对封建主义特别是对封建土地制度和豪绅恶霸进行了最坚决最彻底的斗争,在反封建斗争中养成了优良的民主传统;但是长期封建专制

①　中共中央文献研究室编:《十一届三中全会以来重要文献选读》(上册),第323页。
②　中共中央文献研究室编:《十一届三中全会以来重要文献选读》(上册),第324页。

主义在思想政治方面的遗毒仍然不是很容易肃清的,种种历史原因又使我们没有能把党内民主和国家政治社会生活的民主加以制度化、法律化,或者虽然制定了法律,却没有应有的权威。"①对党的既有理论成果的独立自主问题,《决议》指出,"党在面临着工作重心转向社会主义建设这一新任务因而需要特别谨慎的时候,毛泽东同志的威望也达到高峰"。"党和国家政治生活中的集体领导原则和民主集中制不断受到削弱以至破坏。"②同时,在当时这一问题的还交织着对于国际共运经验汲取时的独立自主问题,"国际共产主义运动史上由于没有正确解决领袖和党的关系问题而出现过的一些严重偏差,对我们党也产生了消极的影响"③。

二、发展道路选择与中华民族精神独立性的彰显

改革开放以来,中国共产党带领中华民族没有精神僵化地选择老路,更没有放弃精神独立走上邪路,而是始终保持着自身在精神上的独立性,开辟了一条中国特色社会主义道路。

(一)开辟新路的探索中民族精神活力的释放

改革开放开辟了中国现代化建设的新局面,中国共产党带领中华民族以经济建设为中心,改革高度集中的计划经济体制,建立和完善社会主义市场经济体制,实行对外开放,吸收世界上一切先进文明成果,为搞活社会主义经济、发展社会生产力开辟广阔的道路。

解放思想释放出中华民族对于新路的精神活力。一条新路的开辟,最为重要的就是能够不受既有框架的束缚,充分调动自己精神的活力和创造力,而这一要求是人们处于本本主义、僵化封闭的精神状态中所做不到的。

---

① 中共中央文献研究室编:《十一届三中全会以来重要文献选读》(上册),第325页。
② 中共中央文献研究室编:《十一届三中全会以来重要文献选读》(上册),第324—325页。
③ 中共中央文献研究室编:《十一届三中全会以来重要文献选读》(上册),第325页。

党的十一届三中全会前,邓小平在《解放思想,实事求是,团结一致向前看》的讲话中强调,"一个党,一个国家,一个民族,如果一切从本本出发,思想僵化,迷信盛行,那它就不能前进,它的生机就停止了,就要亡党亡国。"①"改革开放必须从各国自己的条件出发。……别人的经验可以参考,但是不能照搬。"②强调一个国家的发展道路只能由这个国家的具体国情所决定,人们就不会将自身发展的设想局限在某一个或者某几个成功国家的经验之中,这是保证改革开放中中华民族精神活跃、具有创新力的关键所在。

思想解放的闸门打开后,各类主张都开始出现,而一个民族如果不能凝聚共识,必然会走向分化和解体。党的第十一届三中全会公报明确提出要将重心转移到社会主义现代化建设之中,为了实现这个目标,必须进行全面改革。同时全会要求实行对外开放,利用外国的技术、管理和资金来加快社会主义现代化的建设。邓小平在党的十二大的开幕词中提出,"把马克思主义的普遍真理同我国的具体实际结合起来,走自己的道路,建设有中国特色的社会主义,这就是我们总结长期历史经验得出的基本结论。"③这是改革开放之后,第一次对中华民族在前进道路上举什么旗进行了回答,它体现着中华民族对于"什么是社会主义"和"怎样建设社会主义"这两个问题孜孜不倦的追求和探索,体现着中华民族对于自身发展的不断思考,体现着中华民族自身精神上的独立性。此后,以江泽民同志为主要代表的中国共产党人在深化什么是社会主义、怎样建设社会主义认识的同时,对于建设什么样的党、怎样建设党的认识进行了回答。党的十六大以后,以胡锦涛同志为主要代表的中国共产党人对于新形势下要实现什么样的发展、怎样发展进行了回答。中国特色社会主义进入新时代后,以习近平同志为主要代表的中国共产党人,"深刻回答了新时代坚持和发展什么

---

① 《邓小平文选》(第二卷),第143页。
② 《邓小平文选》(第三卷),第265页。
③ 《邓小平文选》(第三卷),第3页。

样的中国特色社会主义、怎样坚持和发展中国特色社会主义这个重大时代课题"①。

当中华民族对于新路的探索有所成就时,我们对于自己所开创的新路最初表述为"有中国特色的社会主义",后经"有中国特色社会主义",最后成型为"中国特色社会主义",话语转化的背后是中华民族对自身发展道路选择的逐渐确信,是中华民族对于在中国建设社会主义具体实践的不断创新创造,是中华民族自身自信心的增强。在这一过程中,中国共产党领导中华民族不断深化对于建设社会主义的理论认识,并在实践中不断探索,最终在取得辉煌成就的同时不断弘扬历史主动精神,创新创造的活力不断释放,从而使得民族在精神上更为主动,不局限于既有理论的束缚,以精神上独立自主的高度自觉不断开辟马克思主义的新境界,使科学社会主义在当代中国焕发生机活力。

(二)四项基本原则对人们思想的引导

在改革的共识迅速形成的过程中,也产生了一些理论上的杂音,有少数人从追求"纯而又纯"的社会主义走向放弃社会主义的另一个极端。四项基本原则的提出对人们思想认识上的困惑进行了解答和引导,使得整个中华民族在思想认识中充满活力的同时又有着明确的发展方向和前进路标,避免了在精神上走向分化和虚无。

在改革开放之初就已明确的四项基本原则为中华民族在精神上筑起了一道拒斥改旗易帜的防线。1979年3月,邓小平在党的理论工作务虚会上强调,"中国式的现代化,必须从中国的特点出发。"实事求是地指出了底子薄并且人口多而耕地少这两个基本国情,"要在中国实现四个现代化,必

---

① 习近平:《在庆祝改革开放40周年大会上的讲话》,第8页。

须在思想政治上坚持四项基本原则。这是实现四个现代化的根本前提"①。中国共产党作为中国特色社会主义事业坚强领导核心的功能充分发挥,这就使得中华民族在精神上活跃兴奋起来的同时,又引导和凝聚着中华民族在思想上一致向前。

在改革开放进一步推进的过程中,资产阶级自由化倾向开始在中国共产党内和社会上出现。1986年,邓小平在《旗帜鲜明地反对资产阶级自由化》中指出,"中国没有共产党的领导、不搞社会主义是没有前途的"②。1989年后,邓小平又再次强调,"是否坚持社会主义道路和党的领导是个要害"③。在关于党和国家前途命运的重大问题上,如果精神定力缺失,那么中华民族就会缺乏百炼成钢的韧性,从而半途而废。当我们从精神独立性的视角来看,我们就能清晰地发现,如果缺乏一个明确而坚定的共识,整个民族会出现精神上的分化,国家就有可能陷入分裂之中;如果缺乏一个坚强有力的领导核心,在各种虚无主义的思潮面前一个民族很有可能走上片面否定自身的另一条道路,从而错失了在正确道路上不断强大自身的良好时机。

(三)社会治理理念变革对民族精神独立性的影响

中国社会治理以中国社会主要矛盾的变化和世界发展形势的变化为主要依据,以满足人民生活需要和社会和谐发展为导向,以"善治"为基本治理理念,创新治理方式,维护和保证了中国社会的长期稳定发展,社会活力得到释放,逐步形成了中国特色社会治理新格局,逐渐走出了一条适合中国国情的社会治理之路。这也使得人们不再"迷信"或"推崇"西方式

---

① 中共中央文献研究室编:《邓小平年谱(1975—1997)》(上),中央文献出版社,2004年,第502页。

②《邓小平文选》(第三卷),第195页。

③《邓小平文选》(第三卷),第311页。

的社会治理体系,并随着我国社会治理效能的提升,中华民族可以更为理性客观地评判不同治理模式对于不同国家社会的不同意义。社会治理由于其自身与人们日常生活联系更为密切,这一领域也因而更能直接影响着人们的情感、态度和认知,进而也能更为直接地推动民族精神独立性的发展。

"社会管理"转变为"社会治理",治理理念的转变增加了民族的精神活力。改革开放前的三十年时间中,我国以计划经济体制为主,实行高度集中的行政管理模式。改革开放以来,我国整体的社会治理体系发生了转变,在农村,人民公社体制的废除,在城市,国有企业的转型,这些不仅仅是一场经济转型,也是一场深刻的社会转型,在这一过程中,个人与国家之间的连接渠道也发生了变化,连接渠道的变化也自然带来人们精神世界的变化。中华人民共和国成立之后,我国建立的社会管理制度为迅速恢复社会秩序、维护社会稳定,进而恢复和发展生产做出了重要的历史性贡献。然而,这一社会管理模式在维护社会稳定的同时也存在着限制社会流动、压抑社会活力的弊端。

改革开放所迸发出的巨大活力推动中国社会发生了根本性变化,我国的社会管理也随之发生了不同于以往的深刻转型。改革开放前期,随着我国社会结构的渐变及社会流动的萌动,社会治理方式逐渐由传统社会主义模式下的"社会管控"转变为规范化、组织化的"社会管理",管理过程逐渐体现出以人为本的特点。但这一时期的社会管理仍然是以行政手段为主,强调自上而下的管理,是一种静态的社会管理模式。

随着改革开放步伐的不断加快,社会主义市场经济体制日趋成熟,当代中国的社会治理理念逐渐明晰、社会治理体制机制逐渐完善、社会治理方式更加科学。从1992年党的十四大提出建立社会主义市场经济作为我们的改革目标和方向开始,到2002年党的十六大将政府的职能明确界定为"经济调节、市场监管、社会管理、公共服务"①,再到2004年党中央正式提出"党委领导、政府负责、社会协同、公众参与"②的社会管理格局,社会治理价值理念呼之欲出。党的十八大以来,中国特色社会主义进入新时代,党的十八届三中全会鲜明地提出了市场在资源配置中的决定性作用,在社会体制改革上也要加大力度,党中央正式提出了"创新社会治理体制",这种变化体现了党的执政理念的根本性变化。

习近平指出:"治理和管理一字之差,体现的是系统治理、依法治理、源头治理、综合施策。"③相较于社会管理,社会治理是建立在经济体制深刻变革、社会结构深刻变动、利益格局深刻调整、思想观念深刻变化的基础之上的。这种变革的过程中,中华民族精神世界的活力被激活。同时,正是由于治理理念转变适应契合了经济体制、社会结构、利益格局等方面的变革,才使得我国经济的长期增长与社会稳定得以同时实现,这是使民族精神活力提升而又未陷入民族共同体精神世界解体的重要现实原因。

三、中华民族精神独立性在国际风云变幻中经受考验

在改革开放的探索中,中国所面对的外部世界发生了剧烈的变化,如何认识和应对这些变化关系着改革开放的推进与开展,关系着中国社会主义事业的未来发展,也给中华民族精神独立性的发展带来了考验。能否正确认识改革开放初期国际形势的发展变化,摆脱中华民族已有认知的束缚,实事求是地对外部环境进行认识和判断;东欧剧变后,是否继续坚持社会主义,如何认识自身所探索的社会主义道路,能否不受其乱,坚持自身独立自主的实践选择;加入世界贸易组织之后,中华民族在精神上所面临的"西化"挑战,能否保持自身精神上的独立性而不依附、不盲从。

---

① 《胡锦涛文选》(第二卷),人民出版社,2016年,第372页。
② 《胡锦涛文选》(第三卷),人民出版社,2016年,第32页。
③ 《习近平关于城市工作论述摘编》,中央文献出版社,2023年,第5页。

(一)实事求是地认识和判断国际形势的发展变化

始终实事求是地对国际形势进行认识和判断,并进行与之相应的灵活调整,而不是将自己放置进过往既有观念和信息的茧房之中,这正是中华民族精神独立性经受外部变化的首要考验。这一考验要求中华民族有着足够的精神主动,冷静清醒地审视自身所处的国际局势变化,不僵化于过往既定结论,不依附或听命于国际话语霸权。同时,对于国际形势的发展变化做出实事求是的认识和判断也必将有助于中华民族自身精神独立自主的成长。

20世纪70年代后期,国际形势有两个主要特点:一是由于美苏争霸的长期升级,世界上的广大发展中国家及一些资本主义发达国家都面临着战争的威胁,因此很多国家希望与中国加深往来,以此摆脱美苏的控制,使得自身有更多的回旋余地和选择空间,从而减少可能的战争威胁。二是随着70年代中期"主要资本主义国家的生产设备和资金大量闲置,市场萎缩,普遍面临着摆脱经济萧条、调整产业结构、开辟新的市场的需要"[1],当时很多发展中国家抓住了这一时机,引进资本和技术来加快自身经济发展。

在这样的外部环境变化之下,中国共产党首先改变的是对于"世界战争迫在眉睫"的既有认识,这就要求中华民族不能在精神上保守自闭。1977年9月,邓小平会见外宾时谈道,"国际形势变化很大,许多老的概念、老的公式已不能反映现实,过去老的战略规定也不符合现实了"[2]。同年12月,邓小平中央军委全体会议上提出了世界战争可以延缓爆发的判断。随后,党和国家领导人以及各地区各部门负责人开始多次出国访问,维护了传统友好外交关系,恢复了一些中断多年的友好合作关系。在这样的基

---

① 中共中央党史研究室:《中国共产党历史·第2卷(1949—1978)》,第1038页。
② 中共中央文献研究室编:《邓小平年谱(1975—1997)》(上),第200页。

础之上，中国还组织了多次对西方资本主义发达国家社会经济发展现状的考察，其中最具代表性的就是由时任国务院副总理谷牧率领的代表团对欧洲五国的访问，在出行之前，"邓小平专门找谷牧等谈话，嘱咐他们要详细地做一番调查研究，看看人家的现代工业发展到什么水平了，也看看他们的经济工作怎么管的，资本主义的先进经验，我们应当把它学回来"[①]。学习资本主义先进经验在今天或许是一个稀松平常的认识，但在"文革"刚刚结束的年代来说是需要跨越意识形态偏见的认识和勇气，这体现出中国共产党自身极强的纠错能力和先进性。1985年3月4日，邓小平明确指出："现在世界上真正大的问题，带全球性的战略问题，一个是和平问题，一个是经济问题或者说发展问题。"[②]随后，在党的十三大上，"和平与发展是当今世界的主题"被正式用来表述对世界大势的判断。

正是有了对于世界和平与发展主题的客观认识和判断，有了对西方发达资本主义的深入了解，才可能有后续对于西方国家先进设备、技术、资本和人才的引进，才有了改革开放后中国社会的快速发展。中国共产党带领中华民族不仅把握住了这一时代的重要机遇，而且经受住了这一过程中各种明与暗的考验，在这一过程中，中华民族在精神上不断走向开放、包容和求实。

(二)苏联解体、东欧剧变对中华民族精神定力的考验

苏联解体、东欧剧变对正在探索中国特色社会主义的中国带来了一场巨大的考验，能在这场考验中站稳脚跟体现出中华民族精神独立性的重要价值，而成功地通过这场考验则表明中华民族精神独立性在不断成长、强大。

---

① 中共中央党史研究室：《中国共产党历史·第2卷(1949—1978)》，第1038页。
② 《邓小平文选》(第三卷)，第105页。

　　苏联解体、东欧剧变后,中国的社会主义道路该走向何处,改革开放该向何方前进,是当时如同阴云一样盘绕在中国共产党和中国人民心头的一个现实而迫切的问题。苏联解体、东欧剧变这一世界社会主义运动的重大挫折,对人们探索中国特色社会主义的心态和认识有着严重影响。改革的共识极易走向两个不同的错误方向,一是走向改旗易帜的邪路,如同苏联一样放弃社会主义;二是为了防止和平演变,而放弃改革开放,重新"以阶级斗争为纲"。对于中华民族的精神世界而言,这考验着我们能否独立于苏联解体、东欧剧变这一科学社会主义运动巨大挫折的影响,不为各种错误思潮所动,理想信念坚定地继续前进在社会主义的道路之上;考验着我们能否独立清醒地认识到改革开放对于社会主义实践探索的重要意义,保持精神定力,不依赖于既有的保守的路径,拒绝走向理论与实践的僵化;更为根本的是,考验着我们能否自主地走出适合中国国情的、具有开创性意义的改革开放之路,解放和发展生产力,以实践的伟大成果,焕发科学社会主义的生机活力。

　　在这一背景下,邓小平在1992年初发表了著名的南方谈话,比较系统地回答了当时困扰人们的思想问题,为探索中国特色社会主义指明了方向。在坚持"一个中心,两个基本点"的前提下,进一步解放思想,提出了将"三个有利于"作为判断改革开放各项工作得失的根本标准;揭示了社会主义的本质"是解放生产力,发展生产力,消灭剥削,消除两极分化,最终达到共同富裕"①;指出计划和市场都是经济手段而非区别社会主义和资本主义的本质区别;改革是社会主义发展的动力;强调发展才是硬道理。这些思想观念连同邓小平以往的其他论述共同构成了一个完整的理论体系,对中国的社会主义道路该走向何处、改革开放该向何方前进等问题进行了系统回答,既是对传统社会主义观念的突破,也是马克思主义中国化的第二次

---

　　① 《邓小平文选》(第三卷),第373页。

历史性飞跃的关键所在。南方谈话对于人们放下思想包袱、保持精神活跃的影响是显著的,如江泽民在党的十四大所评价的:"广大干部和群众思想更加解放,精神更加振奋,上下团结一致,到处热气腾腾,进一步展现出中华民族实现伟大理想的壮丽前景。"[①]

应当明确,自革命时代起中国共产党就始终注重中华民族精神独立性的维护和保持,在苏联解体、东欧剧变的历史节点上,民族精神独立性为中国共产党和中华民族提供了专注于自身的精神定力,突破传统认知的精神活力和一致向前探索的精神合力。而当中国共产党带领中华民族完成马克思主义中国化的第二次历史性飞跃、改革开放取得巨大成就时,中华民族精神独立性也在考验中成长得更加强大。

(三)"入世"后中华民族在精神上所面临的西化挑战

中华民族在精神上所面临的这种依附于西方的挑战,随着全球化趋势的不断加强,又重新抬头。中华民族在精神上所面临的这种挑战是不可回避的,是长期而隐秘的。

"入世"即指加入世界贸易组织(WTO),这无疑是中国在改革进程中进一步走向开放的必然选择,适应了中国社会生产力进一步发展的要求。加入世界贸易组织,同时意味着中国必须与世界在经济社会中的诸多方面进行"并轨",当时中华民族处于相对被动的局面之中,除去政府进行明确限制和保护的大部分领域,其实际是我们在向世界"并轨",在修改、调整,甚至是放弃自身部分的主张和规则,同时还要面临着成熟的发达资本主义文化产品的挑战。在这个这一过程,中华民族的精神遭受着长期而隐秘的考验。这一考验之所以长期,在于只要我们坚持对外开放,那么这个考验就必然存在,并且长期存在,应当予以重视而非回避;之所以隐秘在于这种

---

① 《江泽民文选》(第一卷),人民出版社,2006年,第211页。

精神上的考验不仅仅存在于文化领域,而且普遍存在于各个领域。

我们要向世界"并轨"且精神独立性接受考验的根本原因在于,我国的经济发展仍与世界先进水平存在一定差距,我们进入了一个他人制定规则的竞技场,并且距离影响规则还差得很远。这个差距通过显性和隐性两个方面对中华民族的精神世界产生影响。

显性方面是指在现实的发展差距面前,一些人开始了精神上的自我矮化,精美、精日,各类鼓吹西化的言论开始盛行;而另一些人则是陷入了过度的反思之中,这种本来是为了更好发展的反思,一旦过度,再加上国内外反动势力的鼓吹和造势,就形成了许多"民族失败主义"的鼓吹者和"香蕉人"式的精神投降者。

隐性的作用过程则更加复杂。加入世界贸易组织后,中国最为明显的比较优势是人力成本,也正因此中国一步步成长为世界工厂。这给中国带来更多简单劳动力就业岗位的同时,也意味着中国给世界发达国家增加了更多复杂劳动力就业岗位,同时将自身的一些科技研究岗位转移给了发达国家。这种转化所带来的直接影响是诸多高科技领域开始出现明显代差,而且一个国家十分宝贵的高精尖人才开始大量流向发达国家,因为那里才有更多的岗位和科研机会。最为优秀的人才在现实选择中更加倾向离开自己的祖国、改变自己的国籍,这必然会对中华民族在精神上产生大量的间接的负面影响。

"入世"是进一步解放生产力、发展生产力的必然选择,但其对于中华民族精神上的影响也不能听之任之。2002年,党的十六大报告中提出了"坚持弘扬和培育民族精神",对思想精神上的激荡变化进行了回应与引导,强调"必须把弘扬和培育民族精神作为文化建设极为重要的任务,纳入国民教育全过程,纳入精神文明建设全过程,使全体人民始终保持昂扬向上的精神状态"①。此后,对于民族精神的弘扬始终是中国共产党在社会主义精神文明建设工作中的一个重点。

在21世纪初,经济全球化不断推进的同时,文化霸权与主流话语权争夺异常激烈,意识形态领域之争伴随着商品贸易往来变得更加隐蔽,在这场没有硝烟的战争中,西方一些反马克思主义的意识形态伴随着经贸往来,被自然而然地传播到我国。伴随着改革的推进所带来的社会格局深刻变动、利益格局深刻调整、思想观念深刻变化,各种思想文化的"毒草"也死灰复燃、沉渣泛起,与西方各种反马克思主义思潮交相呼应,试图从指导思想、经济、政治、历史文化领域同马克思主义争夺主流话语权。2012年,党的十八大报告中指出,"社会主义核心价值体系是兴国之魂,决定着中国特色社会主义发展方向。要深入开展社会主义核心价值体系学习教育,用社会主义核心价值体系引领社会思潮、凝聚社会共识"②。社会主义核心价值体系主要包括马克思主义指导思想、中国特色社会主义共同理想、以爱国主义为核心的民族精神和以改革创新为核心的时代精神、社会主义荣辱观。社会主义核心价值体系的建设和提出,有效批驳与回应了当时所流行的各种社会思潮,提升主流意识形态凝聚力、引领力和感召力的同时,民族精神独立性得以维护和保持。

中华民族在改革开放中既虚心向世界上一切先进国家和民族学习,又始终强调对自身精神独立的保持。始终秉持着借鉴学习的基本心态,但这并不代表着我们应当接受世界上任何一个国家和民族的颐指气使。这就如习近平在总结改革开放40年成就时强调:"40年来取得的成就不是天上掉下来的,更不是别人恩赐施舍的,而是全党全国各族人民用勤劳、智慧、勇气干出来的!"③

---

① 《江泽民文选》(第三卷),人民出版社,2006年,第559—560页。
② 《胡锦涛文选》(第三卷),第638页。
③ 习近平:《在庆祝改革开放40周年大会上的讲话》,第19页。

第四节　中国共产党维护和保持中华民族精神
独立性的基本经验

中国共产党在内忧外患中诞生，在磨难挫折中成长，带领中华民族进行了百余年奋斗，书写了奔向伟大复兴的壮丽诗篇。在这百余年历程中，中国共产党始终注重对于中华民族精神独立性的维护和保持，坚持以马克思主义指引中华民族精神独立性的发展方向，在马克思主义中国化时代化进程中推动民族精神独立性的成长，坚守文化领导权，始终将最广大的人民群众作为民族精神独立性不断向前的主体力量，注重用先进思想武装人民群众，始终高度重视弘扬中华民族精神，注重结合党和国家的中心任务、依托现实的社会变革来实现对中华民族精神独立性的维护和保持。

一、不断推进马克思主义中国化时代化，为中华民族精神独立性的发展提供思想引领

在中国共产党的带领下，中华民族开始用马克思主义来观察和分析中国问题，是自身精神世界的一次具有划时代意义的飞跃，精神面貌焕然一新。百余年来，马克思主义作为理论指导为中华民族精神独立性的发展指明了正确方向，中国共产党始终既坚持马克思主义的基本原理，又坚持不断推进马克思主义中国化时代化。马克思主义在与中国具体实际、中华优秀传统文化相结合的过程中不断发展，这一发展历程亦是中华民族精神独立性得到不断彰显的过程。

（一）马克思主义对民族精神独立性发展的指引

历数近代历史上众多改造国民性、重塑中华民族精神世界的方案无一不以失败而告终，而马克思主义理论以其科学性和彻底性帮助中华民族实现了独立与解放，从根本上改变了悲惨遭遇，也深刻改造了中华民族的精神世界，使得中华民族重新屹立在世界东方，使得中华民族在走向现代化的进程中不断弘扬自身的精神独立性。

第一，马克思主义对中华民族精神上的封闭性进行了深刻的改造。中华民族在精神上的封闭性是指，明清之后中华民族受限于生产力发展水平限制和落后腐朽的思想统治，中华民族对于资本主义主导的世界历史在认识上存在很大的局限性。当然，这里并不是说古代中国不知道世界上有其他值得学习和借鉴的文明，也不是说中华民族在近代所接触的诸种资本主义和空想社会主义理论一定会致使精神上的封闭，而是只有马克思主义这一深刻、彻底的理论使中华民族认识到，"对超额利润的贪婪追求会驱使资本主义以侵略者、殖民者和吸血鬼的姿态，以血与火摧垮任何国家和民族的壁垒"[1]。这就使得当时身处半殖民地半封建的中国被迫打破精神上的封闭，从而有了最为深刻、与时代紧密结合的认识。马克思关于世界历史的相关理论仍是我们今天对于人类文明发展、对于不同文明交往、对于人类命运共同体建设等问题的根本理论依据。换言之，马克思主义对中华民族精神上封闭性的改造，是中华民族传统天下观在近代被消解后重建世界观的根本依托，是中华民族构建起共同精神家园、认识自我与"他者"的根本理论遵循，对于中华民族精神世界的发展具有基础性和决定性意义。

---

[1] 庄锡福：《马克思主义与中华民族精神的现代重塑》，《当代世界与社会主义》，2008年第5期。

第二，马克思主义对中华民族精神上的保守性进行了深刻的改造。刚强勇毅和革新除弊本为中华民族精神中最为宝贵的品质之一，在封建生产关系的束缚下这一精神品质沉寂。在古代中国封建社会的稳定结构中，封建宗法秩序压制着中华民族精神世界中的创新创造，保守性抬头，随之带来了精神上的僵化。马克思主义揭示了经济基础与上层建筑之间辩证关系，为中华民族日新求变的传统思想赋予了更为深刻和彻底的思想依托。随着生产力的不断发展，社会的上层建筑必然发生一定的变革，否则将会阻碍社会的进一步发展。中国共产党之所以能够带领中华民族不断实现自身精神上的独立自主，其根本正是在于对生产力的不断解放和发展，对生产关系的不断改造和调整。对于中华民族而言，马克思主义关于经济基础与上层建筑之间辩证关系的科学揭示，使其精神世界的成长有了科学观点的支撑，从而使得民族在精神上的独立性得到弘扬。

第三，马克思主义对中华民族精神主体性的科学重塑。在近代以前，中华民族是一个自在的共同体，在马克思主义指引中华民族精神发展之前，人们对于"民族""国家""朝廷"等概念的理解是混乱的。马克思主义不仅帮助中华民族确立起了现代国家和民族意识，同时为我们指明了阶级与国家之间的关系，确立了国家的具体实质，使得以爱国主义为核心的民族精神有了更为具体和先进的指向，即所爱之民族国家必须是无产阶级领导的代表最广大人民群众利益的国家。在这一基础上，中华民族对于不同国家和民族之间关系的认识有了科学理论的指引，爱国主义与国际主义之间的关系有了统一而深刻的认识。此外，马克思主义为我们指出了资本主义国家一样有着无产阶级，矛盾与敌对在于资本主义国家的资产阶级，全世界的无产阶级应是联合与互助的，这就使得民族主体性的塑造有了更加科学的内涵，为避免走向极端民族主义竖起了一道思想上的防线。一个民族共同体的精神主体性是民族精神独立性的前提与基础，马克思主义对中华民族主体性的科学重塑也使得中华民族精神独立性的发展有了更为牢固和稳定的基石。

(二)坚持马克思主义的科学态度推动着民族精神独立性的发展

2022年10月17日,习近平在参加党的二十大广西代表团讨论时对马克思主义中国化时代化进行了深刻阐释,强调"不能刻舟求剑,不能守株待兔,也不能叶公好龙啊。就是一定要用马克思主义之'矢'去射新时代中国之'的',实事求是"①。三个成语和一句精巧比喻,阐释了实事求是的精髓,形象生动地描绘了推进马克思主义中国化时代化的科学态度,这同时也是一个将马克思主义基本原理同中国具体实际相结合、同中华优秀传统文化相结合的鲜活典范。对待马克思主义的科学态度标识着中华民族对于理论的认知和把握自身精神世界发展走向的高度自觉,中华民族的精神独立性正是在这种高度自觉中不断向前发展。

"不能刻舟求剑",强调植根本国实际,在"两个结合"中发展马克思主义。"不能刻舟求剑",是以刻舟求剑比喻不顾本国具体实际而僵化教条对待马克思主义。坚持和发展马克思主义,必须同中国具体实际相结合,必须同中华优秀传统文化相结合。马克思主义揭示了人类社会发展的普遍规律,中国化的马克思主义是其在中国发展的具体形态,这是一般与特殊的关系。强调坚持和发展马克思主义必须同中华优秀传统文化相结合,是中国共产党人对这种一般与特殊关系在理解上的深化,体现着中国共产党人对历史进程中人的主观愿望作用的深刻理解。马克思主义只有被一个民族的人们所普遍接受,才能形成持久有力的信仰;思想武器只有被人民群众所掌握,才能转化出强大的物质力量。马克思主义诞生在处于资本主义自由竞争时期的西欧,中华民族则有着延绵至今未曾中断的历史文化,

---

① 《"就是要理直气壮、很自豪地去做这件事"(微镜头·习近平总书记参加党的二十大广西代表团讨论)》,《人民日报》,2022年10月19日。

两者虽然在价值观主张上有着高度契合性,但这并不足以使人民群众形成对于马克思主义真正的认同。需要坚持将马克思主义基本原理同中华优秀传统文化相结合,不断赋予科学理论鲜明的中国特色,才能使理论真正为人们所喜爱、所认同、所拥有,才能真正使马克思主义在中国大地上落地生根、枝繁叶茂、硕果累累。"两个结合"的过程也正是中华民族自身思想、理论创新创造的过程,这既是民族精神独立性得以弘扬的过程,又是民族精神独立性进一步成长的过程。

"不能守株待兔",强调立足时代特点,推动马克思主义与时俱进。强调"不能守株待兔",是以守株待兔比喻不顾时代发展被动守旧而不知发展马克思主义。与时俱进推动马克思主义理论发展,其目的在于引领时代、改造世界,而这也正是马克思主义的本质要求。马克思主义是不断发展的开放的理论,马克思主义基本原理的实际运用,正如《共产党宣言》序言中指出的那样,"随时随地都要以当时的历史条件为转移"①。科学社会主义在中国之所以能不断取得成功,一个关键就是坚持以马克思主义为指导、坚持和发展马克思主义、与时俱进推进实践和理论创新。一个民族要走在时代前列,就一刻不能没有理论思维,一刻不能没有正确思想指引;一种理论要能指引人们,就不能有一刻脱离时代,不能有一刻封闭僵化。"中国特色社会主义还会往前走,还会有很多新的理论、新的发展。而一旦凝固了、僵化了,它就要衰落了。这就是我们得出的深刻道理。"②只有把握时代脉搏、科学研判,摒弃封闭僵化、照搬照抄,才能不断谱写马克思主义中国化时代化的新篇章,这也正是中华民族自身精神世界不断推陈出新、拒斥封闭僵化的根本指引。

"不能叶公好龙",强调始终坚持马克思主义指导地位,而非简单照搬。

---

① 《马克思恩格斯文集》(第二卷),第5页。

② 《"就是要理直气壮、很自豪地去做这件事"(微镜头·习近平总书记参加党的二十大广西代表团讨论)》,《人民日报》,2022年10月19日。

"不能叶公好龙",是以叶公好龙比喻表面或口头上对马克思主义特别喜欢而实际上并不了解马克思主义,一旦真正接触,可能不但不爱好甚至还会惧怕它、反对它。中国共产党自成立之日起就将马克思主义作为指导思想,并将其作为认识世界、把握规律、追求真理、改造世界的强大思想武器。中国共产党为什么能,中国特色社会主义为什么好,归根到底是马克思主义行,是中国化时代化的马克思主义行。正是因为马克思主义行,其中国化时代化之后才能在指导现实实践中迸发出强大理论力量。这种理论力量的迸发,也正是民族精神独立性成长的过程。

(三)马克思主义中国化时代化与中华民族精神独立性发展同向同行

离开了一个民族的精神独立性,马克思主义基本原理与中国具体实际的结合只能是一纸空文。马克思主义中国化时代化就是将马克思主义基本原理同中国具体实际相结合,不断形成具有中国特色的马克思主义理论成果的过程。在这一过程中,首先要实事求是地认识中国具体实际,再以一种高度独立而创新的精神提出适用于中国具体实际的理论,所产生的理论成果也必然要在价值观念上与本民族的传统有一定的契合性,否则就难以在实践中取得较好的效果。正因此,我们可以说,马克思主义中国化时代化正是百余年来坚持马克思主义理论指导和保持中华民族精神独立性同向同行的结果。

中国共产党人并没有将坚持基本原理和灵活地对基本原理进行实际应用并加以发展混为一谈。如恩格斯所说:"马克思的整个世界观不是教义,而是方法。它提供的不是现成的教条,而是进一步研究的出发点和供这种研究使用的方法。"[1]正因此,在中国革命、建设、改革的过程中,马克思主义与中国具体实际相结合,与中华优秀传统文化相结合,形成了中国化

---

[1]《马克思恩格斯文集》(第十卷),第691页。

的马克思主义及其当代最新成果。诞生于不同时代的不同理论成果,是对不同历史任务的分别回应,也就是说不仅其本身是中华民族精神独立性的一种体现,而且其产生的过程也是对中华民族精神独立性的维护和保持。

马克思主义中国化时代化之后,就不能被简单地定义为一种外来思想或理论,已经成为中华民族精神认同中不可或缺的一环。正如习近平在庆祝中国共产党成立95周年大会上的讲话中强调:"马克思主义及其在中国的发展,为党和人民事业发展提供了既一脉相承又与时俱进的科学理论指导,为增进全党全国各族人民团结统一提供了坚实思想基础。"[①]在运用马克思主义理论指导中国社会主义事业发展的整个过程来看,中国共产党人坚持但绝不是教条主义地死守马克思主义理论中的某些具体论断,而是不断发挥民族精神独立性追求超越的导向功能来发展马克思主义,所以马克思主义已经不再是一个简单的外来之物,其中凝结着中华民族的智慧与创造。

二、坚守中国共产党文化领导权,为中华民族精神独立性的发展提供坚强领导

坚守中国共产党文化领导权,为中华民族精神独立性的发展提供坚强领导,其核心在于坚持和巩固党对意识形态工作的领导,从而在根本上保证着中华民族精神独立性的正确发展方向;体现在以中国共产党人精神谱系引领着中华民族精神世界的发展,树立起当代中国精神的闪亮坐标,挺立起民族精神的脊梁;注重总结历史经验是党的优良传统,形成具有广泛共识的历史经验推动着全党进一步统一思想、统一意志、统一行动,团结带领全国各族人民夺取新的伟大胜利,在认识层面具有激浊扬清和一锤定音的重要作用,有助于巩固中华民族共同体的思想基础,是弘扬民族精神独立性

---

① 《习近平谈治国理政》(第二卷),第33页。

的重要基础和手段。

(一)坚持和巩固党对意识形态工作的领导保证着中华民族精神独立性的正确发展方向

中国共产党始终注重牢牢掌握意识形态工作的领导权、管理权、话语权，坚守思想舆论阵地，运用文化引领前进方向、凝聚奋斗力量，团结带领全国各族人民不断以思想文化新觉醒、理论创造新成果、文化建设新成就推动党和人民的事业向前发展，从根本上塑造着当代中华民族的精神世界，保证着中华民族精神独立性的正确发展方向。

一个政党的领导权，不仅体现在经济、政治和军事等方面，而且还包含以意识形态为核心的文化领导权。确立和巩固文化领导权，无论是对一个革命党还是对一个执政党都至关重要。回顾党的百余年奋斗历程，在革命、建设、改革各个历史时期，党始终把坚持文化领导权建设放在重要战略地位，结合时代条件、围绕党的中心任务提出文化纲领、文化目标、文化政策，坚持不懈推进文化建设，有力推动了党和人民事业发展。马克思主义强调，社会存在决定社会意识，人们的物质条件和阶级地位决定了他们的思想状况，在阶级社会中，"支配着物质生产资料的阶级，同时也支配着精神生产资料"[①]。意识形态决定文化前进方向和发展道路。任何一种文化都是有立场、有原则的，这种立场和原则决定了文化"为什么人服务"的根本问题。

百余年来国际国内形势的复杂变化使我国意识形态面临着纷繁复杂的情况，如何提高整合社会思想文化和价值观念的能力，扩大主流价值观念的影响力，掌握价值观念领域的主动权、主导权、话语权，成为我们党必须解决好的重大课题。面对意识形态领域日益复杂尖锐的斗争环境，习近

---

① 《马克思恩格斯文集》(第一卷)，第550页。

平将意识形态工作置于能否坚持住党的领导、坚持和发展中国特色社会主义的战略高度予以把握，强调"在集中精力进行经济建设的同时，一刻也不能放松和削弱意识形态工作，必须把意识形态工作的领导权、管理权、话语权牢牢掌握在手中，任何时候都不能旁落，否则就要犯无可挽回的历史性错误"[1]，必须"牢牢掌握党对意识形态工作领导权，全面落实意识形态工作责任制，巩固壮大奋进新时代的主流思想舆论"[2]。

历史和现实都警示我们，思想舆论阵地一旦被突破，其他防线就很难守得住。在社会主义和资本主义长期并存的大背景下，如何认识马克思、恩格斯关于资本主义社会基本矛盾的分析没有过时，关于资本主义必然消亡、社会主义必然胜利的历史唯物主义观点也没有过时，这是关系中华民族精神世界未来走向的根本问题，亦是决定着中华民族精神独立性能否沿着正确方向发展的根本问题。

（二）中国共产党人的精神谱系挺立起中华民族精神世界的脊梁

"中国共产党从成立之日起，既是中国先进文化的积极引领者和践行者，又是中华优秀传统文化的忠实传承者和弘扬者。"[3]一个民族和国家具有怎样的精神是一个民族和国家文化内核的重要体现。中国共产党是中国精神的忠实继承者和坚定弘扬者，以伟大建党精神为源头的中国共产党人精神谱系不仅是中国共产党人崇高精神风范的展示，也是当代中国精神最为宝贵的丰碑。这就是说，在把握中国共产党人的精神谱系与中国精神二者关系时，既要注重理解中国共产党人的精神谱系引领着当代中国精神，又不能将二者割裂开来，要明确中国共产党人的精神谱系本身就是中国精神的一部分。正是基于中国共产党人的精神谱系与中国精神之间的

---

[1]《习近平关于社会主义精神文明建设论述摘编》，中央文献出版社，2022年，第68页。
[2]《习近平著作选读》（第一卷），第36页。
[3]《习近平著作选读》（第二卷），第36页。

辩证关系,精神谱系挺立起中华民族精神世界的脊梁,谱系中的每一个伟大精神都是对中华民族精神独立性的彰显。

中国共产党人的精神谱系是中国精神自五四运动至今的系统呈现,精神谱系中的一个个伟大精神是百余年来中国精神在不同历史时期的具体表达。中国精神所统摄的是中华民族精神史上的全部内容,中国共产党人精神谱系所代表和描述的是自五四运动至今这一历史时期的主要内容,二者的关系是一个主体的精神画像在一段历史时期和全部历史时期的不同呈现。换言之,中国共产党人精神谱系与中国精神是一体,中国共产党人精神谱系是中国精神发展历程中某一阶段的集中表达。需要注意的是,中国共产党人精神谱系所描绘的这一历史时期的画像是极其重要的,这是因为其代表着马克思主义进入中国人精神世界之后所呈现出的一座又一座精神丰碑,这些精神丰碑指引着中国人民从磨难走向复兴。

悠久灿烂的中华文明是中国共产党人精神谱系的根,没有中华五千年文明,就没有中国特色,也就没有马克思主义中国化时代化的土壤,也就不会有社会主义在中国的伟大成就。"中国共产党精神谱系是中国共产党人对客观事物规律性的认识,印有中华民族独有的民族标识。"中国共产党人始终重视对于民族文化和民族精神的继承和发展,以马克思主义为指导,激活中华传统文化中的精髓,将中华民族的精神基因镌刻在自己的精神谱系之中。"诸如仁者爱人、民为邦本、天下大同、革故鼎新、知行合一等文化精华,都可以在中国共产党精神谱系中找到不同的时代表达。"[①]

一个民族在实践中所创造的伟大精神承载着这一民族精神独立性。中国共产党是中国人民和中华民族的先锋队,带领中华民族不懈奋斗并取得辉煌的成绩。中国精神孕育和滋养了一代代中国共产党人的精神世界。

---

① 王易:《中国共产党精神谱系的百年流变、精髓要义及赓续发展》,《马克思主义研究》,2021年第5期。

而中国共产党人精神谱系中一个又一个的伟大精神在传承创新中树立起中华民族精神家园的"四梁八柱",支撑起一个民族强大生命力和前行动力的是一个民族最为宝贵的民魂。精神谱系中的一个个伟大精神鲜明标识出中华民族精神世界中的高地,使得民族在前行之路上有精神楷模、有精神标杆,使得一个民族在自身精神家园之中有了高地,使得这个民族在世界民族之林中可以平视其他民族,不会在精神世界中"矮人一截"。对于近代饱受磨难和屈辱的中华民族来说,中国共产党人的精神谱系对于自身民族精神独立性所起到的支撑作用更具有重要价值。

(三)中国共产党注重总结历史经验的优良传统助推着中华民族精神独立性的成长

"注重总结历史经验是党的优良传统。"[①]总结历史经验对推动全党进一步统一思想、统一意志、统一行动,团结带领全国各族人民夺取新时代中国特色社会主义新的伟大胜利,具有重大现实意义和深远历史意义。对于历史经验客观深刻的总结是形成正确统一认识的基础,可以消除蛊惑人心的杂音乱调,消解恶意构陷的捏造抹黑,回应众说纷纭的议论误解。在思想舆论领域中,形成统一认识有助于凝聚人心、汇聚力量,使得民族共同体更加牢固,使得民族精神独立性有更为坚实的基础。从本民族长远发展出发对重大历史问题给予明确结论,一方面可以从中汲取经验,助力民族自身发展,另一方面,可以避免一些错误观点、言论消解民族自信心和自我认同,不使民族自身在精神上自我矮化、陷入自我否定。

无论是革命、建设还是改革,中国共产党带领中华民族走在前人没有走过的大路上,进行着没有现成答案的伟大奋斗,只有坚持"古今中外法",总结方方面面的经验,才能探索出适合中国国情的正确道路。坚持"古今中外

---

① 《习近平著作选读》(第二卷),第548页。

法"最终是为了独立自主地形成自己的道路,这需要重视并善于从经验中汲取智慧和力量。毛泽东指出:"人类总得不断地总结经验,有所发现,有所发明,有所创造,有所前进。"①这就是告诉我们,只有总结经验才能不断进步、开辟未来。

注重总结经验并形成广泛共识,有助于民族在认识问题的思维方法上不断成长。马克思主义认为,认识来源于实践,只有经过实践、认识、再实践、再认识的循环往复,才能实现认识的升华。认识与再认识,实际上就包含着对经验的不断总结。对此,毛泽东在1930年5月的《反对本本主义》一文中明确指出,共产党的正确而不动摇的斗争策略,绝不是少数人坐在房子里能够产生的,它是要在群众的斗争过程中才能产生的,这就是说要在实际经验中才能产生。②革命战争年代,党领导的军队打仗时有一个特别好的传统,那就是在每场战役后,都总结经验,发扬优点,克服缺点,然后轻装上阵,乘胜前进,从胜利走向胜利。1987年5月,邓小平在会见荷兰首相吕德·吕贝尔斯时也表达了同样的思想:"我们现在的路线、方针、政策是在总结了成功时期的经验、失败时期的经验和遭受挫折时期的经验后制定的。"③这都告诉我们,总结经验是从实践到认识实现升华的关键环节。

注重总结经验并形成广泛共识,有助于增进全党团结统一,形成中华民族一致向前的精神力量。党的团结统一是政治上、思想上、行动上的团结统一,也是分清是非曲直基础上的团结统一。毛泽东在《如何研究中共党史》中一针见血地指出:"如果不把党的历史搞清楚,不把党在历史上所走的路搞清楚,便不能把事情办得更好。"④怎样才能把历史搞清楚,那就是

---

① 《毛泽东文集》(第八卷),人民出版社,1999年,第325页。
② 《毛泽东选集》(第一卷),第115页。
③ 《邓小平文选》(第三卷),第234页。
④ 《毛泽东文集》(第二卷),第399页。

讲道理、摆事实地总结经验,把成败得失、是非对错摆在桌面上讲清楚,一是一,二是二,是就是,非就非。遵义会议后的一段时期,之所以党内在指导思想上存在一些分歧,一个重要原因就是对一些问题认识不一致。后来通过延安整风运动及《关于若干历史问题的决议》,总结了经验,搞清了是非,思想就统一了。历史和现实反复证明,总结好经验,搞清楚历史问题,全党才能团结一致向前看。

三、坚持把国家和民族发展放在自己力量的基点上,强化中华民族精神独立性发展的主体自觉

"坚持独立自主、自力更生,坚持道不变、志不改,既不走封闭僵化的老路,也不走改旗易帜的邪路,坚持把国家和民族发展放在自己力量的基点上,坚持把中国发展进步的命运牢牢掌握在自己手中。"[①]人民群众是维护和保持中华民族精神独立性的主体力量,中国共产党作为中华民族的先锋队,是弘扬和保持中华民族精神独立性的关键所在,肩负着用先进思想来武装人民群众、弘扬中华民族精神来激励人民群众的重要任务。

(一)人民群众是维护和保持中华民族精神独立性的主体力量

习近平在庆祝中国共产党成立100周年大会上的讲话中指出:"一百年来,我们取得的一切成就,是中国共产党人、中国人民、中华民族团结奋斗的结果。"[②]不论过去、现在和将来,始终把国家和民族发展放在自己力量的基点上,坚持自力更生、艰苦奋斗、自立自强,坚持中国的事情必须由中国人民自己作主张、自己来处理,只有这样,才能把中国发展进步的命运始终牢牢掌握在自己手中。

---

① 《习近平著作选读》(第一卷),第22页。
② 《习近平著作选读》(第二卷),第480页。

把国家和民族发展放在自己力量的基点上,最核心的就是要坚持独立自主,坚持中国的事情必须由中国人民自己作主张、自己来处理。近代以后,中国人民深受三座大山压迫、被西方列强辱为"东亚病夫",毫无独立自主可言。只有党领导的革命实现了民族独立、人民解放,中国人民才彻底摆脱了被欺负、被压迫、被奴役的命运,成为国家、社会和自己命运的主人,赢得独立自主权利,走上独立自主发展道路。"中国近代以来的全部历史告诉我们,中国的事情必须按照中国的特点、中国的实际来办,这是解决中国所有问题的正确之道。"①在实践中,要做到中国的事情由中国人民自己作主张、自己来处理,中国人民能够依靠自己的力量把中国的事情办好,从根本上来说就是要依赖人民群众的力量。

民族精神独立性是一个民族在精神上强大、保持先进的重要特质,但这一特质的形成依赖于每一个个体精神的发展和提升,相信人民群众的力量,发动人民群众的力量,是中华民族拥有前进力量的根本所在,也是民族精神独立性得以维护和保持的根本所在。纵观百余年历程,中国共产党始终以最广大的人民群众为中国的社会主义事业的依靠力量,始终与群众保持着血肉联系,不仅敢于发动群众,而且善于指引群众。这也是为什么近代中国的数次国民性改造均宣告失败,而只有中国共产党通过深入最广大的人民群众之中,不断启发民智、弘扬民族精神,最终使得中华民族在今天能够保持着自身的精神独立性屹立于世界民族之林。

中国共产党作为中华民族的先锋队领导着中华民族精神独立性主体力量。"党政军民学,东西南北中,党是领导一切的。"②中国共产党必须牢牢把握住对最广泛的人民群众的领导权,不仅要能发动人民群众的力量,更要做好指引人民群众的工作,充分发挥自身的先进性,将人民群众的强大

---

① 《习近平著作选读》(第一卷),第255页。
② 《习近平著作选读》(第二卷),第131页。

力量指引好。

作为维护和保持中华民族精神独立性领导力量的中国共产党，如果不能始终坚持自我革命，失去了自身的先进性，就难以启发和引导人民群众保持精神上的独立性。以五四运动为分界点，将前后历史进行比较就可以清晰地看到，中国共产党之所以能够带领中华民族成功地站起来、富起来，并迎来强起来的历史时刻，在于其自身在精神上始终坚持"拿来主义"，始终坚持带领中华民族走独立自主的发展道路。无论是革命、建设还是改革中，只有将中华民族精神独立性充分激发出来，马克思主义基本原理与中国具体实际充分结合时，中国的社会主义事业进展得才比较顺利。"无论我们吸收了什么有益的东西，最后都要本土化。十月革命的风吹进来了，但我们党最终也没有成为一个苏联式的党。冷战结束后，苏联解体、东欧剧变，我们仍然走自己路，所以我们才有今天。"①中国共产党人对于民族精神独立性的成长不仅仅源自其领导中华民族所取得的伟大胜利，亦源自诸如三次"左"倾的教条主义错误、大跃进和"文化大革命"时期精神僵化等失败探索。

对于维护和保持中华民族精神独立性来说，中国共产党不断进行自我革命，保持自身先进性的核心原则在于坚持以人民为中心，将中华民族的整体利益放在首位。人民幸福和民族富强是保持中华民族精神独立性的根本原则和方向，一旦脱离了这一点，民族精神独立性就失去了价值。回望历史，我们可以发现，国民政府和国民党的失败是不可避免的，他们代表着美帝国主义的在华利益和买办阶级的利益，始终在出让和剥削最大人民群众的利益，所以他们无法得到人民群众的拥护，无法担负起维护和保持民族精神独立性的历史重任，也无法担负起中华民族伟大复兴的历史使命。如毛泽东在《别了，司徒雷登》一文中所指出的，"封锁吧，封锁十年八

① 《习近平著作选读》（第一卷），第190页。

年,中国的一切问题都解决了"①。不惧封锁、不畏强暴,保持精神上的独立自主,终究还是为了解决民族和国家在谋求更好发展的过程中所遇到的问题。

(二)注重用先进思想武装人民群众

用党的科学理论武装人民群众,首先要引导人们意识到必须为实现中华民族伟大复兴而奋斗的历史责任与时代使命,从而产生强烈的责任感和奋进力量,形成强烈的主人公意识。用党的科学理论武装青年,核心在于号召广大人民群众形成民族复兴而奋斗的行动自觉,从而成为担当民族复兴大任的生力军。不论是新民主主义革命时期深入工人、农民、学生等群体的理论宣传和思想引导,还是社会主义革命和建设时期、改革开放新时期、中国特色社会主义新时代,用马克思主义中国化时代化的最新理论成果武装党员和群众的头脑,中国共产党始终注重先进理论的灌输,敢于直面问题,善于开启民智,不断提升中华民族的整体精神境界和思想水平。用党的创新理论武装人民群众,从根本上看就是要用党的创新理论改造主观世界并进一步提升实践能力。

改造主观世界这一目标的实现,离不开宣传教育和学习组织,不断增进人民群众对党的创新理论的政治认同、思想认同、理论认同、情感认同,坚定对马克思主义的信仰、对中国特色社会主义的信念、对实现中华民族伟大复兴中国梦的信心,从而也在不断推动着中华民族精神家园的成长,使得中华民族在精神上获得先进思想引领的同时,也具有了和其他民族或国家在精神上的显著不同。

百余年历史进程中,用先进思想武装人民群众遵循着以下基本原则:

一是注重将灌输先进的理论和设定易于广泛接受的切实目标相结合。

---

① 《毛泽东选集》(第四卷),第1496页。

先进的理论灌输可以使人们对社会发展有更为清晰长远的认识，与易于广泛接受的切实发展目标相结合，以避免好高骛远或沉重民族挫败感的产生。在革命年代，毛泽东所提出的新民主主义理论就是最为成功的典范之一，它不仅仅是先进理论的广泛传播与发展，更是实事求是地针对革命现状所提出的易于被广泛接受的一个切实目标。在改革开放新时期，从社会主义初级阶段到"两个一百年"及其后的分步走计划，这些都是先进理论与切实目标相结合最终取得良好成效的案例。这一基本经验不仅通过先进理论领导来保障民族精神整体水平的切实提升，而且通过切实目标的成功实践来有效地提升民族自信心，促进民族认同感成长。

二是注重将先进典型示范和群众性学习活动相融合。一个英雄模范的身上有着许许多多的宝贵品质，但维护中华民族自尊自立的精神和情操是必然要求；一场群众性的学习活动必然有很多方面的要求，但爱国强国的主基调是不容更替的。在中国共产党带领中华民族不断前进的百余年奋斗历史中，不仅善于培养这些榜样，而且敏于发现、乐于宣传，树立了如方志敏、杨靖宇、赵一曼、黄继光、雷锋、王进喜、钱学森、黄大年，中国女排、北斗团队等英雄模范，他们的身上无不闪耀着民族精神独立性的光辉，他们的精神对人们产生着深远的影响，同时与之相应的群众性学习活动进一步发挥出先进模范的示范和感召作用。回顾中国共产党所树立的先进典型和所开展的群众性学习活动，就会发现民族精神独立性一直是培养、发现和宣传先进典型的一个重要维度，一直是群众性学习活动的一个基本要求，也是中国共产党维护和保持中华民族精神独立性的一条基本经验。

（三）中国共产党始终高度重视弘扬中华民族精神

民族精神独立自主彰显着伟大民族精神的特质禀赋和文化基因，中华民族繁衍生息的精神追求、精神品格、精神力量，融刻在民族精神的内核和精华之中。"独立自主""自力更生""自强不息"代表的奋斗精神与中华优秀传统文化积淀的爱国情怀、担当意识、牺牲精神、创新精神、奉献精神等渗透进中国共产党人的血液与心扉,丰富了中国共产党人的精神谱系。作为民族精神的鲜明特质,坚持独立自主成为连缀和贯通中国共产党百余年奋斗历程的内在精神理路,成为中华民族精神世界的显著特征。

中国人民在抗日战争中孕育出伟大抗战精神,中国共产党团结带领全国各族人民弘扬伟大抗战精神,并注重将弘扬中国精神与追求民族独立的时代任务紧密结合。毛泽东为《研究沦陷区》一书所作的序言中指出,日本侵略者"为达其经济进攻之目的,彼需要举行对我游击战争的'扫荡'战争,需要建立统一的伪政权,需要消灭我沦陷区人民的民族精神"[①]。显然,这里所说的"民族精神",就是指沦陷区人民希望民族独立而不受侵略的爱国精神,一旦沦陷区的人民在思想认识上被蒙蔽,精神上不再追求民族的独立,那么对他们而言,侵略与解放都不再有意义,也就不可能再形成反抗帝国主义的力量,而一旦失去了人民群众的力量,民族独立的历史任务将无法完成。

在改革开放新时期,中国共产党不仅锻造了鼓舞全民族开拓创新的特区精神、伟大改革开放精神,还注重物质文明与精神文明协调发展,使得中华民族能够以更加昂扬的精神姿态拥抱开放。邓小平提出:"我们要建设的社会主义国家,不但要有高度的物质文明,而且要有高度的精神文明。"明确要求广大党员在党中央的正确领导下,大力发扬党在长期革命战争中所诞生的宝贵精神财富,提出"要大声疾呼和以身作则地把这些精神推广到全体人民、全体青少年中间去,使之成为中华人民共和国的精神文明的主要支柱",强调"必须发扬爱国主义精神,提高民族自尊心和民族自信心。否则我们就不可能建设社会主义,就会被种种资本主义势力所侵蚀腐

---

① 《毛泽东文集》(第二卷),第247页。

化。"①进入21世纪后,江泽民对中华民族精神的内涵进行了界定,并强调"面对世界范围各种思想文化的相互激荡,必须把弘扬和培育民族精神作为文化建设极为重要的任务,纳入国民教育全过程,纳入精神文明建设全过程,使全体人民始终保持昂扬向上的精神状态"②。胡锦涛提出社会主义核心价值体系,将民族精神和时代精神作为社会主义先进文化建设的重要内容,强调要"大力弘扬民族精神和时代精神,深入开展爱国主义、集体主义、社会主义教育,丰富人民精神世界,增强人民精神力量"③。

中国特色社会主义新时代,习近平在第十二届全国人民代表大会第一次会议上指出,中国精神是凝心聚力的兴国之魂、强国之魂。至此,中国精神作为一个明确概念出现,并与中国梦这一中华民族的前行主题联系在一起。"伟大事业孕育伟大精神,伟大精神引领伟大事业。"④实现中华民族伟大复兴,就是中华民族近代以来的最大梦想,中国梦为弘扬和培育中国精神指明了方向。中国梦是中国人民和中华民族的共同理想,这个梦想代表了中国人共同的思想追求、理想信念和价值目标,代表了中华民族关于民族国家前景和共同体生存发展未来的共同心愿。置身实现中华民族伟大复兴的战略全局和世界百年未有之大变局之中,中国共产党带领中华民族在逐梦路上,用自身的实干书写出反映奋斗进取的"三牛"精神、劳模精神、劳动精神、工匠精神等;刻画出迈向"强起来"的科学家精神、新时代北斗精神、探月精神等;镌刻下突显社会主义制度优势的伟大抗疫精神、脱贫攻坚精神。

---

① 《邓小平文选》(第二卷),第367—369页。
② 《江泽民文选》(第三卷),人民出版社,2006年,第559—560页。
③ 《胡锦涛文选》(第三卷),人民出版社,2016年,第638页。
④ 《习近平著作选读》(第二卷),第442页。

四、坚持走自己的路，不断在新的伟大斗争中维护和保持中华民族精神独立性

"哲学家们只是用不同的方式解释世界，问题在于改变世界。"①中国共产党人对于中华民族精神独立性的维护和保持从来不是舆论的噱头或空洞的口号，而是秉持着"以我为主、为我所用、认真鉴别、合理吸收"的基本理念，结合党和国家的中心任务、依托现实的社会变革来实现的。

（一）维护和保持精神独立性是中华民族进行伟大实践斗争的内在要求

在中国共产党领导下，中华民族百余年来的伟大实践无不依据中国社会发展的主要矛盾，其目的在于中华民族的长远兴盛。对于一个民族来说，长远兴盛的实现离不开精神上的独立自主。

在追求民族独立、人民解放、国家富强、人民幸福等历史任务中，中国共产党人将党和国家的中心任务和维护与保持民族精神独立性结合起来，从而将社会改造与精神世界的发展有机统一起来。在新民主主义革命时期，中国共产党在坚定地完成反帝反封建的历史任务的同时，也打破了当时中华民族受制于封建思想的精神僵化、粉碎了西方资本主义侵略者的精神殖民；在改革开放和社会主义现代化建设新时期，中国共产党带领中华民族在追求社会主义现代化建设的道路上，从未停止过对于先进国家的学习，但也从未陷入一味地模仿之中，通过自身的探索和创新实现了对苏联模式和西方资本主义发展模式的超越，使得中华民族在精神上既保持了开放，又避免了对其他民族和国家的依附；中国特色社会主义新时代，在中国式现代化的推进、社会主义文化强国的建设等时代课题的奋进之中，强调

① 《马克思恩格斯文集》（第一卷），第502页。

中国的现代化之所以不受制于"母版""模板",没有成为"再版""翻版",关键在于中国共产党能够站在中华文明史和世界历史的角度看待现代化与独立性的关系。中国共产党领导中华民族更加自觉地运用唯物史观分析局势,继而以伟大的历史主动精神、巨大的政治勇气、强烈的责任担当来破解"现代性困境"。

围绕党和国家的中心任务来进行的伟大实践,其本身包含着对中华民族精神世界进行必要改造的要求,这种改造推动着中华民族精神独立性的成长。而任何思想和精神上的问题都是社会现实问题的一种反映,也必然需要通过对社会现实的变革来从根本上解决问题。同样,民族精神独立性的本质是一个民族共同体应对社会发展变化时在精神上的扬弃,它的发展也必然不可能脱离经济基础和上层建筑的变革而单独存在,完成经济基础与上层建筑的变革,是维护和保持中华民族精神独立性所必需的现实条件。中华民族坚持独立自主取得了伟大实践成就,相应的在思想认识层面有了底气、有了自觉的提高,同时也要求着民族在精神独立性方面有着相应的自觉的提升。独立自主是中华民族精神之魂,是我们立党立国的重要原则。走自己的路,是党的全部理论和实践立足点,更是党百余年奋斗得出的历史结论。立足中华民族伟大历史实践和当代实践,用中国道理总结好中国经验,把中国经验提升为中国理论,才能更好地实现精神上的独立自主。

(二)坚持"以我为主、为我所用,认真鉴别、合理吸收"的基本理念

习近平强调,"学习借鉴不等于是简单的拿来主义,必须坚持以我为主、为我所用,认真鉴别、合理吸收,不能搞'全盘西化',不能搞'全面移植',不能照搬照抄。"[1]中华民族作为近代以来后发而上、实现赶超的民族,

---

① 《习近平著作选读》(第一卷),第302—303页。

学习借鉴显然是必经之路,未来在新的伟大征程中学习借鉴也同样是必不可少的。在实践中秉持这一基本理念,有助于一个民族在其自身发展中弘扬自身的精神独立性。

回顾百余年来的历史,在一次次危急关头,正是基于中国共产党人对于"以我为主、为我所用,认真鉴别、合理吸收"这一基本理念的坚持,才能使得中华民族完成了一个又一个重大历史任务。如在中国共产党成立初期,由于自身的理论水平较弱、实践经验又很匮乏的情况下,中国共产党一度以联共(布)和苏联的意见和要求为最高指示,党内也出现了诸如王明、博古等教条主义者,对中国革命造成了难以估量的损失,教条主义和实事求是的路线之争一直到遵义会议才得以解决,遵义会议因此也成为中国共产党历史上的一个伟大转折,中华民族近代奋斗历史上的一个伟大转折。改革开放之后,资产阶级自由化、普世价值观、历史虚无主义等思潮一度引起了人们思想和精神上的混乱,对中华民族的精神独立性造成冲击,而中国共产党正是秉持着"以我为主、为我所用"的基本理念,对各种错误思潮予以批驳,运用"认真鉴别、合理吸收"的基本方法,在实践中开拓创新,最终带领中华民族以一个个壮丽伟大的现实成就证明了自身所开创的道路,实证了自身独立自主实践选择的科学性与合理性。

"以我为主、为我所用"就是要准确把握自身的实际情况和历史文化传统,强调自身的主体性,要求在学习借鉴中不能迷失自身的长远利益和根本利益,决定了向其他国家、民族进行学习借鉴的根本立场和态度。"认真鉴别、合理吸收"则是强调在学习借鉴中所秉持的基本方法。不论是坚持马克思主义的科学真理,还是借鉴和吸取他国的经验教训,终究是为了中华民族自身的发展,而不是为了复刻或验证他者,不能一概而论,不是什么都学,首先要鉴别,不能搞全盘西化,不能搞全面移植,不能照搬照抄,而是要合理吸收。

坚持"以我为主,为我所用,认真鉴别、合理吸收"的基本理念,体现着合规律性与合目的性的统一。从合规律性上看，一个国家和民族在实现自身发展的过程中，离不开与其他国家和民族的交流互鉴，离不开向自身历史传统汲取营养；从合目的性上看，学习借鉴的根本目的是推动自身发展，而不是将自己变为其他民族的附庸，亦不是停留在过去封闭僵化起来。践行这一基本理念，必然促进着一个民族在精神层面的成长，推动着一个民族实现精神上的独立自主。

第四章

中华民族精神独立性的
新时代弘扬

　　中国特色社会主义进入新时代，中华民族的发展迎来了新的历史方位。新的历史方位要求中华民族在精神上更加自信、自主和坚定，给民族精神独立性的发展提出了新诉求，带来了新的机遇。面对中华民族伟大复兴战略全局和世界百年未有之大变局，中华民族在弘扬自身精神独立性时也面临着诸多挑战。在新时代弘扬中华民族精神独立性，要认清走"老路""邪路"的危害，保持战略定力和坚定信念，坚定不移地走自己的路，为弘扬中华民族精神独立性奠定坚实基础；要明辨各类社会思潮对中华民族精神独立性发展的思想影响，坚持和运用"两个结合"等推进理论创新的科学方法，把中国经验提升为中国理论，不断开辟马克思主义中国化时代化新境界，为新时代弘扬中华民族精神独立性提供思想指南；打破"现代化=西方化"迷思，为人类对更好社会制度的探索提供中国方案，不断推动中国特色社会主义制度体系和治理能力现代化，以强大的制度自信为新时代弘扬中华民族精神独立性提供制度保障；坚守中国共产党的文化领导权和中华民族的文化主体性，创新实现传统与现代的有机衔接，大力推动中华文化的繁荣昌盛，为弘扬中华民族精神独立性提供文化自信。

第一节　弘扬中华民族精神独立性的新时代机遇

新时代,党和国家事业取得历史性成就、发生历史性变革,推动我国迈上全面建设社会主义现代化国家新征程,中华民族精神独立性在这一过程中得以彰显。习近平新时代中国特色社会主义思想是新时代新征程开创事业发展新局面的思想指引,独立自主是其鲜明的理论品格,这就意味着在新时代中国特色社会主义的伟大实践中,弘扬中华民族精神独立性迎来了新的机遇。

一、新的历史方位与中华民族精神独立性发展的新诉求

随着中国特色社会主义进入新时代,中国社会发展也来到了一个新的历史方位之中。从中华民族迎来伟大复兴光明前景的新起点来看,中华民族迎来了"强起来"的伟大飞跃;从科学社会主义在当代中国焕发生机活力的新使命来看,中华民族高高举起了中国特色社会主义伟大旗帜;从中国智慧和中国方案彰显世界意义的新要求来看,中华民族提供了实现现代化的全新选择,这些对人们精神世界产生着直接影响,中华民族必然有着更加强烈的、与以往时期显著不同的精神需求,也随之产生了民族精神独立性进一步发展的机遇。

(一)中华民族迎来伟大复兴光明前景

《中共中央关于党的百年奋斗重大成就和历史经验的决议》中指出:"明确坚持和发展中国特色社会主义,总任务是实现社会主义现代化和中华民族伟大复兴,在全面建成小康社会的基础上,分两步走在本世纪中叶

建成富强民主文明和谐美丽的社会主义现代化强国,以中国式现代化推进中华民族伟大复兴。"①党的二十大报告在阐述中国式现代化的中国特色时指出:"中国式现代化是物质文明和精神文明相协调的现代化。"②对于中华民族伟大复兴来说,一方面,精神上的强大与物质上的强大同等重要;另一方面,精神上的强大是实现物质上强大的有力支撑。独立性是一个民族在精神上强大的根本前提。一个民族一旦丧失了精神上的独立性,要么跟在其他民族之后亦步亦趋,只能模仿却始终无法自立、无法超越,终究无法实现强大;要么一步步失去赓续自身文明的能力,最终被其他民族同化或淘汰。因此,在新时代实现中华民族伟大复兴的光明前景中,中华民族迎来了弘扬自身精神独立性的重要机遇。

就中华民族伟大复兴的战略全局来说,当前正是历史上最接近伟大梦想实现的关键时期,这一关键时期不仅是精神独立性问题突显的时期,也是我们进一步认识和解决这一问题的最佳时期。"实现中华民族伟大复兴是近代以来中华民族最伟大的梦想。"③这一梦想深远地影响着一代代中华儿女,印刻在每一个中国人的精神世界之中。从实现伟大复兴的奋斗历程来看,精神上的独立与否是复兴之路上反复出现的一个精神症结。所谓复兴,是指通过努力再次恢复往日的兴盛。中华民族在意识到自身发展落后之后,想要通过"纠错"来使自己重新走上快速强大的正确道路,以此实现"复兴"。然而,"纠错"绝非易事,人们往往在"纠错"中走向另一个极端而误入歧途。如果不能保持民族精神独立性的高度自觉,不能在"纠错"中时刻以实事求是看待问题和处理问题,往往会出现矫枉过正,因而在"纠错"中走上歧途,葬送了民族复兴的大好前景。

---

① 《中共中央关于党的百年奋斗重大成就和历史经验的决议》,《人民日报》,2021年11月17日。

② 《习近平著作选读》(第一卷),第19页。

③ 《习近平著作选读》(第二卷),第11页。

中华民族拥有着辉煌灿烂的文明历史,在精神上自信自立,然而在经历近代屈辱之后,中华民族遭受重创,精神独立性跌入谷底。在中华民族被迫洞开国门、意识自身在物质上落后之时,出现了"崇"和"恐"两种精神病态。"崇"是指一些人因为封建专制和其他历史原因所带来的落后,产生了否定自身全部文明传承的错误认知,认为只有彻底抛弃自身的一切精神延续,才能逐渐强大起来。"恐"是指一些人在殖民者的现代化优势和残暴面前丧失了认识事物和把握历史的基本理性,产生了民族失败主义和民族投降主义的认知。在中国共产党诞生之前,这两种思想主导着中华民族对于自身出路的寻求。

近代以来,落后挨打的悲痛历史记忆,使得中华民族常常缺乏自信,"崇"和"恐"的精神病态常常沉渣泛起。"如果把百年来中国人从负面出发的严重自我批评看作是一个'检讨中国'的运动的话,那么就可以把对中国的正面反思看做是一个'重思中国'的运动——同时也可以理解为'重构中国'的运动。"[①]不论是"检讨中国",还是"重思中国",都需要一个与之相对比的参照,往往会在对比和反思中忽略民族精神独立性的重要性,而这种精神独立性一旦丢失,就往往会造成由"为了中国提出问题"变成"为了问题消灭中国"的立场变化。

在中国特色社会主义进入新时代之前,"崇"和"恐"的一个重要现实原因是中国积贫积弱。然而,随着2010年中国国内生产总值总量超过日本,跃居世界第二,综合国力的不断提升亦使得我们与世界头号强国美国的差距日益缩小,留给中华民族可以摸着过河的"石头"已经所剩无几。此时有很多崇美恐美的声音,这些人大多打着韬光养晦的旗号,实际是寄希望于放弃自身的独立性,依附美国,无条件地听之于人、仰人鼻息以保持现状。这种观点的危害在于一来没有认清竞争和发展的现实性和残酷性,韬光养

---

① 赵汀阳:《天下体系:世界制度哲学导论》,第6页。

晦与否和对手所采取的打压策略往往没有关系；二来忘记了韬光养晦的目的是自身发展，韬光养晦更要有所作为。不能独立地思考、没有精神上的独立性，听之于人依附于人，只能拾人牙慧，不可能真正实现民族复兴。随着中美贸易摩擦的发生，中国特色社会主义的蒸蒸日上和美国所代表的自由资本主义的日薄西山之间反差明显，孰优孰劣已经跃然纸上。因此，这是一个精神独立性问题危害突显的时期，也是我们进一步认识和解决这一精神症结的最佳时期。

"中国特色社会主义进入新时代，意味着近代以来久经磨难的中华民族迎来了从站起来、富起来到强起来的伟大飞跃，迎来了实现中华民族伟大复兴的光明前景。"①这一重要论述不仅凝练出近代以来中国共产党带领中国人民在实现民族复兴之路上的奋斗历程和未来蓝图，也为我们勾勒了一条近代以来中华民族精神发展的线索。从久经磨难到站起来、富起来，再到如今迎来强起来的伟大飞跃，历史的沧桑巨变中不仅诉说着中华民族从精神上的迷茫彷徨到自信自强的变化，也暗含着这个民族需要在精神上有着更强的独立性来实现"强起来"。

（二）科学社会主义在21世纪中国焕发生机活力

中国特色社会主义进入新时代，"意味着科学社会主义在二十一世纪的中国焕发出强大生机活力，在世界上高高举起了中国特色社会主义伟大旗帜"②。这一重要判断表明今日中国已经站在了推动科学社会主义不断开创新辉煌的最前沿，在科学社会主义实践的探索中，已经无法找到可以借鉴和参考的案例，中华民族必须在精神上更加自主地开拓这项人类伟大事业。

---

① 《习近平著作选读》(第二卷)，第9页。
② 《习近平著作选读》(第二卷)，第9页。

科学社会主义的实践发展历程本身就是一个需要坚定信仰并不断强化自身精神自主、不断创新创造的过程。习近平强调："社会主义并没有定于一尊、一成不变的套路，只有把科学社会主义基本原则同本国具体实际、历史文化传统、时代要求紧密结合起来，在实践中不断探索总结，才能把蓝图变为美好现实。"①

科学社会主义在实践过程中始终离不开对马克思主义的坚定信仰和根据现实状况对理论的创新和发展。列宁根据19世纪末20世纪初国际政治、经济、外交等情况的综合考虑，没有拘泥于理论本身，发挥了精神上的主动，认为资本主义世界进入帝国主义时代，并在理论上进行了创新和发展，提出"一国胜利论"。随着俄国十月革命的胜利，世界上第一个社会主义国家诞生，标志着科学社会主义完成了由理论走向实践的飞跃。

科学社会主义在中国伟大实践正是中国共产党带领中华民族不断破除精神上的"恐"和"崇"的伟大历史征程。中国共产党的成立使得中华民族追求伟大复兴的事业有了"主心骨"，近代磨难所产生的"恐"和"崇"的精神状态在百余年的复兴探索中得到了根本性转变。在中国共产党领导革命的早期，本本主义和教条主义曾一度占据着上风，将马克思主义与实际脱离、将苏联经验神化曾使得中国革命蒙受巨大损失。遵义会议之后，实事求是的思想路线取得胜利，破除了精神上"崇"的问题，中国革命也不断取得胜利。中华人民共和国的成立，使得中华民族重新站起来，民族精神独立性获得了新生。随后，抗美援朝一度使得"崇"和"恐"重新回到了人们精神世界之中，在中国共产党的坚强领导下，中国人民志愿军以"气多钢少"战胜了"气少钢多"的美帝国主义侵略者，"崇"和"恐"得以消除，民族精神独立性得以重新振作。

---

① 习近平：《在纪念马克思诞辰200周年大会上的讲话》，人民出版社，2018年，第27页。

改革开放之后,在现实的发展差距和西方国家的话语优势面前,"崇"和"恐"在中华民族的精神世界又悄然抬头,这种病态思想随着中国加入世界贸易组织之后曾滥觞于思想舆论之中。随着改革开放的深入和发展,中国在物质方面取得了巨大成就,社会主义精神文明也得到了长足的发展,"崇"和"恐"的病态思想得到了一定抑制,但仍然制约着中华民族的精神发展。20世纪末的东欧剧变和苏联解体,意味着在世界范围内科学社会主义运动由高潮走向低谷,这给当时尚处于改革开放伊始阶段的中国带来了理论上的巨大考验和实践中的无数质疑。在这样艰难的时刻,中国共产党带领中华民族保持了精神上的独立性,才能坚持自身所做出的独立自主的选择,在中国特色社会主义道路上继续前行。但对于当时的中国共产党和中华民族来说,"在谈论中国特色社会主义之时,往往是'主动性'有余而'自主性'不足[1],"底气不足"是因为当时的中华民族还没有切实开创出一条明晰的中国特色社会主义道路,更多的是处于"摸着石头过河"的探索之中。甚至在对外开放的过程中,一些人在某些方面还会在西方话语的蛊惑之下走向资产阶级自由化。这些实际上是当时缺乏明确且真正的独立性的表现。

历史不断提醒我们,如果放弃了自身精神上的独立性,就难以肩负科学社会主义在21世纪的中国焕发强大生机活力的伟大使命。站在特殊历史方位之中的当代中国,走封闭僵化之路必然活力尽失,走改旗易帜之路注定失败。今天中国所强调的在改革开放中所形成的以改革创新为核心的时代精神,其实质是根据对社会生产力发展状况的把握,来对当前社会主义的体制机制进行改革,改革本身面对的是全新的社会发展情况,因而与以往其他国家的情况都不相同,不能照搬现套,只能在尊重客观规律的

---

① 韩庆祥、刘雷德:《论新时代"历史方位"的鲜明标志》,《马克思主义研究》,2019年第11期。

基础上运用科学的理论进行创新。

当前,改革进入攻坚期和深水区,如何以一种更为稳定的发展状态破解当前的矛盾和风险,这对今天的中华民族提出了前所未有的考验。面对困难和挑战,我们需要不断提高运用马克思主义分析和解决问题的能力,用科学的理论指导我们解决矛盾、化解风险,以更为宽广的视角思考现在把握未来。然而,我们不能要求生活在两百年前的马克思预见今天社会发展的全部局面,并创造出帮助我们解决所有困难的理论,这显然是不可能的,也不符合马克思主义理论的本质要求。而这一问题的解决就意味着中华民族必须在精神上更加自主,在坚持马克思主义基本立场、方法、观点和对人类社会总体判断不变的前提下,根据今天的现实状况做出判断和选择。一旦失去了这种精神上的独立,创新无从谈起,就必然使得改革或流于形式,或向历史倒退,抑或给社会发展带来沉重的打击,更无法使科学社会主义在21世纪的中国焕发强大生机活力。

(三)中国智慧和中国方案彰显世界意义

当前中华民族正处于世界百年未有之大变局,中国作为当前改变国际力量对比的最大变量,需要承担起一个大国对于人类文明朝着更好方向发展的责任。中国特色社会主义进入新时代"意味着中国特色社会主义道路、理论、制度、文化不断发展,拓展了发展中国家走向现代化的途径,给世界上那些既希望加快发展又希望保持自身独立性的国家和民族提供了全新选择,为解决人类问题贡献了中国智慧和中国方案"①。精神独立自主是当代中国为世界贡献中国智慧和中国方案不可或缺的精神特质,中华民族精神独立性也必然会在这一过程中得到弘扬。

---

① 《习近平著作选读》(第二卷),第9页。

　　就世界百年未有之大变局来说，当今国际政治经济格局正在加速演变，现有的国际秩序和全球治理体系处于变革之中，整个世界进入了大发展大变革大调整的新时期，百年未有之大变局正在发生。"百年未有之大变局的最大变化，就是以中国为代表的新兴市场国家和发展中国家群体性崛起，从根本上改变了国际力量对比。"①当前，中国已经成为改变国际力量对比的最大变量，如果不能以高度的精神独立性来审视自身所处的大变局，还寄希望于维持世界既有秩序不变化，就不仅仅是对自身发展合理诉求的阉割，也是对以美国为代表的世界上其他国家的一种傲慢和幻想，更是没有担负起一个大国对人类文明朝着更好方向发展的责任。

　　在经济全球化的时代，中华民族的发展与进步是举世皆知的，世界上其他国家和民族在认可中国发展的同时，亦有着担忧甚至是仇视。"今天，世界仍然处在霸权的阴霾之中，但霸权终结的曙光已经展露在新的地平线上。中国的崛起是终结霸权秩序的重要筹码，是重建世界秩序的中坚力量。"②对于广大发展中国家和新兴经济体来说，他们既希望搭乘中国经济高速发展的列车，期盼中国能够构建一个没有霸权的新国际秩序，同时又担心中国走"国强必霸"的老路，最终难以实现自身良好发展的愿望。而对于以美国为代表的现行霸权体系的既得利益国家来说，旧秩序的终结必然使得自身利益和地位受损，因此对于中国崛起的担忧不仅仅在屡见不鲜的"中国威胁论""中国渗透论"中体现出来，各种科技战、贸易战、生物战亦是不断轮番上演。

　　在百年未有之大变局中，中美之间的竞争与合作是影响全局的核心问题，而中美之间的竞争更为核心的是一种生存发展之争。这种生存发展之

---

　　① 中华人民共和国国务院新闻办公室：《新时代的中国与世界》，人民出版社，2019年，第45页。

　　② 杨婷、陈曙光：《霸权的终结与世界秩序的重建——兼评"中国威胁论"》，《广东社会科学》，2016年第5期。

争的本质是生存发展的权利与发展模式之争。具体来说,这种生存发展之争包含着四个方面,分别是守成大国与新兴大国的国际领导权之争;新工业革命技术发展高地之争;中美文化之争;自由资本主义和中国特色社会主义的制度之争。随着世界格局的变化,中华民族必须抛弃不切实际的幻想,如果还寄希望于维持世界既有秩序不变化,就不仅仅是对自身发展合理诉求的阉割,也是对美国战略思考能力的轻视和傲慢,抑或是对于国际竞争残酷性的一种幼稚幻想。

作为百年未有之大变局中的最大积极变量,中华民族应该更加自信于自身的发展成就和未来前景,摆脱"学徒"的弱者心态,增强民族自信。在世界百年未有之大变局中,我们应当重新审视当今中国与世界的关系,尤其是面对世界的心理心态和参与国际事务的行为模式都将发生巨大的历史性转换之时,突破思想中旧有的一些以"服从"和"依赖"为主导的观念。从加入世界贸易组织后向世界"并轨",到今天中华民族在新技术变革中占据先机率先向世界提出互联网主权论,这一切背后是从一种"让世界接纳我"到"我要让世界变得更好"的转变。中华民族在心态上应当进一步从"我向西方接轨"转变为"我与西方相互接轨",对于这种转变,一个国家和民族在精神上的独立性有着不言而喻的重要性。

在百年未有之大变局中,中国不再是跟随在西方国家身后学步的欠发达国家,而是国内生产总值稳居世界第二的发展中大国。中国不再是市场经济的学徒,而是作为极具活力的经济体开创了中国特色社会主义市场经济,对世界经济增长贡献率超过30%,为世界经济领跑。今天的中华民族必须摆脱总是想要以他人为师,总是想摸着他国之"石头"过河,排斥或者怯于独立自主的开创新局面不仅是一种精神上不独立的体现,更是一种对于现实的逃避。正是因此,习近平强调,"必须以更大的政治勇气和智慧,坚持摸着石头过河和加强顶层设计相结合,不失时机、蹄疾步稳深化重要领域和关键环节改革"①。

自第二次世界大战后,发展相对落后的国家和地区在进行现代化探索的过程中,所学习和参照的主要途径大致可以分为两类:一类是以英美为主的西方资本主义现代化的发展途径,一类是苏联的社会主义现代化发展途径。在两种途径或已暗淡或已封停的今天,中国为世界提供了新的选择,这种选择既能使得国家可以快速发展,又能使得自身的独立性得以保持。在为人类实现现代化贡献中国智慧和中国方案的这个特殊历史方位上,中华民族必须首先保持高度的精神独立性将自己的路继续走下去,不犹豫不彷徨地继续探索发展中国家走向现代化的新途径。

二、新时代中华民族精神独立性的彰显

新时代,以习近平同志为核心的党中央领导全党全军全国各族人民砥砺前行,全方位推进新时代伟大实践,为实现中华民族伟大复兴提供了更为完善的制度保证、更为坚实的物质基础、更为主动的精神力量。历史性成就和历史性变革为中华民族精神独立性的成长提供了坚实基础,中华民族精神独立性在推进中国式现代化、推动人类命运共同体构建中得以弘扬。

(一)历史性成就和历史性变革为中华民族精神独立性成长提供坚实基础

今天,"70后、80后、90后、00后,他们走出去看世界之前,中国已经可以平视这个世界了","这不仅是一时之运,还有我们的道路自信、理论自信、制度自信、文化自信。现在这一代年轻人,也在变化之中,他们的心态、

---

① 习近平:《在深圳经济特区建立40周年庆祝大会上的讲话》,人民出版社,2020年,第8页。

思想也在改变"①。新时代以来,中华民族精神独立性得到弘扬,这并非简单的盲目的精神世界的改变,其根本在于历史性成就和历史性变革为民族精神独立性成长提供坚实基础。

党的十八大以来,面对波谲云诡的国际形势、复杂敏感的周边环境、艰巨繁重的改革发展稳定任务,以习近平同志为核心的党中央深刻洞察时代大势、准确把握历史趋势、始终锚定奋斗目标,迎难而上、砥砺奋进,继续牢牢抓住经济建设这个中心,全面深化改革开放,坚持以供给侧结构性改革为主线,坚持以高质量发展为主题,贯彻创新、协调、绿色、开放、共享的新发展理念,建设现代化经济体系,加快构建以国内大循环为主体、国内国际双循环相互促进的新发展格局,努力实现高水平的自立自强。2021年,我国经济总量达到114万亿元,相比2012年翻了一番多。我国已拥有世界上最完备的工业体系,220多种工业品产量位居世界第一,正从"制造大国"向"制造强国"迈进。航母下海、"北斗"指路、"祝融"探火、"天宫"驻空,一件件大国重器亮点纷呈。我国迈上更高质量、更有效率、更加公平、更可持续、更为安全的发展之路,经济实力、科技实力、综合国力跃上新台阶,国际影响力、感召力、塑造力显著提升,中华民族迎来了从站起来、富起来到强起来的伟大飞跃。

中国特色社会主义进入新时代,我国社会主要矛盾转化为人民日益增长的美好生活需要和不平衡不充分的发展之间的矛盾。人民美好生活需要日益广泛,不仅对物质文化生活提出了更高要求,而且在民主、法治、公平、正义、安全、环境等方面的要求日益增长。以习近平同志为核心的党中央准确把握我国社会主要矛盾发生转化这一关系全局的历史性变化,坚持以人民为中心的发展思想,创造性提出人民幸福生活是最大的人权,通过

---

① 《"'大思政课'我们要善用之"(微镜头·习近平总书记两会"下团组"·两会现场观察)》,《人民日报》,2021年3月7日。

改革发展协调增进全体人民的经济、政治、社会、文化、环境等权利,促进人的全面发展,更好满足人民日益增长的美好生活需要。

新时代,我们打赢脱贫攻坚战,实现现行标准下9899万农村贫困人口全部脱贫,创造了人类减贫史上的奇迹;人均国内生产总值超过1.2万美元(2021年),接近高收入国家门槛;积极发展全过程人民民主,保证人民享有更加广泛、更加充分的民主权利;建成世界上规模最大的社会保障体系、医疗卫生体系,覆盖面不断扩大、保障水平日益提升……我们全面建成小康社会,人民获得感、幸福感、安全感更加充实、更有保障、更可持续。

新时代,中国共产党带领中华民族迎来了从富起来到强起来的伟大飞跃,面对着艰巨繁重的历史任务,中华民族以智慧和定力进行了伟大奋斗,以独立自主的精神状态来破解时代课题。在新时代之前,人们在改革开放的春风里为社会主义事业拼搏奋斗,直观感知到了中国实际发展状况与西方国家之间的巨大差距。在巨大差距面前,中国人的自信受到了削减,“西风”压倒“东风”的论调沉渣泛起,对社会主义制度优越性的质疑声开始出现,“崇洋”与“全盘西化”之声不断出现。在历经四十多年艰苦奋斗后,中华民族取得了举世瞩目的非凡成就,尤其在新时代,党和国家的事业取得了历史性成就、发生了历史性变革。党的十八大以来,“历史性成就”和“历史性变革”产生了“历史性的影响”。“历史性成就”是全方位的、开创性的,“历史性变革”是深层次的、根本性的,中国共产党带领中华民族“解决了许多长期想解决而没有解决的难题,办成了许多过去想办而没有办成的大事”[①]。在这一奋斗过程中,中华民族牢记自信自强,不断铸牢自身立自力更生的志气、硬自强不息的骨气、长独立自主的底气,维护和保持着中华民族精神独立性,以坚定信仰信念激发前进动力。

---

① 《习近平著作选读》(第二卷),第7页。

(二)在推进中国式现代化中弘扬中华民族精神独立性

中国式现代化是一种全新的人类文明形态,是中华民族的旧邦新命,打破了"现代化=西方化"的迷思。一方面,中国式现代化的建设历程彰显着精神上的独立自主;另一方面,推进中国式现代化必然要求保持精神上独立自主的高度自觉。所谓精神上的独立自主,是指一种自立而不依附、独立而不封闭、自觉而不盲从、自新而不僵化的精神状态和特质。一旦失去了精神上的独立自主,在问题认知上就会难以立足客观实际,而是简单套用既有经验或盲目迷信他人结论;在价值评判上难以依据本民族一脉相承的核心价值观来评价问题,而是以他者评价尺度为准或拘泥于落后时代发展的传统价值观念;在实践选择中要么削足适履、维持既有现状而错失发展机遇,要么牺牲自身发展权沦为其他民族和国家的附庸。

"党的十八大以后,中国式现代化站在了具有'并跑性'这一新的历史起点上。"[①]这里的"并跑"是指中外在现代化发展水平和探索的具体境况。在新时代之前,中国式的现代化一直处于"跟跑"和"追赶"之中。在社会主义建设时期,中国的现代化探索虽然明确强调"独立自主、自力更生"和"以苏为鉴",对于当时生产力发展较为落后的中国来说,苏联模式的影响是不可避免的,在对社会主义现代化的尝试和探索中,中华民族在整体上"跟跑"于苏联之后,不停向前"追赶"。在当时的国际局势下,中国并不具备在发展上向西方发达资本主义国家学习的客观条件。改革开放以后,在和平与发展的时代主题下,中国共产党带领中华民族创造出了更好的内外环境,社会主义现代化建设迎来了崭新的局面。"关起门来搞建设是不行的,发展不起来"[②],作为后发者,在"追赶"现代化中,"社会主义要赢得同资本

---

① 韩庆祥、刘雷德:《论新时代"历史方位"的鲜明标志》,《马克思主义研究》,2019年第11期。

② 《邓小平文选》(第三卷),第64页。

主义相比较的优势,必须大胆吸收和借鉴世界各国包括资本主义发达国家的一切反映现代社会化生产和商品经济一般规律的先进经营方式和管理方法"①。学习他国的经验和长处,这在任何时期都是必不可少的。但我们也同样要认识到,由于自身的发展较为落后,这一时期中华民族依然处于"跟跑"和"追赶"之中。

党的十八大之后,中外在现代化发展水平和探索情况上发生了有目共睹的全面而深刻的变化,中华民族从"跟跑"转变为"并跑"。这一新的历史方位可以从以下三个方面来理解:首先,中国在现代化的探索中已经成功找到了一条科学的、适合自身国情的发展道路,并取得了举世瞩目的成就。这就意味着,在继续向现代化前进的过程中,我们既不会再"倒向谁",也不会再有谁能够为我们"领跑"。其次,中国的现代化之路在世界范围内产生了重大影响,为广大发展中国家实现现代化提供了新的选择,让各国看到任何一个民族和国家的发展之路并没有统一的标准,中国的成果证明现代化实现并不一定要以丧失自身独立性为代价,这对于整个世界的发展进步有着重要意义。最后,随着西方现代化遇到的困难和难以克服的弊病有增无减,而且难以从根本上解决,尤其是当新冠疫情席卷全球之后,全世界都对现代化选择和国家治理模式有了新的认识。美国作为西方发达国家之首,在2020年总统大选之后的一系列示威游行中暴露了其自身民主的荒唐,在屏蔽社交媒体言论的行为中暴露了言论自由的双标,在华尔街空头与散户博弈的"拔网线""关渠道"等一系列行为自行戳穿自由市场的谎言。如今,美国这座号称世界自由民主"灯塔"的光亮已日益暗淡。

对于中华民族来说,为人类实现现代化提供新选择,不仅仅意味着中国与西方发达国家正在"并跑",更意味着,中国将为世界"领跑"。在推进中国式现代化新征程中,中华民族必须在自身精神上更加坚定,才能继往

---

① 《江泽民文选》(第一卷),第225页。

开来,只有进一步加强自身在精神上的独立性,才能"领跑"世界走向人类社会更加美好的未来。

(三)在推动人类命运共同体构建中弘扬中华民族精神独立性

尊重世界上其他民族和国家的精神独立性是一个民族保持自身精神独立性的一个基本前提,也是中国倡导构建人类命运共同体的一个重要理念,是为世界文明发展进步所提出的中国方案的一个重要部分。

当前,"这个世界,各国相互联系、相互依存的程度空前加深,人类生活在同一个地球村里,生活在历史和现实交汇的同一个时空里,越来越成为你中有我、我中有你的命运共同体"①。然而,当前的"全球治理体系利用制度化、技术化的手段,在实践中以'治理'之名行'统治'之实,远非解决全球化问题的'万能灵药'"②。习近平立足人类文明共同发展进步的高度,针对现行全球治理体系的种种困境,提出了"世界怎么了,我们怎么办?"的问题,并系统阐述构建人类命运共同体重要理念,对"人类社会何去何从"这一时代命题提出中国理念、中国方案。

人类命运共同体的构建与当前世界的霸权治理体系之间,一个重要的根本不同就在于前者对于文明差异的尊重,对于世界各民族和国家独立性的尊重。"各国历史文化和社会制度差异自古就存在,是人类文明的内在属性。没有多样性,就没有人类文明。多样性是客观现实,将长期存在。差异并不可怕,可怕的是傲慢、偏见、仇视,可怕的是想把人类文明分为三六九等,可怕的是把自己的历史文化和社会制度强加给他人。"③在百年未有之大变局中,世界格局深刻变革,美国作为世界上唯一霸权力量的衰败意

①《十八大以来重要文献选编》(上),中央文献出版社,2014年,第259页。

② 刘同舫:《人类命运共同体对全球治理体系的历史性重构》,《四川大学学报(哲学社会科学版)》,2020年第5期。

③《习近平谈治国理政》(第四卷),外文出版社,2022年,第460页。

味着霸权秩序正在终结。霸权的终结无疑为新型全球治理体系的构建提供了重要契机。中国作为世界百年变局的最大变量,是重建全球治理体系的中坚力量,这不是要去构建另一个霸权体系,而是倡导一种"国家不分大小、强弱、贫富都是国际社会的平等成员,国际上的事情由各国商量着办"①的新治理体系,在这个新的体系中每个国家和民族的社会制度、发展模式、价值观念都可以得到尊重,即每个国家的独立性都可以得到尊重。

尊重其他国家和民族的独立性是构建人类命运共同体的核心理念之一,亦是推动整个世界文明不断向前更好发展的关键所在。没有哪一个国家和民族甘愿受制于人,而在以霸权主导的全球治理体系中,人们必须服从于西方的思想价值观念,服务于西方的经济利益,所谓的全球化,其实质就是西方化、美国化在全世界全方位的一种推广。而这种由欧洲及其派生出来的美国主宰全球的时代即将终结,世界将"进入一个彼此竞争的现代化时代,而不再是一个西方适用一切的时代"②。新的世界文明依赖于多样的不同的文明样式交相辉映,单一的、趋同的文明组合只会带来一个陈旧的、缺乏活力的未来。"每一种文明都扎根于自己的生存土壤,凝聚着一个国家、一个民族的非凡智慧和精神追求,都有自己存在的价值。"③不同文明之所以能交相辉映出五彩斑斓的美丽,其原因就在于不同文明各具特色、各有价值。不同文明的交流互鉴推动着人类文明进步和世界和平发展。如果一个国家和民族失去了自身的精神独立性,那么它必然只能是一个与其他民族高度同质化的文明,也就不再具有推动整个世界文明向前发展的价值。

重视和保持中华民族自身的精神独立性,是主导全球治理体系变革的

---

① 杨婷、陈曙光:《霸权的终结与世界秩序的重建——兼评"中国威胁论"》,《广东社会科学》,2016年第5期。

② [英]马丁·雅克、[英]威尔·赫顿:《在中国迈向全球巅峰之际,西方统治地位的寿数将尽了吗?》,《卫报》,2009年6月23日。

③《习近平谈治国理政》(第三卷),第468页。

必要前提,对于人类命运共同体的构建有着重要价值。如果不能保持自身的精神独立性,那么就不可能提出新的全球治理体系的构想,构建人类命运共同体就会变成空谈。试想,如果我们始终不能摆脱精神上对他者的依赖,又怎么可能真正摆脱旧的国际治理体系的思想束缚。只有保持自身的精神独立性,对于旧的国际治理体系予以批判和否定,结合世界发展的新特点,才能构建起新的国际秩序。同时,对于自身精神独立性的重视亦是尊重其他民族独立性的前提,试想如果中国自身做不到这一点,说不清楚这一点,又如何在世界上倡导这一点,更何谈主导全球治理体系的变革。一些西方发达国家的媒体和政要总是用自身文明崛起中霸凌、殖民其他国家和民族的行径看待中国的发展,因而"中国威胁论""中国新帝国主义论"等论调不绝于耳。精神独立性是一个民族和国家独立性在最高层次的体现,中华民族强调自身精神独立性,同时秉持着尊重世界每一个民族和国家自身独立性的基本主张,这是对"中国威胁论""中国新帝国主义论"的明确回应。党的十九大报告中强调,中国特色社会主义进入新时代,"给世界上那些既希望加快发展又希望保持自身独立性的国家和民族提供了全新选择"①。中国给世界贡献的一个重要发展经验就是中华民族所取得的成功离不开对自身独立性的坚持,同时世界上任何一个国家和民族要取得成功都离不开自身独立性的保持。

三、新时代新思想引领中华民族精神独立性的新发展

习近平新时代中国特色社会主义思想是推动新时代伟大实践、引领新时代伟大变革的强大思想武器,为全面建成社会主义现代化强国、以中国式现代化全面推进中华民族伟大复兴提供了科学理论指引,也是引领中华民族精神独立性的新发展的科学思想。

---

① 《习近平谈治国理政》(第三卷),第8—9页。

（一）独立自主是习近平新时代中国特色社会主义思想的鲜明理论品格

习近平新时代中国特色社会主义思想的世界观和方法论聚焦新时代的中国问题，充分体现了中国智慧，彰显了中国作风和中国气派，独立自主是这一思想体系的鲜明理论品格。

第一，独立自主体现在习近平新时代中国特色社会主义思想的"六个坚持"之中。首先，在"必须坚持自信自立"中强调马克思主义的中国篇章是中国共产党人依靠自身力量实践出来的，贯穿其中的一个基本点就是中国的问题必须从中国基本国情出发，由中国人自己来解答，并要求"以更加积极的历史担当和创造精神为发展马克思主义作出新的贡献，既不能刻舟求剑、封闭僵化，也不能照抄照搬、食洋不化"①。其次，在"必须坚持守正创新"中强调"不断拓展认识的广度和深度，敢于说前人没有说过的新话，敢于干前人没有干过的事情，以新的理论指导新的实践"②，这一理论强调在思想认识中不能僵化，不能依赖于既有理论，不能在精神上泥古法古。此外，在"必须坚持人民至上"中强调人民性是马克思主义的本质属性，党的理论是来自人民、为了人民、造福人民的理论，明确了党坚持独立自主的根本所在；在"必须坚持胸怀天下"强调要具有世界眼光，以海纳百川的宽阔胸襟借鉴吸收人类一切优秀文明成果，这就意味着我们今天所强调的独立自主并不是封闭僵化，要在扩大对外开放和坚持独立自主相统一中不断前行。

第二，独立自主是"两个结合"的内在精神要求。习近平在文化传承发展座谈会上强调："在五千多年中华文明深厚基础上开辟和发展中国特色

① 《习近平著作选读》（第一卷），第16页。
② 《习近平著作选读》（第一卷），第17页。

社会主义,把马克思主义基本原理同中国具体实际、同中华优秀传统文化相结合是必由之路。"①所谓结合,即强调不能照搬照抄,不能简单复刻,在相互契合的基础之上,在相互结合中相互成就,筑牢了前行的道路根基,开启了广阔的理论和实践创新空间,巩固了文化主体性。"两个结合"实现了一个重大的理论突破,那就是如何处理好坚持科学思想指引和坚守民族文化传统的重大理论问题。马克思主义作为一种非本土诞生的科学理论,如何与中国具体实际相结合、与中华优秀传统文化相结合,离开独立自主是做不到。一个民族因实践发展中的需要,往往会接受一种外来理论,而一种外来理论要能印刻在一个民族和国家的精神之中,这个民族必须持续运用这一具有先进性的理论改造客观世界取得显著成就的同时,创造出了属于这个民族自己的理论的新发展。这种理论的新发展就不能再简单地被视为原先的那种外来性的理论,而是这一民族和国家在精神中的新的结晶,这一过程必然推动着中华民族精神独立性的成长。

第三,将坚持独立自主作为中国共产党百余年奋斗的历史经验之一。《中共中央关于党的百年奋斗重大成就和历史经验的决议》将"坚持独立自主"作为长期实践积累的十个方面宝贵经验之一,并强调"独立自主是中华民族精神之魂,是我们立党立国的重要原则。走自己的路,是党百年奋斗得出的历史结论"②。这就是立足整个中华民族、中国共产党和中华人民共和国的高度来强调独立自主,将独立自主作为民族存续发展的精神核心,将独立自主作为党和国家存立的重要原则。在中国共产党带领中华民族建立和建设中华人民共和国的伟大历程中,"党历来坚持独立自主开拓前进道路,坚持把国家和民族发展放在自己力量的基点上,坚持中国的事情

---

① 习近平:《在文化传承发展座谈会上的讲话》,《求是》,2023年第17期。
②《中共中央关于党的百年奋斗重大成就和历史经验的决议》,《人民日报》,2021年11月17日。

必须由中国人民自己作主张、自己来处理"①。

习近平新时代中国特色社会主义思想回答了新时代中国在发展前进中所面临的主要问题,独立自主的鲜明理论品格引领着中华民族精神独立性的发展。以"我在哪""我去哪"和"怎么去"三个根本性问题建构了人们精神世界的基本认知框架,这一认知框架不仅对中国人精神世界的发展进行了最为精粹的表达,也是对当代中国人精神世界发展的指引。

首先,对"我在哪"的回答,是人们认识世界、认识自身和思考一切问题的起点。党的十九大报告中用"三个意味着"对新时代中华民族所处的历史方位进行了具体阐释,关于"两个大局"的系列重要论述对中华民族的新时代境遇进行了总体性概述,此外,党的二十大报告提出的"中国式现代化""强国建设、民族复兴"等,共同构成习近平新时代中国特色社会主义思想对于中华民族"我在哪"这一问题的回答。

其次,对新时代坚持和发展什么样的中国特色社会主义、建设什么样的社会主义现代化强国、建设什么样的长期执政的马克思主义政党等重大时代课题的回答,解决了"我去哪"的问题。党的十九大报告将中国特色社会主义的总任务、主要矛盾、总体布局、战略布局、外部条件、政治保证等概括为"十个明确",党的二十大报告强调,"到本世纪中叶,把我国建设成为综合国力和国际影响力领先的社会主义现代化强国"②,并对中国式现代化五个方面的中国特色进行了阐释。这些对时代之问的回答为当代中国将走向何处指出一个明确方向,人们可以清楚地知晓作为中华民族一分子的自己将去向哪里,为每一个中国人规划未来提供了根本的依据。

最后,习近平新时代中国特色社会主义思想是中华民族前行奋斗的行动指南,为人民提供了思想指引,回答了"怎么去"的问题。党的二十大报

---

① 《中共中央关于党的百年奋斗重大成就和历史经验的决议》,《人民日报》,2021年11月17日。

② 《习近平著作选读》(第一卷),第21页。

告中指出:"继续推进实践基础上的理论创新,首先要把握好新时代中国特色社会主义思想的世界观和方法论,坚持好、运用好贯穿其中的立场观点方法。"①强调必须坚持人民至上、坚持自信自立、坚持守正创新、坚持问题导向、坚持系统观念、坚持胸怀天下。"六个坚持"是内在统一、相互贯通的有机整体,深刻揭示了习近平新时代中国特色社会主义思想的理论品格和鲜明特质,为新时代攻坚克难提供了思想武器,是每个中国人精神世界发展的重要指引。

(二)系列重要论述突显中华民族精神独立性的高度自觉

习近平关于民族精神独立性的重要论述是结合中国社会主义实践需要所做出的具有原创性的理论贡献,彰显出马克思主义理论的当代活力,集中体现着中华民族精神独立自主的高度自觉。习近平关于民族精神独立性的重要论述是对马克思主义独立自主思想进行了继承与发展,将马克思主义独立自主思想更进一步发展和提升为一个民族和国家在谋求自身发展进步时所不能缺少的一种精神特性。

马克思主义独立自主思想来源于马克思和恩格斯所提出的关于无产阶级在革命中应遵循独立自主的斗争原则,中国共产党继承了这一原则,将其运用于革命时期的各项具体工作之中,在社会主义建设和改革中将其不断发展和丰富。马克思主义独立自主思想的理论内涵十分丰富,其核心要义主要有两点:一是强调在实践中坚持无产阶级的独立性和领导权,二是坚持独立自主的道路。1937年的《上海太原失陷以后抗日战争的形势和任务》中,毛泽东正式提出了"统一战线中的独立自主"。此后,在党的六届六中全会上,毛泽东从对"统一战线中的独立自主问题"进行了具体阐释。以毛泽东同志为主要代表的中国共产党人在革命时期,结合中国具体

---

① 《习近平著作选读》(第一卷),第16页。

实际,将马克思和恩格斯关于独立自主作为无产阶级革命斗争的原则和思想创造性地运用在了政治、军事、经济和思想文化等多方面。中华人民共和国成立后,毛泽东确立了"独立自主、自力更生、艰苦奋斗、勤俭建国"的具体方针,独立自主也被运用到外交关系的处理之中。在外交工作中,周恩来强调:"我们对外交问题有一个基本的立场,即中华民族独立的立场,独立自主、自力更生的立场。"[①]在社会主义建设的具体实践中,中华民族从"以苏为师"转为"以苏为鉴",充分体现出了中国共产党在谋求发展的伟大征途中,始终坚持将独立自主思想充分运用和持续发展。改革开放后,独立自主思想又得到了进一步的强化和发展,最为突出的就是对外开放理论对其的运用和创新发展。1996年,习近平在《基本国策:从自力更生到对外开放——兼论邓小平对毛泽东独立自主思想的重大发展》中指出:"邓小平同志的对外开放理论是以毛泽东同志独立自主思想为基础,通过深入总结我国社会主义革命和建设的历史经验和展望世界未来发展趋势而形成的科学理论,它深刻反映了生产力和世界经济发展的客观要求,揭示了社会主义经济建设的基本规律,既包含了毛泽东独立自主思想的全部思想,又具有社会主义现代化建设的新的理论创新,是对毛泽东独立自主思想的重大发展,也是马克思主义对社会主义经济建设客观规律认识的一次新的飞跃。"[②]

　　把握习近平关于民族精神独立性的重要论述对独立自主思想的继承,要将其与新时代中国所面临极具危害的思想挑战紧密结合在一起。"当前,各种敌对势力一直企图在我国制造'颜色革命',妄图颠覆中国共产党领导和我国社会主义制度。……历史和现实都警示我们,思想舆论阵地一旦被突破,其他防线就很难守得住。在意识形态领域斗争上,我们没有任何妥

---

① 《周恩来选集(上卷)》,人民出版社,1980年,第321页。

② 习近平:《习近平关于社会主义市场经济的理论思考》,福建人民出版社,2003年,第94页。

协、退让的余地,必须取得全胜。"①这既关系到中国共产党的领导权,又关系到国家的独立自主发展,更是关系到中华民族能否实现伟大复兴的重要问题。而这种没有硝烟的意识形态战争,更多的是通过道德价值和文化输入的形式进行的,企图通过思想舆论领域的斗争实现不战而胜,这就需要中华民族每一个个体在精神上贯彻独立自主思想,保持精神上的独立性。同时,中华民族今天在审视民族精神独立性的问题时,所面临的不仅仅是西方对中国独立自主的影响,更是要承担起一个发展中大国对国际秩序的责任,并向世界宣告中华民族的崛起将带给世界一个与西方列强所不同的新局面,单极霸权欺压其他国家和民族的世界格局,既不合理也不能适应时代发展的新需要。正因此,习近平在和平共处五项原则发表60周年纪念大会上的讲话中强调:"我们要尊重各国自主选择的社会制度和发展道路,反对出于一己之利或一己之见,采用非法手段颠覆别国合法政权。"②不仅是中华民族自身发展的需要与选择,也是当今世界破除霸权、各国人民谋求独立发展的现实诉求,正是在这样的具体历史条件下,民族精神独立性的问题备受关注。

习近平关于民族精神独立性的重要论述对马克思主义独立自主思想在运用范围和思想高度上做出了具有原创性的贡献,回应了新时代这一新的历史方位对中华民族在精神上更加自信、自主和坚定的新诉求,体现了中华民族在精神独立性上的自觉自为。从运用范围上来说,民族精神独立性的提出将马克思主义独立自主思想从一种具体原则进一步扩展到了更为广泛的人的精神层面;从思想高度上来说,民族精神独立性将独立自主思想进一步抽象升华为一个民族和国家在谋求自身发展进步时所不能缺少的一种精神特性。

①《习近平关于总体国家安全观论述摘编》,中央文献出版社,2018年,第118页。
② 习近平:《弘扬和平共处五项原则 建设合作共赢美好世界——在和平共处五项原则发表60周年纪念大会上的讲话》,人民出版社,2014年,第7页。

　　习近平关于民族精神独立性的重要论述将独立自主思想丰富扩展至社会主义精神文明建设理论之中。中国式现代化是物质文明和精神文明相协调的现代化,中华民族的奋斗前进是物质文明和精神文明均衡发展、相互促进的结果。习近平强调:"实现中华民族伟大复兴的中国梦,物质财富要极大丰富,精神财富也要极大丰富。我们要继续锲而不舍、一以贯之抓好社会主义精神文明建设,为全国各族人民不断前进提供坚强的思想保证、强大的精神力量、丰润的道德滋养。"①而精神文明建设十分重要的一点就是思想文化的"立","文明特别是思想文化是一个国家、一个民族的灵魂。无论哪一个国家、哪一个民族,如果不珍惜自己的思想文化,丢掉了思想文化这个灵魂,这个国家、这个民族是立不起来的"②。"立"字是习近平在民族精神独立性重要论述的核心指向。提出民族精神独立性问题,表明了一个民族自身主体意识是高度觉醒的,有明确将本民族与其他民族和国家进行区别的意识,对自身精神是否依附于他者有了主动认识和审查的意识,并认为依赖和依附于他者无法使自身得到真正的发展,是民族精神独立性自觉的体现。在重要论述中强调了要注重对民族精神独立性的保持,并提出了相应的支撑点,这就表明中华民族有意识地主动维护自身精神独立性,是民族精神独立性自为的体现。也正是因此,习近平关于民族精神独立性的重要论述就将独立自主思想丰富拓展至社会主义精神文明建设理论之中。精神独立性的保持是新时代精神文明建设的一个不可忽视的需求,同时,对于保持民族精神独立性的反复强调和"两个重要支撑"的提出,也给新时代中华民族精神文明建设提供了可以依据的导向。就一个民族的生存发展来说,不仅仅是其在物理意义上的存续于,更为重要的是在精神上足够强大以支撑起其立足于世界民族之林。一个民族在精神上的

---

　　①《习近平谈治国理政》(第二卷),第323页。

　　②《习近平著作选读》(第一卷),第279页。

强大与否,独立性是最为重要的向度之一,它既是一个民族在世界民族之林中伫立而不被同化的思想基础,也是一个民族在世界民族之林中茁壮成长而不被淘汰所需的精神特质。

第二节　新时代弘扬中华民族精神独立性
所面临的挑战

"如果我们的人民不能坚持在我国大地上形成和发展起来的道德价值,而不加区分、盲目地成为西方道德价值的应声虫,那就真正要提出我们的国家和民族会不会失去自己的精神独立性的问题了。"①道德价值对于一个国家和民族的精神发展具有重要影响,要对自身的精神传统给予足够的重视,不能不加区分、盲目地认为西方的道德价值优于中国,一味追随西方会失去自身的精神独立性。同时,我们所要坚持的道德价值是处于不断发展中的,一旦一个民族所遵从的道德价值囿于传统而停滞不前就会陷入僵化,不能满足时代发展的需要而在精神上依附于传统,同样会失去自身在精神上的独立性。

一、世界百年未有之大变局中西化和保守的思想倾向同时泛起

在世界百年未有之大变局中,中华民族所面对的是一个"世界范围内各种思想文化交流交融交锋的新形势"②。而中华民族对于进一步扩大对外开放的决心是坚定的,习近平强调,"中国对外开放是全方位、全领域的,

---

① 《习近平关于全面深化改革论述摘编》,第88页。
② 《习近平关于社会主义文化建设论述摘编》,第72页。

正在加快推动形成全面开放新格局"①。在这样一个思想观念和精神文化交锋激荡的新形势中,人们对于他者的认识开始出现了西化和保守两种思想倾向同时泛起的现象。这两种截然相反的现象背后所反映的是西方思想文化侵蚀和思想认识自我封闭两种不同的精神挑战,虽然两者均不是当前中华民族精神世界的主流,但两者对于新时代弘扬中华民族精神独立性的挑战是切实存在的,必须予以重视并深入探究。

(一)西方思想文化侵蚀对弘扬中华民族精神独立性的挑战

西方思想文化侵蚀对民族精神独立性的挑战的实质是,人们以美国为首的发达资本主义国家作为自身未来发展的标准,将西方视为精神上的崇拜对象,根本危害在于使民族自我认同发生动摇甚至丧失,产生民族失败主义和民族投降主义的认知,精神上出现否定自身、一切向西方看齐的被殖民状态,自行将其他国家和民族视为更高等级的存在,自我精神矮化,对于当代中华民族精神独立性的发展来说,这是最为显著、最为致命的一种挑战。

在新时代全方位、全领域对外开放的新格局中,人们在精神上接受还是拒斥西方思想文化的侵蚀在不同社会领域中有着不同的体现,如意识形态领域中对西方"普世价值"的争论、在经济领域中"技工贸"与"贸工技"之争、文化领域中精美精日等崇洋媚外现象,以及人们对外交事件的各种消极言论等。在世界处于百年未有之大变局的背景下,"崇美""恐美""跪美"等情绪仍在社会中不时涌现,"全盘西化""普世价值"等诸多论调盛行,其背后是各种敌对势力的推波助澜,"妄图颠覆中国共产党领导和我国社会主义制度",他们以意识形态领域为突破口,"企图把人们思想搞乱,然后浑

水摸鱼、乱中取胜"。①这种思想认识上的西化关乎国家意识形态的安全，关乎社会的稳定发展，关乎一个民族在精神上的独立性。

当一个国家或民族处于世界发展第一梯队之外时，在一个民族的精神世界中，如何正确认识自身与世界先进国家之间的关系、如何评价先进国家的发展成就，以及面对差距如何追赶，这对于一个民族在物质和精神两方面的长远发展十分重要。具体而言，就是能否形成对发展处于领先地位的国家或民族的客观认知、价值判断和应对策略，即是否认为其发展模式和发展成果是人类未来发展的唯一途径和标准；是否向往其所取得的发展成就，判断其发展模式是否值得借鉴，是否认同其在发展中所遵循或追求的价值观念；是在借鉴形成自身特色还是全盘照搬，是否以其发展路径作为自身未来发展模式的唯一选择。关于前述这些客观认知、价值判断和应对策略问题的回答，对于后发国家来说是不断变化的，尤其是当面临发展瓶颈或挑战困难时，区分发展过程中必须遵守的一般规律和地方民族传统或特色这两方面往往需要高度理论自觉。一旦在思想舆论的影响下，对于这些客观认知、价值判断和应对策略问题的回答发生演变，由一般性的客观认知转变为奉他人为主、自甘为奴的主仆式认知或先天卑劣、视自身传统为害的种族优劣论，那么这个民族在精神世界中就会受到奴役，并在认识问题、评价问题和解决问题的过程中自甘落后，因而在各领域各行业不再拥有话语权，不再以自身的发展和利益为优先，陷入被殖民的状态之中。

上述丧失民族精神独立性的系列认识、评价和行动的产生，在民族内部往往有着明确的主导人群。当我们对西方思想文化侵蚀这一精神挑战进行具体分析时，可以发现在思想认识上持此类西化观点的群体有两种不同构成。一种是利益相关者，其在主观上或出发点上并不认为自己的所作所为有损民族和国家的利益。这类人群通常自身的利益诉求在现实世界

① 《习近平关于社会主义文化建设论述摘编》，第37页。

之中未能被满足,如外资企业的工作者,其社会经济基础是外来资本,其社会意识也就自然地反映出外资的需求,因此在社会生活的各种实践中表现出依附;又如以部分大学教授为代表的知识分子,在西方掌握着学术话语权、占据着科研发展领先位置的情况下,其所论所述又皆为西方理论,进而在思想认识上推崇西化;还有部分高收入人群有着超越中国社会现实发展水平的一些诉求,因此否定中国现行的制度,认为西方更为先进,从而崇拜西方。他们在很多问题上往往脱离实际地将西方的一切奉为圭臬,认为只有向西方看齐才能解决中国在发展中所出现的问题,是一种削中国现实发展之足来适西方之履的思维方式,沉醉于西方所建构所宣传的虚假的美好价值之中。另一种是"拿钱说话"的别有用心者,其目的是搅乱中国社会的正常发展,企图颠覆中国现行的社会主义制度,最终实现背后"金主"的利益诉求或政治诉求。

除了上述明确的主导群体外,还衍生出一批追随者和被蒙蔽者,由此形成的错误言论往往会形成风气,在人们的思想认识上烙上"钢印",并影响到社会生产、生活的各个领域。由于缺乏相应的人生经历和知识储备,这些人往往被一些精心编织的半真半假或完全虚构的言论所蒙蔽,从而成为响应西化言论者的"急先锋"。在舆论场中主导群体抛出问题或观点,"急先锋"积极响应并形成风气,大众往往会因此被蒙蔽,从而形成错误认知,丧失了自身精神上的独立性。这种舆论思想的影响,并不仅仅是在文化领域产生着危害,还会使得这个国家和民族在社会生产、生活的方方面面遭受影响,如当面临产业发展和碳排放问题时,简单一味地放弃工业发展来支持环境保护的观点看似正确,实质是在放弃自己国家走向未来的发展权利。此时,如果缺乏权威科学的引导,人们将难以冷静客观地认识分析应对问题,并且相应的理念和认知将会潜移默化地影响人们日常工作中的判断和决策。而这种看似正确的理论背后,则是先发国家在已对环境造成毁灭性破坏并完成现代化过程而发出"何不食肉糜"的话语陷阱,暗含的是锁死后发国家实现工业化、实现独立自主的认知陷阱,而这正是一个民族在精神上丧失独立性的危害所在。

新时代以来,思想舆论领域中精神西化的问题已经发生了很大改善。现实的舆论场中,这种精神上要求全盘西化的问题更多的是在一些具体社会问题和政策争论中展现出来,往往又在互联网时代中被放大,通常由别有用心者挑头煽动社会舆论热点,以利益相关者形成舆论发酵的主力,从而达到西化的宣传效果,而互联网世界中由于人们的身份不在场和身体不在场,其鉴别往往是十分困难的。因此,精神西化对于中华民族精神独立性发展所带来的挑战依然是十分严峻的,事关国运兴衰和文化安全,需要给予足够的重视和有效的应对。

(二)思想认识自我封闭对弘扬中华民族精神独立性的挑战

思想认识上的自我封闭所带来的民族精神独立性挑战是指,人们在精神上将一切外来的事物和思想都视为严重的入侵,形成了过度的防御心理,精神上出现自我封闭的孤立状态。对于一个民族的精神发展来说,保持开放才有独立的问题,拒斥与他者交流必然造成精神上的自闭,从而对民族精神独立性的弘扬形成挑战。

当前,人类社会正处于世界历史进程之中,任何国家和民族企图将自身与世界长期割裂开来,都显然不符合人类社会发展规律和世界发展大潮。党的二十大报告指出,"当前,世界之变、时代之变、历史之变正以前所未有的方式展开。一方面,和平、发展、合作、共赢的历史潮流不可阻挡,人心所向、大势所趋决定了人类前途终归光明。另一方面,恃强凌弱、巧取豪夺、零和博弈等霸权霸道霸凌行径危害深重,和平赤字、发展赤字、安全赤字、治理赤字加重,人类社会面临前所未有的挑战。"[1]对外开放是当前世界

---

① 《习近平著作选读》(第一卷),第49页。

发展的大势所趋,不断扩大对外开放水平也是世界各国家和民族的现实选择,但在当前的国际体系之中,国与国之间的交流合作并不全是平等互惠的交流交往,霸权霸道霸凌行径依然可见。随着国际战略竞争日趋激烈,大国之间信任缺失,冷战思维卷土重来,意识形态对抗老调重弹,美西方所构筑的"价值观联盟"通过扩大价值分歧、限定民族标准、构造舆论陷阱等方式[①],对全世界其他非西方国家带来了意识形态安全和政权安全的冲击。

思想认识上的自我封闭有着显性和隐性两种不同存在形式,在目标要求、表现形式、作用方式和影响危害等方面存在显著不同,对新时代中华民族精神独立性的保持所带来的挑战也有着显著区别。

显性的自我封闭表现为,对外来事物和思想的拒斥有着明确的目标要求,即全面或部分地实行闭关锁国。这种思想认识形成的主要动因是出自对于本国政治稳定、产业利益和文化安全等方面的保护,试图通过主动隔离来构建一个民族共同体的保护圈,并由此在精神世界中形成了自我封闭。在以资本为主导的世界历史进程中,这一思想认识显然没有长期存在的现实根基。当前,对于已经在经济全球化中站稳脚跟且切实从吸收借鉴外来思想中受益的中华民族来说,这种显性的精神上的自我封闭并没有发展的现实基础,也难以对中华民族保持精神开放带来实质性的挑战。真正对中华民族保持精神上开放产生实际影响的是隐性的思想认识上的自我封闭,这种影响又是较为隐秘且难以自觉的。

隐性的自我封闭并没有明确的目标要求,它往往表现在我们认识问题时带有局限性的思维方式上,存在于我们评价问题时过度强调自我保护的价值要求之中,从而在最终的实践选择中体现出思想上的不开放。隐形的自我封闭同显性的自我封闭相同,源于对于本国政治稳定、产业利益和文

---

① 蒋蕊韩、吴艳东:《美西方构筑"价值观联盟"的动因、表现及中国应对》,《国外理论动态》,2023年第6期。

化安全等方面进行主动保护的要求，在思维方式、评价问题和实践选择中往往表现出因噎废食的状态。例如，在中美贸易摩擦发生后，人们意识到关键技术上被"卡脖子"的严重危害，开始对核心技术的自主创新有着前所未有的高度重视，这本身是民族精神独立性发展的重要体现，但一种在所有领域都拒绝国外先进技术引进的论调也随之产生，这显然就是一种因噎废食的偏激思维方式。从世界科学技术发展的大趋势来看，对于先进技术的引进是十分必要的，关键在于能否发挥民族精神独立性对所引进的技术进行吸收消化，并在此基础上进行新的创新，这是落后领域技术发展的一条重要道路。此后，随着人们开始注意到美国制造业流失所带来的就业等一系列社会问题，东南亚部分国家承接全球工业转移，加之新冠疫情中口罩等重要医疗物资的短缺，很多人意识到了全产业链的重要性，进而提出要将全部产业链的所有生产环节全部配齐且全部留在中国国内。这种看似精神独立的观点其实是精神上自我封闭的一种表现，这种观点既不符合经济全球化的大势，也违背了经济发展的基本规律。按照前述观点，中国制造出全世界所需要的商品，产生巨额的贸易逆差之时，我们向世界购买什么？在用中华民族的辛勤劳动满足全世界的物质需求后，能换回的仅仅是自然资源或不再具有实际价值的债券和黄金。在此类问题中，这种隐形的自我封闭的国家和民族，处于发展领先地位的国家和民族不敢与之交流交往，害怕自身受损，处于发展落后地位的国家和民族也不敢与之交流交往，害怕被超越。这种思想认识在本质上是一种零和博弈，缺乏合作共赢的思维方式，不能理解构建人类命运共同体所推动的当代世界发展新格局，它实际上将一个民族精神上的独立性偏激地变形成了一种过度保护和精神自闭。

《中共中央关于制定国民经济和社会发展第十四个五年规划和二〇三五年远景目标的建议》（以下简称《建议》）中强调的是"提升产业链供应链现代化水平"，"坚持自主可控、安全高效，分行业做好供应链战略设计和精准施策,推动全产业链优化升级"。这里所强调的是对于产业链的控制能力和编辑能力,是一个民族实事求是地对问题进行认识之后进行判断所得出的结论,而不是一种简单的带有精神自我封闭倾向的思维方式。同时,《建议》中明确要求"加强国际产业安全合作,形成具有更强创新力、更高附加值、更安全可靠的产业链供应链"①。这一既强调开放又强调安全的观点,才是民族精神独立性进一步发展的体现。

党的二十大报告指出:"中国坚持经济全球化正确方向,推动贸易和投资自由化便利化,推进双边、区域和多边合作,促进国际宏观经济政策协调,共同营造有利于发展的国际环境,共同培育全球发展新动能,反对保护主义,反对'筑墙设垒'、'脱钩断链',反对单边制裁、极限施压。"②在遭遇困难、摩擦甚至是挑衅之时,能否保持战略定力,能否实事求是地认识问题和解决问题,离不开一个民族精神独立性的健康发展。前述隐性的自我封闭所带来的危害是十分值得警惕的,它既不利于我国社会经济的健康成长,也不利于中华民族在精神上保持开放。尤其是当我们日益走向世界舞台中央之时,如何立足中华民族发展实际,着眼全人类合作共赢,推动构建人类命运共同体,精神独立性的健康发展既有助于铸牢中华民族前进道路上的精神防线,也有助于中华民族正确认识与世界其他国家和民族之间关系,承担好一个负责任的大国角色。

二、改革攻坚关键期不同社会思想观念之间的冲突日益突显

新时代的中华民族所面对的是一个"改革进入攻坚期和深水区、各种深层次矛盾和问题不断呈现、各类风险和挑战不断增多的新形势"③,是一

① 《中共中央关于制定国民经济和社会发展 第十四个五年规划和二〇三五年远景目标的建议》,《人民日报》,2020年11月4日。

② 《习近平著作选读》(第一卷),第50页。

③ 《习近平关于社会主义文化建设论述摘编》,第72页。

个"社会思想观念和价值取向日趋活跃、主流和非主流同时并存、社会思潮纷纭激荡的新形势"①。随着全面深化改革的不断推进,人们对于要不要改革、改什么和如何进行改革的认识分歧逐渐产生,思想中认知僵化和共识流失的现象逐渐增多。从弘扬中华民族精神独立性的角度来看,这一现象反映出人们对于自身传统的认识分歧开始显现,进一步推进改革开放的教条主义思想认知和社会共识弱化流失开始增多,虽然两者均未占据当前中华民族精神世界的主导认知,但对新时代弘扬中华民族精神独立性带来的挑战是不容忽视的。

(一)教条主义思想认知对弘扬中华民族精神独立性的挑战

教条主义思想认知所带来的民族精神独立性挑战是指,人们向往既往传统中所出现的某一种现实或理论中的社会状态,其本质在于部分群体对于新事物或新境遇所带来的社会发展及利益变动的拒斥,精神上出现依赖于"传统"的停滞状态,从而对民族精神独立性的发展形成挑战。具体来说,就是人们产生了阉割现实的教条主义思维方法,将这种社会状态的价值实现理想化、绝对化,以期在实践选择中保持现状或回到过去。

在当前社会生产力水平下,对于一个处于持续发展的社会来说,人们所面临的这种精神僵化有其存在的必然性。之所以必然,是因为不存在一套能够预知未来发展一切困难并将其完美解决的社会发展方案,所以只要社会处于发展变革之中就会出现问题,尤其是出现过往社会中不曾出现的新问题,这时候就很容易产生"还是曾经好"的想法。对于正处于快速发展且不断变革之中的中华民族来说,人们在精神上所要面对的这种僵化挑战是必须予以重视的。

---

① 《习近平关于社会主义文化建设论述摘编》,第71页。

对于当代中国来说,不能否认的是改革开放后资本运作、市场经济、对外开放在带来巨大发展成就的同时,给中国社会带来了种种问题,尤其是贪污腐败、贫富差距、社会信任感下降、价值观念分歧等问题的凸显,但因此否认中国特色社会主义是不可取的,显然是没有把握住当代中国社会主要矛盾的一种片面认识。

在这种情况下,当一些问题以极端的方式在现实中呈现出来,人们就会产生还是"老路"好的想法。这种想法偏激地忽视了发展中的问题要依靠发展来解决的客观规律,以一种脱离现实的教条主义思维方式认识问题,进而思想陷入僵化,甚至产生了否定改革开放的想法,要求走纯而又纯的教科书式的社会主义道路,选择性地忽略了"老路"中种种不适应当下的客观条件,并将过往社会中的公平正义等价值观念的实现状况放大,忽视了如富强、民主、法治等重要社会价值的重要现实意义。部分观点认为要实现共同富裕必须简单地消灭一切资本,要开展阶级斗争以实现彻底的公有制。在民族伟大复兴实现的关键时期,世界百年未有之大变局的背景下,全面深化改革和扩大对外开放势不可当,如果不能正确处理好这种脱离实际的把应然当实然的僵化思想,就必然会使中国社会的发展受阻,甚至走上弯路、错路。这样一种社会思想波动的出现,实际是人们在认识问题、评价问题出现偏差后,造成的在精神上过于依赖"传统",与客观事实相脱离,与实事求是的思想路线相背离,从而形成的精神上的僵化,对中华民族精神独立性的发展形成挑战。

在教条主义思想认知对"传统"的精神依赖中,这种"传统"包括但不限于对社会主义革命和建设时期的精神想象,还包括对所谓的"民国时期""封建王朝"等的错误认知。在部分影视作品和舆论观点中,往往会刻画出"民国时期""封建王朝"中帝王将相、才子佳人的"美好"日常生活,使人们产生错误的认识,这是对历史的虚无和错误解读,没有看到历史发展的主题主线和主流本质,没有看到广大劳动人民被压迫、被剥削的悲惨状况,其主要观点在本质上是背离唯物史观,背离人民群众的根本利益的。如果说对于社会主义革命和建设时期的精神想象仍是对于科学社会主义建设在思想路线上的不同认识,属于精神上的"懒惰"或者依赖,是一种精神上的僵化,对于"民国时期""封建王朝"的泥古法古,则是利益集团披着所谓的"复古"外衣,事实上对主流意识形态话语权的一种挑战。需要注意区分的是,拒斥对"传统"的精神依赖,并不是要割裂传统、抛弃自身的历史文化,而是强调要运用辩证唯物主义的观点,不能对"传统"简单地照搬照抄,要将马克思主义与中华优秀传统文化相结合,实现创造性转化和创新性发展。中华文明需要的是别开生面,要进一步实现从传统到现代的跨越,更好发展出中华文明的现代形态。

在持有教条主义思想认知的主要群体中,既有部分惧怕改革的社会既得利益群体,也有对过往社会抱有错误思想认识的相关群体。这一类思想认知在产生形式上与西方思想文化侵蚀具有相似性,也有相应的主导群体,并衍生出一批追随者和被蒙蔽者,由此形成的错误言论往往会形成风气,在人们的思想认识上进行了错误引导,进一步影响到社会生产、生活的各个领域。

从中华民族精神世界的成长来看,教条主义的思想认知也会压制中华民族的每个个体的精神独立性,从而使得中华民族在创新创造中失去了精神上的活力。创新能力是当今世界国际竞争新优势的集中体现。"在激烈的国际竞争中,惟创新者进,惟创新者强,惟创新者胜。"[1]当前中国正面临着"形势逼人、挑战逼人、使命逼人"的紧迫局面,"实践反复告诉我们,关键核心技术是要不来、买不来、讨不来的。只有把关键核心技术掌握在自己手中,才能从根本上保障国家经济安全、国防安全和其他安全"[2]。正因此,

---

① 《习近平谈治国理政》(第一卷),第59页。
② 《习近平谈治国理政》(第三卷),第248页。

党的十九届五中全会提出："坚持创新在我国现代化建设全局中的核心地位,把科技自立自强作为国家发展的战略支撑。"①民族精神独立性要求民族共同体中的每一个个体都能摆脱既有思维和认知的局限,为创新创造提供精神活力,"没有人的精神独立性,就不能产生积极的创新思维,就不能带来科学技术的革命"②。民族精神独立性的弘扬对个体精神独立性的发展起到了重要的促进作用,可以具体通过目标指引、思想教化、行为规约和化民成俗等具体方式来促进和带动个体精神独立性的发展。在实现中华民族伟大复兴的新征程中,需要通过对每一个个体精神独立性的增强,来提振人们在精神上的自信,从而对于现实中的问题不再感到迷茫和慌乱,能够增强精神定力,提升独立自主应对问题的能力,激励人们勇于创新创造,并在解决问题的过程中完成自身精神世界的进一步成长。

(二)社会共识弱化流失对弘扬中华民族精神独立性的挑战

社会共识弱化流失所带来的民族精神独立性挑战是指,人们由于利益主体的分化而产生了不同的价值诉求,思想认识上出现了否认一切共识的分化状态,由此也会对"自身传统"产生严重分歧,对包括自身发展既有经验、传统文化在内的一切自身"传统"进行质疑,此时一个民族所共有的精神家园便出现真空,从而岌岌可危,民族的精神独立性也随之面临瓦解。

社会共识的凝聚对于新时代中华民族的行稳致远有着重要意义,一旦社会共识被弱化,不仅会阻碍全面深化改革的进一步推进,而且会危及整个社会的平稳发展。具体来说,就是支撑人们形成社会合力的共识基础被消解,产生了对于社会现实短期化、片面化的认识,社会不同群体之间的价值诉求分化,甚至对立,否定和解构包括民族传统价值、社会主导价值在内

---

① 《中共十九届五中全会在京举行》,《人民日报》,2020年10月30日。
② 黄力之:《以大历史观认识五四运动的历史意义》,《思想理论教育》,2019年第6期。

的一切价值共识。这样的一种社会精神矛盾往往出现于一个发展停滞、社会各阶层流通渠道堵塞或消失的社会之中,同时在多民族构成的共同体国家,这一社会矛盾往往会被放大,并造成公民对国家认同的弱化、空心化。

在当代国际社会中,由于共识弱化流失所造成严重社会问题的典型代表就是今天美国社会的撕裂,具体表现为身份政治的泛滥、各类不同诉求的社会抗议活动频繁爆发、总统候选人得票率相近等,所带来的是严重的内部精神消耗,形成了"美国反对美国"等一系列社会现象和问题。

就今天中华民族精神独立性发展的现状来说,社会共识弱化流失的问题并不是一个最为紧迫或最为直观的挑战,但由于互联网时代对于极端情绪的快速放大,中国作为网络信息化发展最快的国家,加之人口基数的庞大,这是需要格外注意和提前应对的一种挑战。当代中国人生活方式已经发生了从"网上网下"到"人在网中"的转变,网络信息化的快速发展在促进个人精神成长发展的同时,往往也会助推着这种思想认识上的分化状态产生。这种助推主要通过两种形式表现出来,一是网络信息化所形成的信息茧房使得人们对于社会认知变得片面化,对于社会发展的认识变得短视,个人及所在群体的价值共识愈发封闭和僵化,相比传统的信息交流时代整个社会的主导价值对其产生的影响有着明显下降,新观念、新风气推行的难度增大。二是在网络信息化时代极端负面信息的快速传播往往给个人认知发展带来偏差,由于中国人口基数庞大,即便是一种个别现象或者小概率事件,往往也会形成社会舆论热点,在互联网的放大效应下,这无疑会加速人们的思想认识分化为存在一定差异的不同群体。在这种情况下,对于需要不断深化改革和扩大对外开放的中华民族而言,相关制度的改革空间被压缩,具体政策的执行往往也会遇到一定的阻力,更会使得改革试错的社会成本急剧拉升。在这一过程中,社会共识弱化流失所产生的影响往往会使得整个民族的共有精神家园感召力下降,民族精神独立性的发展亦因此面临挑战。

　　对于新时代的中华民族来说,社会共识弱化流失主要表现及其危害在于推进改革的精神共识被削弱和中华民族团结奋进的精神合力被减弱。

　　一方面,全面深化改革离不开"坚持改革开放"这一社会共识,这一共识的弱化从根本上来说是对于中国特色社会主义共同理想信念认同的弱化,随之产生的内耗会松动民族精神独立性的根基。随着中国特色社会主义进入新时代,我国迎来了发展的关键期,同时也进入了矛盾多发期,城乡之间、区域之间、经济社会之间、人与自然之间等矛盾日益突出,社会利益群体分化造成了推进全面深化改革的动能不足。"中国已经进入改革的深水区,需要解决的都是难啃的硬骨头。"①如果不能实事求是地认识问题,不能正确分析和判断一个民族和国家在不同发展阶段中遇到的不同问题,不能用发展的眼光认识问题,在发展中解决问题,显然无法凝聚一个社会内部不同利益群体的共识。在此时,中华民族精神世界中会出现一定程度的裂痕,如不能加以干预和引导,一旦"小我"让位"大我"的道德规范无人遵循,追求共同的伟大目标将会被解构,民族精神独立性的根基会出现松动。同样,如果一个民族保持着精神独立性的高度自觉,可以为这一民族提供了一种超越性的精神导向,每一个个体便会有更强的战略定力,为了集体的长远追求和共同利益做出适当让渡,并依据民族发展前景来设立自身发展目标,从而增加对现实中不同社会群体之间矛盾冲突的容忍度,降低社会的内耗。

　　另一方面,中华民族团结奋进的精神合力被减弱在此具体是指民族共同体意识被削弱,从而使得民族精神独立性的主体面临被分化的风险。民族精神独立性的主体即中华民族共同体。在中国特色社会主义取得巨大成就的同时,国内外反华势力对中国的崛起极不甘心,对中国的发展给西方造成的冲击耿耿于怀,"港独""台独""疆独"等势力的背后都有各股势力

---

　　①《习近平关于全面深化改革论述摘编》,第13页。

的身影,他们千方百计地推行分化中国的战略,其目的就是为了削弱中国。这一意识形态侵略战略也正是美西方国家在苏联等很多非西方国家曾经使用过并收获成效的,对于被肢解的国家,所面临的是国家资源被美西方资本集团所掠夺、国民利益被美西方国家所剥削、国防安全被剥夺、民族被美西方精神殖民。中华民族精神独立性的主体是多元一体的民族共同体,强调各民族像石榴籽一样紧紧拥抱在一起,使得中华民族形成一个包容性强、凝聚力大的命运共同体不断向前奋进。"各族人民亲如一家,是中华民族伟大复兴必定要实现的根本保证。"①一旦在国内外反华势力煽动或策动下民族共同体意识被削弱,民族精神独立性便会面临主体被分化的挑战和风险。同时,弘扬民族精神独立性可以通过突显中华民族与世界上其他民族共同体在情感、理想、信念、规范上的不同来凝聚和整合民族共同体意识,以降低国内外敌对势力煽动或策动下的分裂风险,为实现中华民族伟大复兴的中国梦提供精神合力。

第三节　新时代弘扬中华民族精神独立性的基本途径

　　增强"四个自信"是新时代保持中华民族精神独立性的重要支撑。在新时代新征程中,走"老路""邪路",不仅是对未来的放弃,而且意味着自身精神独立性的丧失,要在中国特色社会主义道路的坚持和拓宽中保持中华民族精神独立性;要明辨各类社会思潮对自身精神独立性发展方向的影响,在马克思主义新境界的开辟中保持中华民族精神独立性;要打破"现代化=西方化"迷思,在中国特色社会主义制度的不断完善及治理效能转化中

---

　　①《习近平谈治国理政》(第三卷),第299页。

保持中华民族精神独立性；文化自信是筑牢民族精神独立性发展阵地的核心问题，要坚守中华民族的文化主体性，在当代中国文化的繁荣兴盛中弘扬中华民族精神独立性。

一、坚持道路自信，提供弘扬中华民族精神独立性的现实基础

"世界上没有放之四海而皆准的具体发展模式，也没有一成不变的发展道路。"①一旦放弃了自身发展道路的独立性，一个民族和国家的精神独立性也就无从谈起。对处于世界百年未有之大变局之中，想要实现自身伟大复兴的中华民族来说，最为根本的就是坚持和发展自身所开创的中国特色社会主义道路。改革开放以来，中国共产党带领中华民族依据中国具体实际开创了中国特色社会主义道路，进入新时代之后，在坚持中国道路的同时又对这一道路进行了拓宽。不走封闭僵化的老路和改旗易帜的邪路，反映和激励着新时代中华民族在精神上的坚定自主；依据新时代的历史方位更新发展理念，使得中国道路在与时俱进中得以拓宽，高扬起新时代中华民族在精神上的求实创新旗帜。

（一）道路自信与中华民族精神独立性

一个民族对一条道路的开创、坚持和发展，脱离了其自身在精神上的独立性是难以做到的；而一条独立自主的道路在实践中所收获的成功，可以使人们对于走自己的路满怀信心，进而塑造和坚定着这个民族在精神上的独立性。

所谓道路自信，是指中华民族对中国特色社会主义道路的坚定信心。"我们要坚信，中国特色社会主义道路是实现社会主义现代化的必由之路，

---

① 《习近平著作选读》（第一卷），第214页。

是创造人民美好生活的必由之路。"①一个民族的精神独立性最终体现在应对问题、解决问题的实践选择之中。对于中华民族来说,新时代是中华民族全面建成小康社会的时代,更是全面建设社会主义现代化强国的时代;新时代是社会主要矛盾转化开启的时代,亦是为满足人民日益增长的美好生活需要奋进的时代。在应对这些问题、解决这些问题的实践选择中,能否坚定不移地沿着中国特色社会主义道路走下去,这是新时代中华民族精神独立性最为直接的现实体现。

道路自信对弘扬中华民族精神独立性起到了重要的支撑作用,主要体现在中华民族对于自身从何处走来的肯定、对自身走向何处的坚定和如何走下去的确定。中国特色社会主义道路的核心要义是,"我们要坚持把以经济建设为中心作为兴国之要、把四项基本原则作为立国之本、把改革开放作为强国之路,不能有丝毫动摇"②。中国特色社会主义道路是中国共产党领导下中华民族在改革开放中所开创的道路,强调以四项基本原则为"本",表明这样一条道路并不是凭空出现或是盲目追随他人,而是承接中国革命道路和建设道路,是对于自身来时之路的继承,体现着中华民族对于自身过往的基本认识;在坚持"本"的基础上强调以经济建设为中心是兴国之"要",表明这样一条道路所走向的未来是一个富强民主文明和谐美丽的社会主义现代化强国,体现出中华民族对于自身未来的设想;在前两者的框定下,强调改革开放是强国之"路",表明中华民族连接过往与未来的是一条切实可行的通道,体现着一个民族怀揣梦想、立足实际对于自身如何走下去的思考。因此,道路自信就是对这种基本认识、设想和思考的正向评价,即一个民族对于自身过往的肯定,对于自身未来设想的明确和如何完成连通过往与未来的确信。这些正是一个民族在实践中拒绝他人随

---

① 《习近平谈治国理政》(第二卷),第36页。

② 《习近平谈治国理政》(第二卷),第37页。

意说教、驳斥企图套用西方资本主义的标准来裁剪中国的根本所在,是中华民族坚持独立自主不断走下去的精神支柱,是一个民族精神独立性的重要支撑。

(二)走"老路""邪路"意味着中华民族精神独立性的丧失

道路自信是进行道路抉择后对这种抉择的一种肯定性认识与评价。"我国的实践向世界说明了一个道理:治理一个国家,推动一个国家实现现代化,并不只有西方制度模式这一条道,各国完全可以走出自己的道路来。"①中国道路所取得的辉煌成就彰显和激励着中华民族在精神上保持着独立性。然而,无论哪一时期,哪一个民族和国家,所走过的发展道路都不可能是尽善尽美的,总会面临新的情况、新的困难和新的挑战。中国特色社会主义道路形成于改革开放的进程之中,必然也会面临各种困难和挑战,尤其是在新时代,改革进入攻坚期和深水区,扩大对外开放处于世界格局深刻变革的大环境之中,艰难险阻只增不减。在新的形势下,始终坚持中国共产党的领导,坚持社会主义的发展方向,坚持以实现共同富裕、民族复兴和人的全面发展为目标,就是坚持中国道路的根本所在,也是中华民族在精神上保持坚定的根本所在。

方向决定道路,道路决定命运。"走向何处"是一条道路所要回答的首要问题,也是选择一条道路之后所不能动摇的根本。一旦在困难和挑战面前,缺乏对于正确道路的坚定信心,放弃了建设富强民主文明和谐美丽的社会主义现代化强国的正确方向,就难免走上"老路"和"邪路"。而一旦走上"老路",就是选择将自己的认知固化在所谓"纯而又纯"的社会主义建设的理解之中,也就意味着放弃了社会主义市场经济,放弃了改革开放,目光被发展中所出现的问题所遮挡,无视已经开辟出来的新路及其所取得的巨

①《习近平关于社会主义政治建设论述摘编》,第7页。

大成就,违背了实事求是的基本原则,也背离了社会主义对解放和发展生产力的本质要求,也将致使中华民族在精神上走向封闭僵化。一旦走上"邪路"就意味着中华民族在精神上走向西化,就是选择对自身开创社会主义美好未来的放弃,被西式话语所蒙蔽而忽视了国情、历史和文化等一系列重要差别对一个民族和国家发展道路选择的影响,更是无视资本主义国家对本国和世界人民剥削、掠夺的历史,无视现实中东欧等原社会主义国家和奉行所谓"自由民主"路线的拉美国家的悲惨现状,无视美英为代表的西方发达资本主义世界系统性危机的现实,最终会致使中华民族在精神上被西化、被矮化,甚至成为别人的附庸。中华民族"既不走封闭僵化的老路,也不走改旗易帜的邪路"①,只有坚持走中国特色社会主义的正路才能取得成功,才能保持和弘扬中华民族在精神上的独立性。

需要明确的是,新时代的中华民族坚持不走"老路"和"邪路",但不能忽视过往之路和其他民族所选道路对于"新路"的重要价值。不走"老路"并不是对于中华民族来时之路的否定,而是在肯定过往之路的重要价值和突出贡献的同时,依据现实情况进行实事求是的判断之后,认为"老路"已不再适合当前发展的需要,因此反对的是不顾实际的自我封闭、自我僵化的"老路"。不走"邪路"并不是对吸收和借鉴其他民族和国家发展经验的拒斥,而是拒绝不切实际的甚至是错误的发展方向,拒绝其他发展道路的照搬,强调中华民族进一步发展的具体实际需要,因此所反对的是要变革发展方向的教条主义的"邪路"。因此,对于"老路""邪路"的拒斥正是中华民族在精神上自主的体现。

(三)坚持和拓宽中国道路,增强中华民族精神独立性发展的现实基础

坚持和拓宽中国道路彰显和激励着中华民族在精神上保持求实和创

---

① 《习近平著作选读》(第一卷),第214页。

新,弘扬着新时代的中华民族精神独立性。"处于什么位置"和"依据什么样的走法"是一条道路具体走起来之后所要回答的切实问题,也是选择一条道路之后需要不断审视和思考的问题。正是因为有这种对于历史方位和发展形势认识的求实精神,有这种根据实际不断调整发展理念的创新精神,中国道路才能越走越宽。

伟大的时代呼唤着伟大的精神,站在中国社会发展重要历史机遇上的中华民族也迎来了自身精神独立性发展的重要机遇。习近平强调,当前我国社会主义事业进入了一个新发展阶段,"新发展阶段是社会主义初级阶段中的一个阶段,同时是其中经过几十年积累、站到了新的起点上的一个阶段"[1]。新发展阶段是中华民族实现从站起来、富起来到强起来的伟大跨越的阶段,这种历史性的跨越不仅要求我们在物质条件上要强,同样在精神世界也要强起来。随着中华民族在新发展阶段实现的各种新突破之后,整个民族在精神上也必然发生新的变化,在这一过程中如何引领中华民族精神世界的走向将变得十分重要,也因而成为民族精神独立性进一步成长的新机遇。站在这样一个新起点上,中华民族拥有着新中国成立以来特别是改革开放以来所取得的坚实物质基础,但必须意识到,"社会主义初级阶段不是一个静态、一成不变、停滞不前的阶段,也不是一个自发、被动、不用费多大气力自然而然就可以跨过的阶段,而是一个动态、积极有为、始终洋溢着蓬勃生机活力的过程,是一个阶梯式递进、不断发展进步、日益接近质的飞跃的量的积累和发展变化的过程"[2]。这就意味着新发展阶段中,中华民族在精神上就不能处于封闭僵化之中,要求我们要以高度的精神独立性投入新发展阶段之中,要以发展而非停滞的眼光看待社会主义初级阶段的

---

[1]《深入学习坚决贯彻党的十九届五中全会精神 确保全面建设社会主义现代化国家开好局》,《人民日报》,2021年1月12日。

[2]《深入学习坚决贯彻党的十九届五中全会精神 确保全面建设社会主义现代化国家开好局》,《人民日报》,2021年1月12日。

内在演进,要以主动而非被动的意识应对跨越阶段可能面临的困难和挑战,要以积极活跃而非消沉死板的精神状态参与新发展阶段的伟大奋斗之中。

在新的历史条件下,基于中国社会的新发展和新局面,以习近平同志为核心的党中央对当下中国所处的新的历史方位进行了明确,指出了社会主要矛盾的转化,提出了创新、协调、绿色、开放、共享的新发展理念,为拓宽持续向前的中国道路提供了基本遵循。

一方面,新的历史方位彰显着中华民族在精神上的求实。"中国道路是中国共产党在不同历史阶段且解决不同的社会主要矛盾和根本问题的进程中开创出来的。"①这就决定了在中国特色社会主义的前行道路上必须对不同发展阶段的现实状况有贴合实际的认识和判断。中华民族正由富起来走向强起来,中国由"欠发展"状态转入"需要进一步发展"的状态。这种对于历史方位把握的变化,反映出中华民族在依据中国道路不断前行的过程中始终保持着头脑清醒、既不冒进也不保守,能够与时俱进、既不僵化也不虚妄,体现出自身在精神上的求实。

另一方面,新的发展理念体现和激励着中华民族在精神上保持创新。"在不同历史阶段,中国道路会有不同走法,同一条根本相同的道路也会有具体不同的走法。"②对于新时代的历史方位有着清晰认识的同时,还需要对道路的走法进行创新,这就使得中国特色社会主义道路越走越宽。理念是行动的先导,就中国道路具体走法而言,实行怎样的发展理念是在有既定的发展目标和清晰的现实认识下的核心问题。我国经济已由高速增长阶段转向高质量发展阶段。面对经济发展由量的扩张到质的提高的新局面,新的发展理念要求以创新为第一动力、以协调为内生特点、以绿色

---

① 韩庆祥:《论中国道路及其本源意义》,《中国特色社会主义研究》,2020年第2期。
② 韩庆祥:《论中国道路及其本源意义》,《中国特色社会主义研究》,2020年第2期。

为普遍形态、以开放为必由之路、以共享为根本目的。新的发展理念标识出中国的发展从注重"有没有"转向了"好不好",反映出中国特色社会主义道路正在不断拓宽、不断升级,彰显和激励着中华民族自身在精神上的创新。

二、坚持理论自信,提供弘扬中华民族精神独立性的思想指引

"中国共产党能够不断地丰富、发展中华民族精神,最关键的就是始终坚持用马克思主义的科学理论来指导、弘扬和培育民族精神的实践,保证了弘扬和培育民族精神的正确方向。"[①]近代以来,正是由于选择和坚持了马克思主义作为理论指导,中华民族才能对自身传统做出客观的总结和批判,才能对外来的思想文化进行理性的分析、反思和借鉴,也因此中华民族精神独立性始终能够沿着正确的方向不断发展。习近平新时代中国特色社会主义思想开辟了马克思主义当代发展的新境界,既表明中华民族精神独立性随着时代发展而不断进步,也为中华民族精神独立性在新时代的弘扬提供了最新最贴切的理论指导。

(一)理论自信与中华民族精神独立性

一个民族如果缺乏精神上的独立性和主心骨,便会在思想上成为其他民族的附庸,跟随其他的民族和国家人云亦云,既无法真正地认同和实践一种理论,更无法发展理论向世界贡献精神财富;而一个民族在精神上的发展进步离不开科学理论的指引,民族精神独立性的发展亦是如此。

所谓理论自信,是指中华民族对中国特色社会主义理论的坚定信心。"我们要坚信,中国特色社会主义理论体系是指导党和人民沿着中国特色

---

① 吴潜涛、冯秀军:《弘扬和培育中华民族精神的基本途径》,《北京大学学报(哲学社会科学版)》,2006年第5期。

社会主义道路实现中华民族伟大复兴的正确理论,是立于时代前沿、与时俱进的科学理论。"①中国特色社会主义理论体系是马克思主义科学真理与中国改革开放的具体实践相结合形成的,是具体指导和运用于实现中华民族伟大复兴实践的一种理论,既是科学的正确的,又是与时俱进的。正因为中国特色社会主义理论兼具着理论性与实践性相统一、真理性与发展性相统一的特质,理论自信的增强本身就在塑造着中华民族在精神上的先进性和创造性,彰显出中华民族精神独立性的成长。

理论自信对弘扬中华民族精神独立性起到了重要的指引作用。一个民族在精神层面的发展方向是由占据主导地位的理论所指导所决定的。增强理论自信,可以增强和稳固中国特色社会主义理论在人们思想中的指导地位,进而加强对于民族精神独立性发展的指引。对于理论的坚定信心并不是指一种盲目的、宗教式的信心,而是"建立在理性认知和客观评价基础上的自信"②,即一种理论自觉基础之上的理论自信。它包含着对自身坚持以什么理论为实践指导的把握,对自身如何坚持和发展这一理论的认识,对自身依据理论能否实现既定目标和未来期待的坚定信心。这种把握、认识和信心不仅体现着一个民族在精神上的独立自主,有助于矫正自身在精神上的自负自满或自怨自艾,同时也决定着一个民族在思想认识上的主导,决定着民族精神独立性的发展方向。

(二)消解错误社会思潮对中华民族精神独立性发展走向的负面影响

社会思潮"作为社会意识的活动形态,处于经常性的流变之中……是在社会心理和特定的思想理论这两个层次上活动着"③。对于一个民族共

---

① 《习近平谈治国理政》(第二卷),第36页。
② 黄明理、李嘉谊:《习近平新时代中国特色社会主义思想的理性自信及其意义》,《江苏社会科学》,2019年第2期。
③ 梅荣政:《用马克思主义引领社会思潮》,武汉大学出版社,2008年,第57页。

同体来说,人们的群体社会意识变化的根源在于社会存在发生了新的变化,在应对这种变化所展现出来的精神状态和特性即为民族精神独立性的体现,而社会思潮因其在社会意识层次结构中的特殊性,加之其本身所具有的流变性,就成为反映民族精神独立性发展变化的显性领域。

增强理论自信,就必然要同社会上所出现的各种错误思潮进行坚决的斗争。在中国特色社会主义新时代,诸如新自由主义、民主社会主义、历史虚无主义、民粹主义、普世价值观等各类错误思潮的出现和翻涌,在人们的思想认识中能够产生影响的大概有三个方面的原因,其一,苏联解体、东欧剧变之后,世界科学社会主义运动陷入低谷,这一巨大的外部变化在一定程度上削弱了人们对社会主义的认同,一部分人的理想信念发生了动摇,思想领域的真空开始出现,随着中国特色社会主义的发展,这一消极影响已基本清楚,但思想中的阴影和伤痕仍在,在一定情况下它是切实存在的,我们必须予以重视的思想防线上的弱点;其二,以英美为首的西方发达资本主义国家通过文化输出的方式所形成的意识形态领域的攻击,使得一些错误和虚假的价值观念开始在思想认识不够清晰坚定的人群中滋生;其三,现代化的快速发展使得人们心中对于资本主义和社会主义之间的界限变得模糊,思想防线上的警觉性下降,未能意识到意识形态陷阱可能会带来的严重后果。

在坚定理论自信与各类错误思潮斗争的过程中,中华民族精神独立性的正确发展方向得以保证。习近平指出:"思想舆论领域大致有红色、黑色、灰色'三个地带'。红色地带是我们的主阵地,一定要守住;黑色地带主要是负面的东西,要敢于亮剑,大大压缩其地盘;灰色地带要大张旗鼓争取,使其转化为红色地带。"①主流意识形态在坚守舆论阵地、批驳各类错误社会思潮时,一方面可以进一步向受众宣传和普及自身的立场和观点,揭

---

① 《习近平谈治国理政》(第二卷),第328页。

露各类思潮的非马克思主义和反马克思主义本质,起到引领社会思想正确发展方向的效果;另一方面,与各种思潮的斗争中,理论通过不断观照现实问题,不断与时代相结合,也是马克思主义理论本身不断发展不断成熟的过程。因此,坚定理论自信在思想领域中的这种坚守、亮剑和争取,都在实现着中华民族在精神层面的调校,为民族精神独立性的发展指引了方向,理论本身在结合实际与论战中的成长也在促进着民族精神独立性的成长。

(三)开辟马克思主义新境界,指引中华民族精神独立性发展的正确方向

新时代马克思主义发展新境界的开辟主要体现在两个方面,一是马克思主义指导中国具体实践取得了巨大成就,显示出其自身的旺盛生命力,开辟了科学社会主义具体实践的新境界;二是习近平新时代中国特色社会主义思想在马克思主义哲学、政治经济学、科学社会主义三大领域都提出了许多具有原创性的理论,使得马克思主义理论发展达到了一个新境界。在上述两个新境界的开辟中,马克思主义的科学性得到了时代的验证,有力地驳斥了"过时论",更为重要的是,中华民族以高度的精神独立性在新时代遵从但不固化于马克思主义,取得了令世界瞩目的非凡成就,并在此基础上总结经验、把握规律,续写了马克思主义发展的新篇章。

马克思主义理论在中国实践中的旺盛生命力激励着中华民族精神独立性不断发展。马克思主义理论并不诞生于中国,最早的实践成功也并非在中国取得,但中华民族却在实践中选择了它,并通过所取得的巨大成就向世界证明,"马克思的思想理论源于那个时代又超越了那个时代,既是那个时代精神的精华又是整个人类精神的精华"[①]。纵观人类对科学社会主义实践的探索历史,其中不乏最终失败而令人惋惜的探索,这些失败的一

[①] 习近平:《在纪念马克思诞辰200周年大会上的讲话》,第7页。

个共同的重要原因就是没能在坚持马克思主义基本原理的前提下,在具体的实践中对其进行灵活的运用。在中国特色社会主义的新时代探索中,正是因为中国共产党在带领中华民族进行具体实践中保持着精神上的独立性,才能既没有教条主义地认识和对待马克思主义,也没有被所谓的"普世价值""民主社会主义"等错误思想所迷惑。这使得中华民族既可以通过科学的理论来认识诸如"黑命贵""攻占国会山"等当代资本主义社会所频发的系统性危机,也可以灵活地实际地运用马克思主义来指导自身发展的实践。当前,社会主义与资本主义在当今世界处于长期共存的局面之中,中华民族选择坚持马克思主义,并在它的指导下取得了巨大成功,这无疑鼓舞着中国人民坚定马克思主义信仰,从而也在肯定和激励着自身精神上的独立性。

习近平新时代中国特色社会主义思想是马克思主义中国化时代化的最新理论成果,这一理论成果不仅是中华民族精神独立性在当代高扬的体现,更是新时代弘扬中华民族精神独立性必须坚持的理论指导。一方面,理论上新境界的到达本身就是中华民族精神独立性的重要体现,因此,从延续和弘扬民族精神独立性的角度来说,以习近平新时代中国特色社会主义思想为理论指导是对中华民族精神上保持先进性和灵活性的自我确认。另一方面,能够指导一个民族精神发展的最为贴切的理论必然是回应这个时代问题的理论。习近平新时代中国特色社会主义思想产生和发展于新时代,回答了坚持和发展什么样的中国特色社会主义、怎样坚持和发展中国特色社会主义等重大时代课题,因而也是当代弘扬中华民族精神独立性最为贴切的理论指导。

在习近平新时代中国特色社会主义思想所提出的一系列具有开创性、引领性、战略性的新思想、新观点、新论断中,构建人类命运共同体的相关理念具有最为突出和重要的理论意义和实践价值。这是在世界百年未有之大变局中,面对"世界怎么了""人类怎么办"的问题时,中华民族贡献给世界的中国方案。人类命运共同体理念超越了以资本扩张本性为依托的现有全球治理体系,直面当今世界各国人民所面对的共同困难和各自诉求,立足于世界历史发展的具体性阶段和总体性维度相统一的角度,并主张通过增进共识、树立共同体意识、推动世界经济平衡发展、尊重和保障各方主体平等,以及搭建全球治理的实践平台等手段以对现有全球治理体系进行优化,这一理论"深刻体现了马克思主义'共同体'理论的基本原则和价值追求,开创了科学社会主义理论的新境界新天地"①。更为重要的是,这一理论对中华民族如何在精神上认识和看待其他民族和国家提供了极具开创性回答的理论指引。

三、坚持制度自信,提供弘扬中华民族精神独立性的制度保障

在改革开放的进程中,中国共产党领导中国人民依据自身社会发展的现实,开创了独具中国特色的社会主义制度,并以此为基础不断发展形成了一整套治理体系。当代中国的社会制度和治理体系的根本是社会主义制度,这与西方极力推广的制度模式有着根本不同,"我们用事实宣告了'历史终结论'的破产,宣告了各国最终都要以西方制度模式为归宿的单线式历史观的破产"②。正是中国特色社会主义制度的显著优势和治理体系的强大效能在比较中不断凸显,人们的制度自信不断增强。制度不仅是当代社会各项事业稳定发展持续推进的基础,对于中华民族精神独立性的弘扬来说亦是如此。

(一)制度自信与中华民族精神独立性

一个民族和国家如果无法独立自主地发展出适合自身实际的制度和

---

① 范希春:《新时代新思想新境界——习近平新时代中国特色社会主义思想对马克思主义的创新性理论贡献》,《马克思主义研究》,2020年第8期。
②《习近平关于社会主义政治建设论述摘编》,第7页。

治理体系,只能照搬和复刻其他民族的制度,就难以实现自身长远的发展,即便取得一定的成就,也难以获得真正的自我认可,甚至会产生对其复刻民族的精神依附和崇拜。更为重要的是,制度在组织、引导和规约人们的社会行为和活动,可以将其内含的价值导向和精神要求传递给人们。因此,一个独立自主的社会制度一方面可以通过排斥、抑制制约精神独立性发展的因素,为民族精神独立性的发展提供良好的社会环境;另一方面可以将弘扬民族精神独立性这一主题不断在社会各项制度的完善和修订中融入和突显,进一步为民族精神独立性的发展提供制度保障。

所谓制度自信,是指中华民族对中国特色社会主义制度的坚定信心。"我们要坚信,中国特色社会主义制度是当代中国发展进步的根本制度保障,是具有鲜明中国特色、明显制度优势、强大自我完善能力的先进制度。"[①]中国特色社会主义制度从本质上来说是一种社会主义制度,其之所以先进表现在与中国具体实际相契合的民族特色、与其他制度相比较的优势和不断自我更新完善的强大能力之中。一个民族对于自身实践选择的认同和确证,最为直观的来源就是对于自身国家制度优势和治理效能的感受,这种直观感受影响着这个民族是否有自信继续坚持自身独立自主的实践选择。中国革命、建设和改革的成功实践并不是简单对某一国家的模仿和复刻,而是基于对自己国情实际的考量之后的选择,并最终形成了一套以社会主义为根本、独具民族特色的制度。"在中国这样一个有着五千多年文明史、十三亿多人口的大国推进改革发展,没有可以奉为金科玉律的教科书,也没有可以对中国人民颐指气使的教师爷。"[②]在这种坚持独立自主的探索之中,就必然离不开中华民族对自身独立性的维护和保持,同时,坚定对这种探索所取得制度成果的信心,也正是中华民族精神独立性的重要体现。

---

① 《习近平谈治国理政》(第二卷),第36页。
② 《习近平著作选读》(第二卷),第225页。

制度自信对弘扬中华民族精神独立性起到了重要的保障作用。对于一个民族和国家来说,通过何种制度、何种治理来使得整个社会既能实现快速发展,又能实现社会稳定,不同的民族和国家由于自身历史和发展状况的差异对于这一问题都应当有着不同的回答。制度自信生成于这些回答中所体现的制度的比较优势和现实中所呈现的治理效能之中。在制度自信生成的过程中,肯定了制度本身所表达的价值取向,规约和抑制了社会发展中与根本制度相背离的因素。因此,一个本身体现着民族精神独立性的社会制度或者一个为弘扬民族精神独立性所建构的机制体制,其在获得广泛社会认可的过程中,形成一个正向促进的效应,保障着这个民族的精神独立性成长。

(二)对社会主义制度的坚守是中华民族精神独立性发展的根本保障

社会主义制度是我国最高层次和最根本的制度,也是中国特色社会主义制度优势的根本所在,对社会主义制度的坚守为中华民族精神独立性发展提供了根本保障。习近平在主持中央政治局第十七次集体学习时指出:"新中国成立后,我们党创造性地运用马克思主义国家学说,为建设社会主义国家制度进行了不懈努力,逐步确立并巩固了国家的国体、政体、根本政治制度、基本政治制度、基本经济制度和各方面的重要制度,中国特色社会主义制度不断完善,中国特色社会主义法律体系也不断健全。"[①]国体、政体和根本政治制度处于社会制度建构的首要位置,是其后各项制度的前提,同时,中国特色社会主义制度体现着党的领导、人民当家作主、依法治国这三者紧密有机结合,是经济、政治、文化、社会、生态文明等各方面各项制度相互协调、相互呼应的制度体系。党的十九届四中全会把中国特色社

---

① 习近平:《坚持、完善和发展中国特色社会主义国家制度与法律制度》,《求是》,2019年第23期。

会主义制度区分为根本制度、基本制度、重要制度，作为我国根本制度的社会主义制度，其根本性的原则是中国共产党领导下的中国人民当家作主，是必须始终坚守不能动摇的，是当代中华民族能够实现各项发展的根本保障。

"制度优势是一个国家的最大优势，制度竞争是国家间最根本的竞争。"①在比较中确信中国特色社会主义的制度优势是增强制度自信最为直接有效的途径，进而使得中华民族精神独立性发展的保障更加牢固。党的十九届四中全会通过的《中共中央关于坚持和完善中国特色社会主义制度、推进国家治理体系和治理能力现代化若干重大问题的决定》（以下简称《决定》），系统总结概括了我国国家制度和国家治理体系在坚持党的领导、坚定人民立场、总体布局和战略布局好、贯彻落实强、集中力量办大事等十三个鲜明而显著的优势。这种制度优势使得中国共产党作为执政党领导能力充分发挥，市场配置力量充分体现，人民主体力量充分调动，转化出了强大的治理效能，应对了一系列的危机和挑战，推动了当代中国各项事业的发展。

今天，我们打破了"现代化=西方化"迷思，不断增强制度自信。在中国特色社会主义的发展过程中，很多人所鼓吹的"三权分立""多党制""选票政治""军队国家化"等，其实质是要改掉我国社会主义制度的根本，这不仅会动摇我国社会稳定发展的根基，而且会通过否定一个民族在历史中的选择来动摇这个民族的信心，击溃一个民族在精神上保持独立的防线。而在事实上，奉行这些所谓更先进、更文明制度的西方发达资本主义社会正面临着诸如"黄马甲""枪支泛滥""社会撕裂"等系统性危机之中。正如习近平在北京考察冬奥会、冬残奥会筹办工作时所说的，"北京冬奥会、冬残奥会所有场馆建设提前一年完成，我国很多冰雪项目在两年多时间里实现从

---

① 《习近平著作选读》（第二卷），第277页。

无到有,有的项目达到了世界先进水平,充分体现了党的领导和举国体制、集中力量办大事的制度优势"①。中国人民在自身的稳定与发展和外部世界的动荡与危机中显著感受到了制度优势和治理效能的强大,在增强制度自信的同时维护和保持了中华民族精神独立性。

(三)加强制度完善及治理效能转化,筑牢中华民族精神独立性发展的保障

习近平立足新时代的历史方位,提出将我国社会主义实践划分为前后两个半程,指出,"前半程我们的主要历史任务是建立社会主义基本制度,并在这个基础上进行改革,现在已经有了很好的基础。后半程,我们的主要历史任务是完善和发展中国特色社会主义制度,为党和国家事业发展、为人民幸福安康、为社会和谐稳定、为国家长治久安提供一整套更完备、更稳定、更管用的制度体系"②。并强调,这一过程并不是简单的、碎片化的微调,而是要通过系统性的改革使得国家治理体系和治理能力现代化上形成总体效应、取得总体效果。这就意味着中华民族对于在新时代中进一步改革和完善现有制度和进一步将制度优势转化为治理效能的需要有着清醒认识,反映和保证着自身在精神上不陷入自满僵化之中。

随着党的十九届四中对于《决定》的公布,制度的改革和完善就拥有了"一部以制度优势和治理效能应对'新时代''大变局'的纲领性文献"③。正是因为中国共产党带领中华民族在前进的道路上,对建立起来的制度及这一制度治理效能转化的一系列问题不断进行着改革和完善,保障了中国制度没有走向僵化,更没有背离制度建立的初心。制度和治理体系的改革并

① 《坚定信心奋发有为精益求精战胜困难 全力做好北京冬奥会冬残奥会筹办工作》,《人民日报》,2021年1月21日。
② 《习近平关于社会主义政治建设论述摘编》,第6—7页。
③ 韩庆祥:《以"制度优势""治理效能"应对"新时代""大变局"》,《马克思主义与现实》,2020年第1期。

非易事,其根本在于能否触动既得利益集团,从而达到促进社会更好发展的目标,而一个国家如果长久处于一个僵化的制度之中,无疑会制约社会生产力的发展,甚至造成严重的社会危害。这种制度僵化和治理体系的失效在现实的欧美国家中屡见不鲜,其中最为典型的就是美国制度的积重难返,美国制度支撑了其国家二百余年的发展和强盛,必然有其先进之处。如今却因种种原因难以实现调整,不断造成着"美国反对美国"的社会现象发生,如曾经为了与北美自然条件、原住民、宗主国进行抗争,设置了持枪的相关制度,在当时的具体环境中有其合理性和必然性,但时至今日,美国处于"枪击每一天"的现状时,禁枪的相关制度却难以形成。此外,共和党与民主党两党党争日益加剧,本应不断变革的各项制度常常沦为两党之间相互攻击的手段,抑或是成为政客为了竞选而喊出的空头支票。相比之下,新时代中国对于制度改革和治理效能提升的清醒认识和相关实际举措的实施,是中华民族对于如何进一步加快自身发展的思考和实践,反映和保证着中华民族在精神上不自满、不僵化,始终保持自信和奋进。

要抓住世界百年未有之大变局为中国特色社会主义制度优势的凸显提供的外部契机,坚定制度自信,进而使得弘扬中华民族精神独立性的保障更加牢固。在全球化深度发展和互联网信息快速普及的今天,不同国家之间的制度和治理能力比较对于人们认识制度、判断制度优劣有着最为直观和突出的影响。这种影响主要通过与外部竞争对手和合作对象的强弱比较、整个外部世界体系对于该民族的定位和期待这两个问题来产生,此时,如何看待和应对这两个问题及其所产生的影响是一个民族精神独立性发展的重中之重。

外部的强势必然会影响一个民族对于自身的信心,如不予以重视和加以应对,甚至产生依附性的社会心理和民族失败主义情绪,将对民族精神独立性形成严重挑战;外部世界体系对这个民族的定位和期待往往通过一个国家自身的外交、经济和政治等方面来被民众所感知,从而对这个民族的自我认知产生影响,进而对民族精神独立性产生影响。这两个问题在新时代都发生了明显的转变,这种转变也给中华民族精神独立性在新时代的弘扬提供了外部的契机。一是,美国作为中国加入世界贸易组织之后最为重要的竞争对手和合作对象,其所出现的发展颓势与中国不断发展所呈现的盛势形成鲜明对比,中美发展之间所出现的"势变",意味着近代以来中国所面对的外部强势日益消散。二是,整个外部世界体系已经从原先接纳中国这一世界贸易的新伙伴、将中国作为产业转移对象的定位转变为寄希望于中国拉动世界增长、引领世界发展新格局的构建,对中国的最主要期待也从廉价劳动力的获取转变为世界最大市场,期待中国为世界和平与发展贡献更多中国智慧,这是基于中国近年所取得巨大发展成就所引起的"时迁"。这种"势变"和"时迁"既是当代中国不断增进自身制度自信的有利条件,也为牢固中华民族精神独立性发展的保障提供了一个重要契机。

四、坚定文化自信,提供弘扬中华民族精神独立性的文化滋养

"文化自信内在地包含着对本国本民族文化传统和文化现实的信任和认同,也包含着对优秀民族精神的激越和张扬。"①文化是涵养一个民族在精神上成长发展的源泉。一个民族和国家对于自身文化的认同和自豪,必然内在地包含着对自身民族精神的肯定,增强本民族与世界上其他民族的文化进行交流碰撞时的精神定力。同样,一旦缺少了精神上的独立自主,一个民族和国家也难以对自身的文化产生坚定的自信。在文化自信的增强中滋养中华民族精神独立性,必须抓住价值观自信这一核心问题,坚守中华民族的文化主体性,弘扬中国精神,不断实现对于传统文化、革命文化和社会主义先进文化的新发展。

---

① 宇文利:《文化自信与民族精神互促共生》,《前线》,2017年第3期。

（一）文化自信与中华民族精神独立性

文化自信的增强与民族精神独立性的弘扬有着互促共生的关系。文化领域是一个民族和国家精神发展的主要阵地，文化自信是事关民族精神独立性的大问题。一个民族和国家对于自身文化的认同和自豪，必然内在地包含着对于自身民族精神的肯定，增强了本民族与世界上其他民族的文化进行交流碰撞时的精神定力。同样，一旦缺少了精神上的独立自主，一个民族和国家也难以对自身的文化产生坚定的自信。

所谓文化自信，是指中华民族对中国特色社会主义文化的坚定信心。"文化自信，是更基础、更广泛、更深厚的自信。在5000多年文明发展中孕育的中华优秀传统文化，在党和人民伟大斗争中孕育的革命文化和社会主义先进文化，积淀着中华民族最深层的精神追求，代表着中华民族独特的精神标识。"[①]这种五千年孕育发展、生生不息的文化传承是中华民族既一脉相承又与时俱进的精神追求和精神标识，构建起了中华民族独特精神世界，是中华民族精神独立性之所以存在的根基。一旦动摇了这种对于自身的文化自信，就否定了自身文化存在的独特性，那么中华民族必然丧失与其他民族在精神上的区分度，最终失去民族精神独立性。

文化自信不仅仅是强调精神上的独特性，还强调着精神上的自主和发展。文化自信并不是僵化地固守已有文化，而是要加大对自身文化的创造性转化和创新性发展，不断吸收外来文化的精华为自己所用，"每一种文明都延续着一个国家和民族的精神血脉，既需要薪火相传、代代守护，更需要与时俱进、勇于创新"[②]。中华民族有着鲜明而独特的文化传统，但沉浸于往日辉煌止步不前必然会带来衰败，历史已经证明故步自封、因循守旧的

① 《习近平谈治国理政》（第二卷），第36页。
② 习近平：《出席第三届核安全峰会并访问欧洲四国和联合国教科文组织总部、欧盟总部时的演讲》，人民出版社，2014年，第17页。

文化是没有前途的。坚定文化自信,要坚守中华文化立场,更要传承和发展中华文化。在文化发展的导向上,习近平强调"传承中华文化,绝不是简单复古,也不是盲目排外,而是古为今用、洋为中用,辩证取舍、推陈出新,摒弃消极因素,继承积极思想,'以古人之规矩,开自己之生面',实现中华文化的创造性转化和创新性发展"①。在文化发展中要吸取和超越"古"与"洋",并在二者的基础上发展出"新",这无疑强调的是文化发展中要自主创新,因此,以文化自信支撑起一个民族在精神上的独立性,就不仅仅强调一个民族在精神上的独特性,还要注重精神上的自主性和发展性。

(二)价值观自信是涵养中华民族精神独立性发展的核心问题

价值观是一个民族和国家思想文化的内核,是一个民族在长期历史实践中所形成的精神结晶。习近平强调:"中国人看待世界、看待社会、看待人生,有自己独特的价值体系。中国人独特而悠久的精神世界,让中国人具有很强的民族自信心。"②因此,一个民族在价值观上是否自信,是能否持续涵养一个民族精神独立性发展的核心问题。对于新时代的中华民族来说,增强价值观自信最为重要的着力点就是培育和弘扬社会主义核心价值观。

培育和弘扬社会主义核心价值观,是对中华民族一脉相承的价值观念的坚持和发展,为中华民族精神独立性提供了支撑。对一个具有活力处于蓬勃发展中的民族和国家来说,其整体价值观念上必然是一种多元多样、交织互动的样态,但其整个社会的核心价值观是唯一的。核心价值观作为整个社会精神思想体系的内核,它在整个社会的思想文化领域中处于中心地位,发挥主导作用。"社会主义核心价值观有深厚的历史底蕴和坚实的现

---

① 习近平:《在文艺工作座谈会上的讲话》,第26页。
② 习近平:《出席第三届核安全峰会并访问欧洲四国和联合国教科文组织总部、欧盟总部时的演讲》,人民出版社,2014年,第42页。

实基础,它所倡导的价值理念具有强大的道义力量,它所昭示的前进方向契合中国人民的美好愿景。"①社会主义核心价值观中蕴含着中国传统文化的价值精髓,深厚的历史沉淀为中华民族精神形成的独特性提供支撑;社会主义核心价值观体现着当代中国人民精神文化发展的价值需求,坚实的现实基础为中华民族精神的发展提供依据;社会主义核心价值观昭示着中国人民美好愿景中所包含的价值期望,描绘出中华民族对于未来自身精神发展的诉求。社会主义核心价值观是中华民族一脉相承的价值观念在当代的具体表达,是这个民族在精神上是否独立的关键所在。核心价值观体现着这个民族评价问题、判断是非曲直的标准,如果这个标准是他者制定的,或者直接放弃自身的价值判断以他人的判断为准,那么这个民族在精神上必然是依附于他者的。

(三)推进文化繁荣,提供中华民族精神独立性发展的养分

在文化领域思考和解决如何弘扬中华民族精神独立性,最终离不开当代中国文化的进一步发展。具体来说,就是要在文化的繁荣兴盛中坚守主体性、抓住核心依据和把握文化发展新要求这三个方面久久为功,为中华民族精神独立性的发展供给养分。

坚守中华民族的文化主体性是对当前文化发展方向的指引,对中国式话语表达诉求的回应,体现着中华民族在精神上的成熟和自信,是对自身精神独立性自觉诉求的满足。一方面,坚守中华民族的文化主体性体现着中华民族在精神上的高度自觉和强烈的主体意识。中华文化的发展方向取决于中国道路的特色和性质,符合于文化发展的民族性需求。"文化立场深层次地关涉坚持谁的文化,为谁和为什么而发展文化的问题。"②在多样

---

① 《习近平关于社会主义文化建设论述摘编》,第132页。
② 郭凤志:《深刻把握坚守中华文化立场的深刻内涵》,《光明日报》,2018年1月29日。

文化价值碰撞和激荡的今天,坚持自身文化的主体性,保持自身在精神上的发展方向,立场的坚守无疑是最为重要的。另一方面,坚守中华民族的文化主体性是对中国话语体系内在诉求的回应,而这种诉求正是中华民族自身精神独立性高度自觉的一种反映。习近平在文化传承发展座谈会上的讲话中强调:"坚定文化自信的首要任务,就是立足中华民族伟大历史实践和当代实践,用中国道理总结好中国经验,把中国经验提升为中国理论,既不盲从各种教条,也不照搬外国理论,实现精神上的独立自主。"①主体性的坚守需要通过一定的话语体系所表达出来,一个国家的学术话语体系,本质上是一种国家叙事,是一个民族和国家自身意志的体现。中华民族对于自身文化主体性的坚守,不仅仅是对于自身民族文化的一种情感归属,还是对以一种独属于本民族的创造性的方式来把握现在、展望未来的一种需求。在这种精神需求中,文化主体性的坚守可以让自身的文化记忆被唤醒,使得自身获得一个畅游于过去、现在和未来的精神入口。

中国精神为中华民族精神独立性的弘扬提供了核心依据。伟大创造精神、伟大奋斗精神、伟大团结精神、伟大梦想精神是习近平立足中国人民这一主体对新时代中国精神内涵的系统阐释。这一阐释是对中国人民精神世界的历史积淀、现实写照和未来需要的贯通,是对新时代中国精神新的注解。创造、奋斗、团结和梦想反映了新时代中华民族谋求更好发展的精神需求,也是弘扬中华民族精神独立性的核心依据。伟大创造精神孕育着新时代中国发展的新奇迹,要求着中华民族在新时代的发展中打破精神上的包袱积极创新;伟大奋斗精神激励着我们将一个个奇迹化为现实,指引着我们勇于进取,敢于在实践中检验和探索真理,消散精神上的困惑;伟大团结精神汇聚着当代中国不断前进的力量,促进和要求着中华民族形成具有独特标识的精神家园,巩固着中华民族一脉相承的价值追求;伟大梦

---

① 习近平:《在文化传承发展座谈会上的讲话》,《求是》,2023年第17期。

想精神激发奋进之路上的民族活力,鼓舞着中华民族积极设想不同于其他民族和国家所追求的新文明样态,不断突破自身精神上的既有限定。

在当代中国文化的繁荣兴盛中弘扬中华民族精神独立性,最终要落实到对中国特色社会主义文化的进一步发展之中。新时代对于中华优秀传统文化、革命文化和社会主义先进文化进一步发展提出了不同要求,体现了中华民族精神发展方向的独立自主,反映着自身精神文化上的高度自觉。"推动中华优秀传统文化创造性转化、创新性发展,继承革命文化,发展社会主义先进文化,不忘本来、吸收外来、面向未来,更好构筑中国精神、中国价值、中国力量,为人民提供精神指引。"①中华优秀传统文化中刻画着中华民族的精神基因,对于它的创造性转化是指将其中极具时代价值的精华部分与当代中国现实相结合后的再阐述,体现着中华民族高度的精神自觉,对于它的创新性发展是指将其中能给予人们深刻启发的内容结合时代加以扩展延伸,体现着中华民族高度的精神自强。革命文化铸就了中国特色社会主义文化的红色基因,是今天坚定中华民族理想信念最为重要的文化资源,对于革命文化的继承,其关键在于使之成为今天坚定文化自信的精神支柱,并弘扬其精神内核以鼓舞和激励中华民族在新时代的伟大斗争中不断前进,体现着中华民族对于自身精神信仰的守护。社会主义先进文化标识着中华民族当代精神发展的高度,是中华民族依据自身实际在近代以来的历史进程中的必然文化选择,其本身就是中华民族在精神上独立自主的一个重要体现。在新时代强调对于社会主义先进文化的发展,不仅体现着自身精神文化的自觉自为,更体现着民族的精神活力。尤其值得注意的是,"不忘本来、吸收外来、面向未来"是当前文化发展所遵循的重要原则,这一原则集中体现了中华民族在精神上不忘传统而不止步于传统、不封闭而不迷失自我、注重于当下而放眼未来、立足于中国而面向世界。

---

① 《习近平著作选读》(第二卷),第19页。

主要参考文献

著作类

《马克思恩格斯文集》(第一——十卷),人民出版社,2009年。

《毛泽东选集》(第一——四卷),人民出版社,1991年。

《邓小平文选》(第一——二卷),人民出版社,1994年。

《邓小平文选》(第三卷),人民出版社,1993年。

《江泽民文选》(第一——三卷),人民出版社,2006年。

《胡锦涛文选》(第一——三卷),人民出版社,2016年。

《习近平著作选读》(第一、二卷),人民出版社,2023年。

《习近平谈治国理政》(第一卷),外文出版社,2018年。

《习近平谈治国理政》(第二卷),外文出版社,2017年。

《习近平谈治国理政》(第三卷),外文出版社,2020年。

《习近平谈治国理政》(第四卷),外文出版社,2022年。

《孙中山选集》(下),人民出版社,2011年。

《陈独秀文集》(第一卷),人民出版社,2013年。

《李大钊文集》(上),人民出版社,1984年。

《陈云文选》(第二卷),人民出版社,1995年。

《十八大以来重要文献选编》(上),中央文献出版社,2014年。

《十八大以来重要文献选编》（中），中央文献出版社，2016年。

《十八大以来重要文献选编》（下），中央文献出版社，2018年。

中华人民共和国国务院新闻办公室：《新时代的中国与世界》，人民出版社，2019年。

中共中央党史研究室第一研究部编译：《共产国际、联共（布）与中国革命档案资料丛书（第4卷）》，北京图书出版社，1998年。

中共中央文献研究室、中央档案馆编：《建党以来重要文献选编（1921—1949）》（第十四册），中央文献出版社，2011年。

中国人民志愿军政治部：《中国人民志愿军抗美援朝战争政治工作总结》，解放军出版社，1985年。

《中共中央文件选集（一九四九年十月——一九六六年五月）》（第四册），人民出版社，2013年。

中央文献研究室编：《建国以来重要文献选编》（第十二册），中央文献出版，1996年。

徐光春主编：《马克思主义大辞典》，崇文书局，2018年。

中共中央党史研究室：《中国共产党历史·第1卷（1921—1949）》，中共党史出版社，2011年。

中共中央党史研究室：《中国共产党历史·第2卷（1949—1978）》，中共党史出版社，2011年。

陈来：《中华文明的核心价值：国学流变与传统价值观》，生活·读书·新知三联书店，2015年。

庞朴：《文化的民族性与时代性》，中国和平出版社，1988年。

刘小枫编：《中国文化的特质》，生活·读书·新知三联书店，1990年。

郑师渠：《社会的转型与文化的变动：中国近代史论》，商务印书馆，2006年。

黄楠森等编：《有中国特色社会主义文化研究》，山东人民出版社，

1999 年。

韩震:《全球化时代的文化认同与国家认同》,北京师范大学出版社,2013 年。

金民卿:《文化全球化与中国大众文化》,人民出版社,2004 年。

黄力之:《后革命语境的中国文化矛盾》,上海三联书店,2016 年。

罗国杰:《马克思主义价值观研究》,人民出版社,2013 年。

费孝通:《乡土中国》,人民出版社,2008 年。

费孝通:《中华民族多元一体格局》(修订本),中央民族大学出版社,2003 年。

胡绳:《从鸦片战争到五四运动》(上下册),人民出版社,1997 年。

赵汀阳:《天下体系:世界制度哲学导论》,江苏教育出版社,2005 年。

詹小美:《民族精神论》,中山大学出版社,2007 年。

许倬云:《西周史:增补二版》,生活·读书·新知三联书店 2012 年。

许倬云:《我者与他者:中国历史上的内外分际》,生活·读书·新知三联书店,2010 年。

黄兴涛:《重塑中华:近代中国"中华民族"观念研究》,北京师范大学出版社,2017 年。

翦伯赞:《中国史十五讲》,中华书局,2011 年。

李宗桂等:《中华民族精神概论》,广东人民出版社,2007 年。

卜宪群总撰稿:《中国通史:隋唐五代两宋》,华夏出版社、安徽教育出版社,2016 年。

顾长声:《传教士与近代中国》,上海人民出版社,1981 年。

陈旭麓主编:《五四后三十年》,上海人民出版社,2019 年。

陈旭麓:《近代中国社会的新陈代谢》,生活·读书·新知三联书店,2017 年。

金冲及:《生死关头:中国共产党的道路抉择》,生活·读书·新知三联书店,2016年。

宋志明、吴潜涛主编:《中华民族精神论纲》,中国人民大学出版社,2006年。

王希恩:《全球化中的民族过程》,社会科学文献出版社,2009年。

周平:《多民族国家的族际政治整合》,中央编译出版社,2012年。

任剑涛:《从自在到自觉:中国国民性探讨》,陕西人民出版社,1992年。

赵存生主编:《社会发展与民族精神》,北京大学出版社,2007年。

冯秀军:《教化·规约·生成:古代中华民族精神化育研究》,中国社会科学出版社,2009年。

侯惠勤等:《马克思主义意识形态论》,南京大学出版社,2011年。

罗荣渠:《现代化新论:中国的现代化之路》,华东师范大学出版社,2013年。

李从军:《价值体系的历史选择》,人民出版社,2004年。

金炳镐主编:《马克思主义民族理论发展史》,中央民族大学出版社,2007年。

马春玲:《中国共产党独立自主思想研究》,中央编译出版社,2019年。

[美]本尼迪克特·安德森:《想象的共同体:民族主义的起源与散布》(增订本),吴叡人译,上海人民出版社,2011年。

[英]安东尼·史密斯:《民族主义:理论、意识形态、历史(第2版)》,叶江译,上海世纪出版集团,2011年。

[英]安东尼·吉登斯:《现代性与自我认同:现代晚期的自我与社会》,赵旭东,方文译,生活·读书·新知三联书店,1998年。

[美]塞缪尔·亨廷顿:《我们是谁:美国国家特性面临的挑战》,程克雄译,新华出版社,2005年。

[俄]普列汉诺夫:《普列汉诺夫美学论文集》,曹葆华译,人民出版社,1983年。

[美]爱德华·W.萨义德:《文化与帝国主义》,李琨译,生活·读书·新知三联书店,2003年。

[德]赫伯特·马尔库塞:《单向度的人:发达工业社会意识形态研究》,刘继译,上海译文出版社,1989年。

[美]罗西瑙等:《国将不国:西方著名学者论全球化与国家主权》,俞可平等译,江西人民出版社,2004年。

[日]吉野耕作:《文化民族主义的社会学:现代日本自我认同意识的走向》,刘克申译,商务印书馆,2004年。

[美]露丝·本尼迪克:《文化模式》,何锡章、黄欢译,华夏出版社,1987年。

[德]斐迪南·滕尼斯:《新时代的精神》,林荣远译,北京大学出版社,2006年。

[美]弗莱德·R.多迈尔:《主体性的黄昏》,万俊人译,广西师范大学出版社,2013年。

[斯洛文尼亚]斯拉沃热·齐泽克:《意识形态的崇高客体》,季广茂译,中央编译出版社,2002年。

文章类

向玉乔:《中华民族的精神独立性》,《北京大学学报(哲学社会科学版)》,2023年第1期。

王晨:《民族精神独立性的理论问题与现实思考》,《云南行政学院学报》,2021年第1期。

冯秀军、王晨:《中华民族精神独立性的沉寂与觉醒——以五四运动为界分的考察》,《思想理论教育导刊》,2020年第8期。

高登辉、沈丽巍:《中国道路探索历史进程中独立自主的精神自觉》,《吉林师范大学学报(人文社会科学版)》,2016年第6期。

徐国亮、殷一榕:《深刻把握独立自主是民族精神之魂的三重逻辑》,《山东社会科学》,2022年第6期。

陈金龙、吴智楠:《精神上的独立自主的内涵、价值与实现路径》,《思想理论教育》,2023年第9期。

田旭明:《精神独立自主:思想内涵、生成逻辑与实践要求》,《马克思主义与现实》,2023年第6期。

张胥、蔡诗敏:《中华文化是保持中华民族精神独立性的重要支撑》,《新疆大学学报(哲学·人文社会科学版)》,2018年第4期。

蔡诗敏、张胥:《中华民族精神独立性与中华民族伟大复兴》,《社会主义研究》,2019年第1期。

朱培霞、代玉启:《新时代大国新人精神独立性探析》,《云梦学刊》,2018年第5期。

陈一收:《论增强价值观自信与保持国家和民族的精神独立性》,《伦理学研究》,2017年第6期。

陈一收:《培育和践行社会主义核心价值观关乎国家和民族的精神独立性的坚持和维护》,《思想理论教育导刊》,2015年第7期。

陈一收、王凯全:《保持民族精神独立性:弘扬优秀传统文化的战略意蕴》,《福建行政学院学报》,2019年第6期。

陈曙光:《价值观自信是保持民族精神独立性的重要支撑》,《求是》,2016年第4期。

陈泽环:《民族命运与文化的独立性》,《船山学刊》,2017年第2期。

陈泽环:《论中华民族的文化独立性——基于张岱年文化哲学的阐发》,《上海师范大学学报(哲学社会科学版)》,2018年第1期。

吴潜涛:《论弘扬和培育民族精神》,《求是》,2003年第19期。

吴潜涛、冯秀军:《弘扬和培育中华民族精神的基本途径》,《北京大学学报(哲学社会科学版)》,2006年第5期。

郭凤志、冯诗琪:《文化自信思想的理论蕴涵和实践要求》,《红旗文稿》,2017年第9期。

李宗桂:《中华民族精神的历史发展和时代意义》,《中国高等教育》,2003年第10期。

林尚立:《现代国家认同建构的政治逻辑》,《中国社会科学》,2013年第8期。

王卓君、何华玲:《全球化时代的国家认同:危机与重构》,《中国社会科学》,2013年第9期。

门洪华:《两个大局视角下的中国国家认同变迁(1982—2012)》,《中国社会科学》,2013年第9期。

李崇富:《马克思主义国家观和国家认同问题》,《中国社会科学》,2013年第9期。

李禹阶:《华夏民族与国家认同意识的演变》,《历史研究》,2011年第3期。

陈学明:《从马克思的现代性批判理论看中国道路的合理性》,《马克思主义与现实》,2018年第6期。

段妍:《抗战初期中共党内"教条主义"与"实事求是"主张的论争》,《东北师大学报(哲学社会科学版)》,2016年第4期。

王南湜:《重估毛泽东辩证法中的中国传统元素——从中西思维方式比较视角考察》,《中国社会科学》,2010年第3期。

廖向东:《中国传统文化的独立性和开放性》,《西南民族大学学报(人文社科版)》,2007年第9期。

周耕、韩广富:《觉醒与跨越:中国文化现代化的独立性反思》,《东北师大学报(哲学社会科学版)》,2015年第4期。

傅守祥:《试论全球化挑战下的中国文化现代化》,《毛泽东邓小平理论研究》,2004年第2期。

孙正聿:《辩证法与精神家园》,《天津社会科学》,2008年第3期。

张岂之:《中华优秀传统文化是我们的精神根基》,《中共党史研究》,2014年第10期。

陈新夏:《唯物史观视域中文化民族性与世界性》,《河北学刊》,2013年第4期。

陈旭:《文化民族主义与民族文化自觉之辨》,《东北师大学报(哲学社会科学版)》,2015年第1期。

马俊峰:《马克思世界历史理论的方法论意义》,《中国社会科学》,2013年第6期。

侯惠勤:《实事求是是创造新的历史伟业的思想保证》,《马克思主义研究》,2019年第10期。

马承源:《何尊铭文初释》,《文物》,1976年第1期。

段义权:《1840—1899年:传教士对中国近代教育的影响》,《山西高等学校社会科学学报》,1994年第4期。

杨威、陈毅:《抗美援朝时期爱国主义教育的经验、影响与启示》,《西北工业大学学报(社会科学版)》,2020年第1期。

刘同舫:《人类命运共同体对全球治理体系的历史性重构》,《四川大学学报(哲学社会科学版)》,2020年第5期。

黄力之:《以大历史观认识五四运动的历史意义》,《思想理论教育》,2019年第6期。

韩庆祥:《以"制度优势""治理效能"应对"新时代""大变局"》,《马克思主义与现实》,2020年第1期。

韩庆祥:《论中国道路及其本源意义》,《中国特色社会主义研究》,2020年第2期。

韩庆祥、刘雷德:《论新时代"历史方位"的鲜明标志》,《马克思主义研究》,2019年第11期。

范希春:《新时代新思想新境界——习近平新时代中国特色社会主义思想对马克思主义的创新性理论贡献》,《马克思主义研究》,2020年第8期。

宇文利:《文化自信与民族精神互促共生》,《前线》,2017年第3期。

李久林:《毛泽东独立自主思想及其当代价值》,《思想理论教育导刊》,2019年第11期。

田心铭:《独立自主是社会主义核心价值观的重要内容》,《红旗文稿》,2012年第3期。

刘信君:《中国共产党独立自主思想与中华人民共和国的建立》,《吉林大学社会科学学报》,2019年第5期。

王丹莉、王曙光:《新中国全球化战略70年:从独立自主到人类命运共同体》,《党政研究》,2019年第5期。

周平:《论中国的国家认同建设》,《学术探索》,2009年第6期。

陈先达:《厚植文化自信 增强战略定力》,《红旗文稿》,2019年第17期。

后　记

　　民族传统是一个民族进行自我识别的基础,一旦失去了这种基础,就无法对本民族的"我"和世界上其他民族的"他"进行区别,也就无所谓精神上的独立性问题了。同样,一个民族共同体如果全然拒斥他者,在精神上处于孤立状态之中,那么也就不存在精神独立性的问题。

　　一个民族共同体精神世界的传统与他者的并存结构也并非亘古不变和永世长存的,并存结构的崩塌有着这样两种情况,一是民族共同体破裂,二是民族融合。其中第一种情况是民族共同体分裂成为许多不同民族,在这种情况中民族传统也随之分裂出许多不同的新的传统,即由原来的一个民族共同体分裂出许多个新的民族共同体,他们各自有着各自的新的传统和他者,如苏联和南斯拉夫的解体。第二种情况是民族融合,恩格斯在《共产主义信条草案》中对于民族融合和消亡的问题有着明确的回答,"按照公有制原则结合起来的各个民族的民族特点,由于这种结合而必然融合在一起,从而也就自行消失,正如各种不同的等级差别和阶级差别由于废除了它们的基础——私有制——而消失一样"①。这就说明民族在共产主义条件下会消亡,会在公有制的基础之上进行结合最终走向融合。前一种情况并没有在世界意义上消亡民族精神独立性,消亡的是具体的某一个民族共

---

　　① 《马克思恩格斯全集》(第四十二卷),人民出版社,1979年,第380页。

同体的精神独立性,后一种情况中民族精神独立性会在真正意义上消亡。

从人类社会目前的发展实际来看,民族融合的实现还很遥远。就当前而言,无论是从理论还是从现实的角度看,民族共同体的消亡都不利于其中个体的生存和发展。人类社会正处在一个大发展大变革大调整时代,经济全球化是不可抗拒的时代大势,传统与他者必然会出现在人们的精神世界之中,那么怎样认识、调节这二者的关系是人们精神秩序构建的一个核心问题。因此,从这个意义上说,民族精神独立性是现代人精神秩序稳定发展的核心要素之一。

倘若传统与他者只是简单并存于人们的精神世界之中,必然会带来精神上的分裂的痛苦,而民族精神独立性所强调的是立足自身所处的现实实际,继承传统、吸收他者,最终实现具有超越性质的精神发展。民族精神独立性的弘扬是人的主观能动性的一种体现,也正是这种主观能动性才使得人们在精神世界中构建起继承、吸收和超越的有机统一,从而实现自身在精神世界的自洽。立足所处时代社会现实的发展变化,依据自身发展的现实需要,从而选择从传统中继承什么,从他者中吸收什么,创新出与这个时代和自身现实相应的精神发展,最终实现继承、吸收和超越相统一。一旦脱离一个民族共同体在不同时代所面临的发展变化,民族精神独立性的讨论将变得毫无意义。这也意味着,民族精神独立性总是体现在一个民族共同体应对其所处时代最为突出问题的回应之中。

因此,一个民族如何继承传统而又不在精神上依附于传统,如何从他者身上吸收借鉴而又不在精神上依附于他者,这是考察和衡量一个民族精神独立性的两个核心问题。它依赖于一个民族共同体以实事求是的思维方式认识问题、以一脉相承的价值观念评价问题和以独立自主的实践选择应对问题。

对于中华民族而言,历经百余年的风霜与拼搏,中国共产党带领中华民族从站起来、富起来再到迎来强起来的伟大飞跃,这一过程中民族精神独立性也在不断成长和演进。随着中国特色社会主义进入新时代,新的历史方位要求着中华民族在精神上更加自信、自主和坚定,也给民族精神独立性的发展提出了新诉求。面对时代所提出的精神诉求,习近平立足民族和国家长远发展的角度以高度的文化自觉提出了一个民族会不会失去自身精神独立性的问题,强调了精神独立性对于一个民族和国家的重要影响,并对保持民族精神独立性的重要支撑进行了阐释。

增强"四个自信"是新时代保持中华民族精神独立性的重要支撑。新时代新征程中,坚定不移地走自己的路,保持战略定力和坚定信念,不断增强道路自信;坚持和运用"两个结合"等推进理论创新的科学方法,把中国经验提升为中国理论,不断增强理论自信;打破"现代化=西方化"迷思,为人类对更好社会制度的探索提供了中国方案,不断增强制度自信;坚守中国共产党的文化领导权和中华民族的文化主体性,创新实现传统与现代的有机衔接,不断增强文化自信。

本书的研究主要基于对中国社会发展的把握和重大历史事件的考察来分析和解读中华民族精神独立性的历史与现状,虽然对民族精神独立性的主线和主要问题有所研究,但粗线条的分析方式也缺乏研究的精度和深度,如:缺乏对近代侵略中国的殖民者所推行的"奴化"教育及中华民族对此进行反抗的具体研究,缺乏从中国共产党带领中华民族在百余年间如何在政治、经济、文化、军事、社会等领域进行变革和发展来考察民族精神独立性成长的系统性研究。这一问题主要是由笔者学力不足而又急于一探中华民族精神独立性全貌所造成的。当然,学术问题的研究与思考也不是一日而成,于我而言,这既是学术生涯的开篇之作,也是此后学术研究的开题报告。

本书之所以能够面世,得益于各方面对本论题的研究及对本书出版的大力支持和帮助,在此表示真诚的谢意。

首先,感谢恩师冯秀军教授。冯老师在学养上的厚重、学思上的敏锐和学力上的雄健令我尊敬佩服,精益求精的学术品性更是令我折服。在老师的悉心帮助和指导下,我进入中国共产党与中华民族精神的研究领域,确立了研究目标和方向,于2021年完成博士论文写作,获2023年北京市研究阐释习近平新时代中国特色社会主义思想优秀博士学位论文,本书即在此之上修改完成。在本书出版之际,谨向我的导师冯秀军教授表示诚挚的谢意!

其次,感谢我的工作单位——北京交通大学马克思主义学院。在本书写作、出版的过程中,得到了学院领导和同事们的热心关怀和帮助。

同时,还要感谢天津人民出版社对本书出版的大力支持,尤其要感谢康悦怡编辑的坦诚和严谨。天津人民出版社的编辑、校对同志们在审阅书稿的过程中,提出了宝贵意见,纠正了许多错误。在此一并感谢。

最后,还要感谢诸多的学术前辈和同行们,他们已有的相关研究成果令我受益良多!

王　晨

2024年春于北京